U0830151

宋立林 主编

洙泗

第一辑

广西师范大学出版社
GUANGXI NORMAL UNIVERSITY PRESS
·桂林·

ZHUSI DIYIJI

图书在版编目（CIP）数据

洙泗．第一辑 / 宋立林主编．—桂林：广西师范大学出版社，2018.12

ISBN 978-7-5598-1555-2

Ⅰ．①洙… Ⅱ．①宋… Ⅲ．①儒学－文集 Ⅳ．①B222.05-53

中国版本图书馆 CIP 数据核字（2018）第 297986 号

广西师范大学出版社出版发行

（广西桂林市五里店路 9 号　邮政编码：541004
网址：http://www.bbtpress.com）

出版人：张艺兵

全国新华书店经销

衡阳顺地印务有限公司印刷

（湖南省衡阳市雁峰区园艺村 9 号　邮政编码：421008）

开本：787 mm × 1 092 mm　1/16

印张：16　　字数：200 千字

2018 年 12 月第 1 版　　2018 年 12 月第 1 次印刷

定价：58.00 元

作者简介

杨朝明：孔子研究院院长、研究员。

姚中秋：中国人民大学国际关系学院教授。

孔祥军：扬州大学社会发展学院副教授。

曹景年：孔子研究院助理研究员。

汉斯－乔治·梅勒（Hans-Georg Moeller）：德国著名汉学家，现为澳门大学哲学系教授。

刘梁剑：华东师范大学哲学系暨中国现代思想文化研究所教授。

王颂歌：信息华东理工大学国际教育学院。

张丰乾：中山大学哲学系副教授。

王凯立：厦门大学哲学系中国哲学专业2016级硕士生。

肖俏波：天津师范大学政治与行政学院讲师。

严　思：常州孔子文化研习会会员。

李丽珠：北京大学哲学系博士后。

段重阳：华东师范大学哲学系博士研究生。

杨超宇：西北大学中国思想文化研究所硕士研究生。

杨少涵：厦门工学院国学院教授、国际儒学研究院副院长。

孙海燕：广东省社会科学院哲学与文化研究所副研究员。

鲍鹏山：上海开放大学教授。

邓新文：杭州师范大学政治与社会学院副教授。

卷首语

古人云："山不在高，有仙则名；水不在深，有龙则灵。"曲阜，小城也，然因孔子而名；尼山，小邱也，亦因夫子而圣。洙泗二水，非可与大江大河侪也，然因乎夫子设教而永享盛名。昔曾子语子夏："吾与女事夫子于洙泗之间。"兹后，洙泗寖假而为夫子统绪之代称，为中华文脉之象征也。遥想当年，夫子于此，杏坛弦歌，弟子三千，颜曾之徒，优入圣域；讲明六艺，人文化成，删述六经，垂宪后世。瞻望岱宗，鲁道荡荡；伏思周公，礼乐隆隆。

今日神州，古今之变，中西之通，犹未已也。百余年来，志士仁人，殚精竭虑，梦寐以求者，国族之复兴也。历经独立、富强，尚有待乎文明。而今科技虽兴，物质固丰，然尚待人文之化，精神之灵，相辅以相成也。孔孟之道、儒家思想之在今日，当何所为？正吾辈所当深思熟虑者也。今兹欲与诸同人，追本溯源，诠释六经之教，张皇孔孟之道，以固本培元；辨析剖判，研明古今异同，深探中西精微，以面向未来。此《洙泗》之所由设也。

《洙泗》持儒家立场，秉儒家理念，努力成为有情怀、有个性之学术书。本书阐扬儒学之价值，推动文明之开新，实本诸独立之精神，自由之思想，不依傍，尚包容，以开放理性之态度，倡导切磋交流，辩难争鸣，以述以作，不骄不躁，以汇聚青年俊彦，把脉时代思想，赓续洙泗遗风，再现人文胜境。

目录 CONTENTS

【文化聚焦】

儒学：从“洙泗之域”走来

杨朝明

众所周知，儒学产生之前，早已经有“儒”的存在。据学者研究，甲骨文中的“需”就是原始的“儒”字，在商朝的甲骨文中已经有“儒”字存在。该字字形像一个人沐浴濡身。[①]“需”通“濡”，它应该就是“儒”字的本义。在汉代，有时“儒”依然写成“濡”，如汉隶《衡方碑》中的“少以濡术”，即以“濡”（从水需声）作为“儒”的形声字，可见东汉时人们已知道“儒”的本义为濡。

孔子所创立的儒家学派与所谓“儒”有内在的联系。在从事礼仪活动如祭祖宗、祀上帝时，儒要斋戒沐浴，致其诚敬。故《礼记·祭义》说：“宫室既修，墙屋既设，百物既备，夫妇齐戒，沐浴；盛服，奉承而进之，洞洞乎，属属乎，如弗胜，如将失之，其孝敬之心至也与！”《孟子·离娄下》说：“虽有恶人，斋戒沐浴，则可以祀上帝。”《礼记·儒行》也说：“儒有澡身而浴德。”澡身就是沐浴，浴德就是斋戒，澡身的同时就要浴德，否则就不足以致其诚敬。

“儒”与“儒家”都有改变、教化的意义。但“儒”与“儒家”又有区别。“儒”斋戒沐浴的意义主要在致其诚敬方面，而儒家关心的却是世道人心、社会和谐，希望天下有道，人人讲信修睦。所以，孔子对弟子子夏说：

①徐中舒：《甲骨文中所见的儒》，《四川大学学报》(哲学社会科学版)，1975年第4期。

“女为君子儒，无为小人儒。”所谓“君子儒”，就是孔子对儒家的追求，就是“以先王之道濡其身”。“儒”与“儒家”的区别，正如冯友兰在《原儒墨》中所说，“儒”为“儒家”所自出，儒家之人或亦仍操儒之职业，但二者并不是一回事。孔子不是儒之创立者，但乃是儒家之创立者。①

周代的教育有所谓“小学”与“大学”的区别。“小学”谓之“小子之学”，“大学”称为“大人之学”。“小子之学”是教小孩子的，而“大人之学”就是“成人”教育。“小子之学”学习“洒扫、应对、进退之节，礼、乐、射、御、书、数之文”。“大人之学”教穷理正心、修已安人之道，学习修身、齐家、治国、平天下。因此，《大戴礼记·保傅》称“小学”是“小艺”或“小节”。小学结束后，学生“束发”而就大学，年龄在十五岁左右，学习“大艺”或称“大节”。此时，孩子懂事了，可以学习天地自然、社会人生的道理了。所以孔子说：“自行束脩以上，吾未尝无诲也。”（《论语·述而》）东汉郑玄在《论语注》中说得很清楚，“束脩以上”谓年十五以上也。孔子所教正是“穷理正心、修已安人”的“大学”，所以到了一定年龄的孩子来学习，他都加以教诲，这正是他“有教无类”的教育思想。

从这里看，孔子“私学”与周代“官学”具有直接联系。从内容看，孔子继承了周代以来的教育传统。《礼记·王制》记载：“乐正崇四术，立四教，顺先王诗、书、礼、乐以造士。春秋教以礼、乐，冬、夏教以诗、书。”乐正主管国子教育，即管理贵族教育。诗、书、礼、乐是那时的士人必须学习的课程，也是周代“大学之教”的必修科目。据《论语·泰伯》记载，子曰：“兴于诗，立于礼，成于乐。”有人曾对孔子的学生子贡说：“吾闻孔子之施教也，先之以诗、书，而道之以孝悌，说之以仁义，观之以礼乐，然后成之以文德。”（《孔子家语·弟子行第十二》）《史记·孔子世家》也有同样的说法：“孔子以诗书礼乐教，弟子盖三千焉，身通六艺者七十有二人。”

①冯友兰：《原儒墨》，附录于《中国哲学史》下卷，北京：中华书局，1961年，第28页。

这样，从孔门教学的内容看，我们已经清楚儒学的特征了。《淮南子·要略》记载：“孔子修成、康之道,述周公之训,以教七十子,使服其衣冠,修其篇籍,故儒者之学生焉。”《汉书·艺文志》的说法与之基本相同：“儒家者流，盖出于司徒之官。助人君、顺阴阳、明教化者也。游文于六经之中，留意于仁义之际。祖述尧舜，宪章文武，宗师仲尼，以重其言，于道最为高。”这些文献都明确道出了“儒者之学”与周代“官学”之间的直接关联。

孔子教授生徒，希望成就弟子的“文德”。这与《淮南子》所说儒家“修成、康之道，述周公之训”一致，也与《汉书》所说“明教化”一致，都是追求“道”的实现。因此，其中“于道为最高”的概括十分准确。孔子再三强调士人一定要“志于道”，见于《论语·述而》，又见于《论语·里仁》。孔子自称“吾十有五而志于学”，其中的“学”就是“道”。《礼记·学记》有“安其学而亲其师，乐其友而信其道”的说法，说明“学”与“道”意义相同。孔子所追求的一以贯之的“道”，在《论语》里有明确记载。这便是曾子所说的“忠恕”（《论语·里仁》），便是孔子自称的“修己以安人”（《论语·宪问》）。

孔子逝世后，他的众弟子们“散游诸侯”。按照《史记·儒林列传》的说法，他们“大者为师傅卿相，小者友教士大夫”。在弟子们的共同努力下，孔子学说被发扬光大，传播到各地。在“天下并争”的时代，儒术的发展毕竟受到了一定的影响，但是，儒学还是得到了一定的传播。最近二十多年来，南方地区出土了大批的战国儒简就很能说明问题。尤其在齐鲁之间，儒家之学一直得到了很好的传承。其中最为突出的是在齐国威王、宣王之际，“孟子、荀卿之列，咸遵夫子之业而润色之，以学显于当世”（《史记·儒林列传》），弘扬周孔之道。

说到这里，很自然想到《庄子·天下篇》所说的“道术”与“方术”这样的概念。按照庄子的说法，方术“犹百家众技”，虽然“皆有所长，时有所用”，但毕竟“不该不遍”，往往“寡能备于天地之美，称神明之容”。“道术”则不然，它具备了“天地之美”“万物之理”以及“古人之全”。庄子所说的“道术”乃“内圣外王之道”，它包含了“天地之纯，古人之大体”。唐宋学者指出，庄子于孔子的态度是“阳挤而阴助”（苏轼《庄子祠堂记》）。实际上，这在《庄子 · 天下篇》中是很清楚的。庄子推崇《诗》《书》《礼》《乐》《易》《春秋》六经，并说：“其在于《诗》《书》《礼》《乐》者，邹鲁之士、搢绅先生多能明之。”这里分明是推崇孔子儒学的。

作为地理概念，“邹鲁”本指邾国、鲁国这一地区。两周时期，邾、鲁相邻。鲁国是孔子故国。邾国又称邾娄、邹、驺等，战国时期为孟子所在的国家。那里受到了儒家文化的濡染，孔子的孙子子思曾到邹地讲学，特别是孟子迁邹后，更使这里名声日隆，具有了浓重的儒学氛围。当时，邹穆公也接受孟子的劝说，施行“仁政”。这时期，孟子四处奔走，宣传自己的思想主张。例如，孟子在齐国时，“后车数十乘，从者数百人，以传食于诸侯”（《孟子 · 滕文公下》），可谓浩浩荡荡，场面宏大。孟子以前，“邹”、“鲁”连称，一般仅是因土地相接。孟子之后，因为孟子的巨大影响，从儒家学术文化的角度，人们不仅将“邹”“鲁”相提并论，而且还把“邹”放在“鲁”的前面而称为“邹鲁”。①

在史籍上，人们将“邹”“鲁”连称“邹鲁”，都是从“明礼”“好儒”的角度来说的。庄子如此，后人许多都是这样。庄子所说“邹鲁之士、缙绅先生”多能明白的“内圣外王之道”（《庄子 · 天下篇》）恰是“孔孟之道”的精髓。司马迁《史记 · 货殖列传》记载：“邹鲁滨洙泗，犹有周公遗风，俗好儒，备于礼，故其民龊龊。颇有桑麻之业，无林泽之饶。地小人众，俭啬，畏罪远邪。”他的描述大致概括了邹鲁文化的基本特征或品格。在儒家文化的熏染下，邹鲁之地好儒重礼，民风醇厚。在这里，百姓们安居乐业，恭谨礼让，简朴本分。

---

①参见杨朝明：《邾鲁关系 · 邾国文化 · 邹鲁文化》，《齐鲁师范学院学报》，2012年第4期。

洙泗之域的邹鲁文化，在儒生的宣传之下，影响远大。据《史记 · 儒林列传》记载，西汉建立时，汉高祖刘邦围攻鲁国，他见到的情形就很能说明问题："及高皇帝诛项籍，举兵围鲁，鲁中诸儒尚讲诵习礼乐，弦歌之音不绝，岂非圣人之遗化，好礼乐之国哉？"西汉中期，太史公司马迁至鲁时，他观看孔子庙堂车服礼器，鲁地诸生依然"以时习礼其家"（《史记 · 孔子世家》）。后来，汉武帝"独尊儒术"，从洙泗之域走来的儒学成了传统中国的主流思想学说。

儒学正在范式革命之中

姚中秋

20世纪90年代以来，整个社会以经济建设、发财致富为中心，经济学一枝独秀，有学术进入“经济学帝国主义”时代之说。进入21世纪之后几年，社会贫富分化和精英腐败终结了这个时代。有人预言，中国将进入法学时代，然而并没有。相反，真正繁荣的是儒学。纵观今日学术界，儒学最为繁荣，也最具思想创造力。

有人不愿承认这一点，因为出人意料。毕竟，整个20世纪的中国基本上是在反传统狂潮中度过。很多人以为，中国将彻底告别儒家，或最好能够如此。然而，儒学竟活了下来，且迅速复兴。

其实，略加思考即可明白，儒学在中国复兴，自有其内在机理。且儒学一旦复兴，则一日千里，今日已进入百年儒学发展之重要转折点，处在广泛而深刻的范式革命之中。儒学已转守为攻，助推中国思想学术之中国化。

一、当代儒学概观

以下从四个方面观察当代儒学之格局。

第一，儒学者是从哪条路径进入儒学的？

首先，讨论这一问题的原因很简单。20世纪初，中国现代学术体制如大学建立伊始，即不容中国传统之学如经学。它遭到肢解并史学化，被迫在历史、哲学史、文学史等学科中勉强存身，经学余脉只能在“野”传承。第一次世界大战刺激了中国思想的觉醒，梁漱溟、熊十力、张君劢等先贤倡导现代新儒学，然此学在学术建制中始终难得其位。

这构成当代儒学之基本约束：儒学主流是从各门史学尤其是哲学史进入的。虽然中国哲学史学科早已改称“中国哲学”，但其研究范式整体上还是哲学史而非哲学。即便是接续港台地区新儒学统绪，儒学也差不多下坠为哲学史研究，而失之于琐碎、狭窄。当然，也有人展开哲学思考或进入经学。

不过，进入21世纪以来，国内涌现出一批半路杀入儒学领域的学者。其科班训练不在中国哲学史领域，而主要在学习、研究西学。随着思想推进，通过自行摸索，他们转进儒学领域，比如盛洪的儒家经济之学、胡水君的儒家法理学；蒋庆、姚中秋的儒学研究大体也属此类。他们均曾研究西方法政、保守主义思想传统。张祥龙、柯小刚从现象学研究转入儒学，并娴熟运用它来解读经典，时有新奇可喜之创发。

特别值得注意的是，受到甘阳、刘小枫的影响，一批精通西方古典学的青年学者转进儒学。这两位20世纪80年代的文化人物未沉迷于西方现代性而盲目传教，而是始终保有批判意识，循施特劳斯学术范式，进入古典世界。他们倡导中国学者研读经典，自然包括中国经典，一批青年学者随之进入中国经学传统。

或许可以说，未来会有越来越多的学者从西学转进儒学。这既显示了儒家深厚高明之学对认真思考的学者具有强烈的吸引力，也会给儒学持续注入新活力，拓宽儒学研究的视野。在我看来，儒学研究最富有生命力的新发展方向，恐怕就在此处。

第二，学术形态。

毫无疑问，在当代儒学场域中，哲学史、思想史是主流范式。哲学史研究当然是必要的，但哲学史范式主导却不利于儒学发展。儒学哲学化既已扔掉了儒家之学的主体内容，就未免过于狭窄；哲学再进一步哲学史化，则抽身生活，只能在故纸堆中自娱自乐。儒学虚热之源主要在此。目前，儒学看起来研究者众多，会议频繁，专著、论文连篇累牍，实际上思想学术贡献寥寥，更不要说以学术经世济民——而这才是儒学之大义所在。这个范式，正是汉儒夏侯胜所说之“章句小儒，破碎大道”（《汉书·眭两夏侯京翼李传》）。

儒学欲进一步发展，必须告别哲学史范式，或者给之以恰当位置。当然，已有先觉者转向，最直接的转向是回归哲学。哲学史范式的祖师爷如熊十力、冯友兰、牟宗三、张岱年、冯契等诸位先生，当初都是哲学家，只是后来迫于时势而转向史学，则今天从哲学史回归哲学，顺理成章。

儒家哲学在当下颇有活力，如杜维明倡导精神性人文主义；黄玉顺倡导“生活儒学”，发展中国正义论；杨国荣基于儒学，会通中西，构建“具体的形上学”；陈来所著《仁学本体论》是他由哲学史研究转向哲学研究的重要成果；赵汀阳发展“天下观念”为一般政治哲学理论。

还有一些学者从哲学史转进经学，如曾亦、陈壁生、丁纪等。近些年来，经学颇为走红。略加观察即可发现，其名为经学，实主要为经学史。当然，过去几十年来的哲学史研究，主要研究作为子学的思孟学派，集中于宋明心性之学，对历代经学普遍不予关注。因为忽视经学，所以它对汉晋之学的研究也很少。经学史可为儒学研究另开大门，最终可入经学研究之堂奥。

值得注意的是，在儒学圈内外，基于儒家义理和中国历史经验发展人文与社会科学理论的研究，正在兴起。其中，有些是自觉的，有些是不自觉的。除前面已列者，还有以天下观念重构国际关系理论和发展中国社会学、人类学等方面的研究。或许可以说，当下中国思想学术界隐然有一阵“儒学化”清风。

第三，儒家复兴的操作路线，是走文化路线还是宗教路线。

现代儒学形成之初，康有为、张之洞两人之分歧即在于此：康认为，中国建立现代政治制度，教化不可能寄托其中，故不能不在国家之外另立教化体系，康氏乃模仿基督教，建立神教化的孔教；张之洞作《劝学篇》回应，其要害在“学”字。他以为，中国传统教化体系以“学”为中心，呈现为“文教”。但清朝灭亡后，两者均不得行于中国：中国现代学校系统并无中国之学，孔教也未如康有为之愿成为国教，而固有的教化体系反而遭到严重破坏。

此后，致力于儒家复兴者不能不思考其具体路线。老一代现代新儒家如熊十力、梁漱溟、张君劢等诸贤，多关心国家建设。牟宗三、唐君毅等先生致力于儒家哲学构造，同时也强调儒家有“宗教性”或“人文宗教”品性。港台新儒家进入大陆，其哲学为人承接，成为学术主流，其人文宗教论说则被普遍忽视。

蒋庆对此主流儒学的批评，主要是针对其缺乏宗教维度。他另开门户，接续康有为传统，倡导儒教及其国教化。陈明本来倡导“公民宗教”说，后转而强调神化建设。这与美国人由基督教之去神化而抽象为公民宗教，路径正好相反。姚中秋则接续张之洞、钱穆传统，坚持儒家文教说。具有现实关怀的儒学者，则普遍笼统地称之为“文化”。

尽管这几年来，儒教说风头甚盛，但在现实社会中，儒家复兴大体上还是走了文教、文化的路子。这是很自然的：儒家本来就是以学为中心的礼乐教化体系，完全没有可拯救人或慑服人的神灵。换个角度看，这恰恰为儒家广施教化创造了独特的良好条件。目前，传统文化（主要是儒家经典）正大举引入学校教育内容。试想：若儒家学说是儒教或孔教，有无可能这样？

第四，思考和实践的文化立场，是以儒家为主还是以西学为主。

西学主流被理解为民主理论，故此问题可转换为，当代儒家的思考是以儒学为本，消化、涵摄民主理论，还是儒学自我调整，以适应民主制度。这里涉及一个最基本的判断：儒学在所谓现代社会中，是整体有效还是局部有效？

此问题之争，贯穿现代儒学史。在其起步时，康有为主张内在精神以西学为主，张之洞针对此说提出“中学为体，西学为用”。到20世纪中期，则有张君劢、牟宗三、徐复观等人与钱穆之争论。前者根据现代性之所需，裁剪儒学，仅保留心性之学，至于社会政治秩序则完全交给民主制度；钱穆基于其历史研究，尤其是承接了孙中山先生晚年的思想，坚持中国制度之新生转进。

近两年来，多次交锋的港台新儒学和所谓“大陆儒学”之争，及大陆学者内部儒家哲学、心性儒学与政治儒学之争，焦点同样在于此。蒋庆对儒学发展的最大贡献正在于转向政治，带动儒学研究形成全新格局。港台新儒学接续其学脉，以研究哲学、哲学史、文化为主的大陆儒学者则出现反弹。

梁涛、郭沂等人重述儒学史，在宋明儒构建之思孟内圣道统之外，加上荀子之法治外王。这一努力似欲调和以上两种思路，而略偏于西学为主。盖其以为，现代西方重视法律、制度，故成就良好治理，则中国欲求善治，不能不循此模式。实际上，从20世纪初开始，就有人试图重新发现荀学。唯当初中国在贫弱中，故较重视其富强之术。梁、郭等人则试图从其礼治思想中转出接纳西方法治之义理。若能依据荀子的创制立法之理，在中国文明脉络中展开内生的法律和制度之构想，而非简单接纳西方民主制度，倒不失为儒学发展方向之一。

二、初探儒学新范式

由以上对儒学格局之简单观察可见，儒学于今日已处在学术范式突破之际，旧范式已丧失权威，新范式已初见端倪。这是学术内外力量共同推动的结果。

首先，中国及天下变动之大势，需要一种全新范式的儒学。这涉及对时代趋势的判断：我们处在什么时代？这个时代的大势是什么？

先看中国。中国已进入“三千年未有之大变局”的下半场。19世纪末，面对西方列强之巨大压力，士大夫寻求“富强”。经两甲子奋斗，尤其是过去40年的经济增长，中国已初步富强。今日中国已有富强之美“质”，自当“文之以礼乐”（《论语·宪问》）。此即需要“文明化”，兴起礼乐教化，更化治理机制。那么，怎么教化？良好的社会治理机制又是什么？

再看全球。这个时代是“世界历史的中国时刻”，中国已经并将继续改变世界。就财富、力量而言，相对于中国和新兴国家，西方国家已丧失其独尊地位，国家运作已暴露出严重问题：其政治制度陷入福山所说的政治衰败，难以自拔；其教化只能在一神教的独断与文化多元主义两个极端之间摇摆；英国脱欧、特朗普当选则表明，西方所维护的普世主义全球秩序正走向瓦解，亨廷顿预言的文明的冲突，似已隐然展开。

此时，中国在世界上如何自处？三千年未有之大变局如何收官？这两个问题紧密相关。回首20世纪，中国人已试过世界已有的主要方案。事实证明，它们均难以在中国形成良好秩序，复古更化是最明智的现代秩序底定之道。由此，中国也可对人类之重归安定有所贡献。

这正是过去二三十年来，在中国思想学术界中，唯有儒学呈现强劲而持续的复兴之势的根源，也是其他领域学者转进儒学且呈加速之势的原因，更是整个思想学术界经历儒学化之动力所在。而在此脉络中兴起之儒学，自然形成新范式：既不同于19世纪末以来的儒学，也不同于20世纪中期以来的港台儒学。

儒学的处境已大不相同，正从守势转入攻势。此前一百多年，中国思想学术的基本盘是非中国的，儒学固然不绝如缕，然而必须反复为自己在现代的存在说明理由。为此，早期现代儒学发展出西方物质文明强而中国精神文明强的说辞。牟宗三先生在港台则论证儒学不会妨碍中国接纳民主和科学，今日港台儒学者则以台湾地区为此说之论据。

蒋庆先生的思想史意义在于宣告，儒学就在这儿并永在，无需自我论证。由此，儒学在中国大地上挺立起来，自主而独立地思考，依儒家义理思考现代中国秩序底定之方案。此即儒学新范式之要义所在。以此范式，儒学才能恢复其完整形态，以主体意识塑造历史，而在此之前，儒学只能依附在历史的边缘，以残缺的形态勉强续命而已。

儒学今日正处在新旧范式交替之际。儒学圈内发生之种种争论，儒学圈外对儒学之批评，正是范式转换中必有之现象。

新范式儒学是整全的秩序构建之学。中国已在三千年未有之大变局收官阶段，也即现代秩序底定时代，并将承担更大世界历史责任，正需如此儒学。这里有两个关键词——“秩序构建”和“秩序整全”，两者互为因果。仅有哲学、心性之学、儒家文化等，儒学是不整全的，不足以担当秩序底定之大任。今日中国，除了需要儒家哲学，还需要儒家社会科学，如儒家政治学、儒家经济学、儒家法学、儒家社会理论、儒家国际关系理论等。儒家除了制度构建，还需要兴起礼乐，安顿人心。

儒学今日之多姿多彩，正是新范式应有之义。港台新儒学批评大陆儒学，说政治儒学是多余的。然而，今日中国和世界确需要重新思考政治是什么。大陆心性儒学指责政治儒学不重视民主制度，但此制在西方确已陷入严重危机，中国还睁眼入覆辙吗？在认真对待西方制度的同时，中国学者是否也应认真对待中国自身政治传统？

因此，儒学不必与各种意识形态争论，儒学内部也不必剑拔弩张。世界本来很大，儒学何必自限在螺蛳壳里？中国和世界正在快速变化，处在严重困惑而无出路的状态，儒学当起而明道，提撕这个世界。反观当代儒学，面对这个大任，尚未做好准备，尚无力提供可信而有效的方案。故儒学实在没有必要自我设限，相互怀疑，而应以全身心担当自己的“天命”：推明圣人大道，融摄中西学制，回应时代问题，提供整全方案。

从根本上说，担当这一天命，需构建新天下的新经学。此为儒学新范式之关键学术形态。现代儒学主流接着作为子学的儒学讲，沿宋明儒学发展。然而，此学是宋明儒学在政治制度框架确定的前提下，主要为与佛教争夺人心而发展出来的；今日中国已在更大的天下，身处迥然不同于佛教的西方宗教、价值和政治制度之全面冲击中。它是整全的，则今日儒学不能不整全地回应、消化、涵摄之，在学术形态上不能不转回经学。由此可以理解，何以这些年来，几种不同学术力量，如经学史、西方古典学等均聚焦于重振经学。社科儒学之兴起，其实也在经学范畴之中。

以经学为中心的新范式儒学，需要新的学术建制。主流心性儒学、儒家哲学和哲学史，都依托现有“中国哲学”建制。21世纪以来的文化复兴带动了国学院的设立，只是国学内涵过于宽泛，难免会成为文史哲的大杂烩。近来，众多学者提议设立儒学学科。这确实好于国学，有明确的范围、确定的学术范式，但仍有可能自我限定于作为子学的儒学范围内。

新范式儒学的学科依托为经学，在建制上，或可设经学院或更为宽泛的中国思想学院。相比于作为子学的儒学，经学返回中国文明之根本，其覆盖范围是整全的，在方法上内在地要求跨学科研究。不仅需要儒学者参与，更需要人文与社会科学各领域的学者进入。如此，经学反过来又可辐射这些学科，从而推动整个中国思想学术体系之中国化。此为现代中国秩序底定之前提，也是其标志。

事实上，不独中国，全球思想学术界正处在范式转换中。儒学正赶上一大波机会，即张横渠所谓“为天地立心，为生民立命，为往圣继绝学，为万世开太平”（《横渠语录》）的机会。“君子见几而作，不俟终日。”（《周易·系辞下》）

南宋刊单疏本孔颖达《毛诗正义》卷九《齐风》考异

孔祥军

今人引用《十三经注疏》，多据1980年中华书局影印1935年世界书局缩印本，而世界书局缩印之底本实为嘉庆南昌府学《重刊宋本十三经注疏》之同治十二年（1873年）之重修本，世人俗称其为阮本或阮刻《十三经注疏》。

其中《毛诗注疏》一种，阮元谓其重刊宋本，实为元刊明修本十行本，不唯此本，存世刊本《毛诗注疏》皆为十行本系统，而以南宋刘叔刚一经堂刊十行本为最古，李盛铎旧藏元刊明修本、刘盼遂旧藏元刊明修本以及阮元家藏元刊明修本皆为元时重刊十行本；明代李元阳首次合刻《十三经注疏》，世称闽本，改宋元十行本为九行，北监本、毛本皆承闽本；乾隆四年（1739年）重刊《十三经注疏》，底本为北监本，乾隆三十七年（1772年）修《四库全书》，今所见文渊阁、文津阁以及荟要诸本皆据殿本，故云今存世《毛诗》注疏本皆为十行本系统。

笔者在研究过程中发现，十行本祖本即南宋刘叔刚本。此本为书坊草率之作，错讹脱漏，比比皆是，从文献校勘角度而言，洵非善本。今日重新整理《毛诗注疏》，则必须采用另一系统的版本，否则无法校订其谬误。幸运的是，日本保存了南宋早期翻刻北宋刊单疏本《毛诗正义》，虽然阙去前七卷，但仔细比对异文，可见其文献价值远远高于十行本。对此，学者早有认识[①]，然而，真正对单疏本展开学术研究则非常少见。2013年，上海古籍出版社出版了整理本《毛诗注疏》，整理前言中明确说明要利用单疏本，可是细读此本，发现漏校极为严重，谓其挂一漏万，也并不过分[②]。2015年，石立善先生发表了《南宋刊单疏本孔颖达〈毛诗正义·郑风〉校笺》[③]，可谓力作。本文以单疏本卷九《齐风》为考察对象，将其与十行本对勘，罗列异文，附以考据，以见此本之文献校勘价值也。

本文主要引据文献，为省篇幅，即用简称，详情如下：

《南宋刊单疏本毛诗正义》，人民文学出版社2012年缩印1936年东方文化学院据杏雨书屋旧藏南宋椠单疏本《毛诗正义》珂罗版影印本，简称单疏本、单疏，各条校勘记所标页码即此影印本之页码。所谓“上”“下”乃分别指此本单面四拼一影印之上栏与下栏，单疏本类多缺笔避讳之字，为便行文，除特殊情况外，所引者一律改作通行文字。参考1936年东方文化学院影印本单疏本《毛诗正义》。

《足利学校秘籍丛刊第二·重文毛诗注疏》，汲古书院影印足利学校藏南宋刘叔刚一经堂刊《附释音毛诗注疏》，1973年出版第一卷、第二卷，1974年出版第三卷、第四卷，简称十行本。

《续修四库全书》第五十六册《毛诗要义》，上海古籍出版社2002年影印

①李霖、乔秀岩《南宋刊单疏本毛诗正义·影印前言》，北京：人民文学出版社，2012年版。此外，宋本《毛诗要义》几乎是比较忠实地摘抄了《毛诗》经注及孔《疏》，其中对于前者的抄录是极为零星的，而对于后者即孔《疏》的摘录却占有绝对份量，因而也是校勘《十行本》的重要参考，尤其是单疏本所缺“郑风前”部分，对此，笔者曾撰写《日本天理大学附属图书馆藏宋淳祐十二年（1252年）徽州刻本〈毛诗要义〉考异（郑风前部分）》，《域外汉籍研究集刊》第十四辑。

②不仅脱漏严重，此整理本还存在数量惊人的标点校勘问题，其中卷三、卷四、卷五所出现的问题，详见拙文《上海古籍出版社新整理本〈毛诗注疏〉卷三〈鄘风·卫风〉卷四〈王风·郑风〉卷五〈齐风·魏风〉点校补正》，《中华历史与传统文化研究论丛》第二辑，北京：中国社会科学出版社，2016年。

③收入刘玉才、水上雅晴主编《经典与校勘论丛》，北京：北京大学出版社，2015年。

日本天理大学附属图书馆藏宋淳佑十二年徽州刻本，简称《要义》。

《中华再造善本丛书·附释音毛诗注疏》，北京图书馆出版社2006年影印国家图书馆藏元刊明修本，此书为李盛铎旧藏，简称李本。

《中华再造善本丛书·十三经注疏·附释音毛诗注疏》，北京图书馆出版社2006年影印北京市文物局藏元刊明修本，此书为刘盼遂旧藏，简称刘本。

《十三经注疏·毛诗注疏》，日本内阁文库藏闽刊本，简称闽本。

《十三经注疏·毛诗注疏》，日本内阁文库藏万历十七年（1589年）刊本，简称北监本。

《十三经注疏·毛诗注疏》，日本东京大学东洋文化研究所藏汲古阁刊本，简称毛本。

《殿本十三经注疏·毛诗注疏》，线装书局2013年影印天津图书馆藏武英殿刊本，简称殿本，后附《考证》，简称殿记。

《景印文渊阁四库全书·毛诗注疏》，台湾商务印书馆1983年影印本，简称库本。参考2015年广陵书社影印文津阁本《四库全书选刊·十三经注疏》第二册、第三册《毛诗注疏》，简称文津阁本；2005年吉林出版集团有限公司影印　藻堂《四库全书荟要》本《毛诗注疏》，简称荟要本。

《景印文渊阁四库全书·钦定四库全书考证·经部·毛诗注疏》，台湾商务印书馆1983年影印本，简称库记。

《阮刻毛诗注疏》，西泠印社出版社2013年影印上海图书馆藏嘉庆年间江西南昌府学刊本《重刊宋本毛诗注疏附校勘记》，简称阮本，所附校勘记简称卢记。

《百部丛书集成·七经孟子考文补遗·毛诗》，台湾艺文印书馆1964年影印日本原刊本，简称《考文》《考文·补遗》。

《四库全书珍本初集》经部二十六、二十七集《十三经注疏正字》，沈阳出版社1998年影印本，简称《正字》。

《续修四库全书》第一八〇、一八一册《宋本十三经注疏并经典释文校勘记·毛诗注疏校勘记》，上海古籍出版社2002年影印南京图书馆藏清嘉庆阮氏文选楼刻本，简称阮记。

《毛诗单疏校勘记》，文物出版社1982年刷印《嘉业堂丛书》本，简称缪记。

《百部丛书集成·毛诗注疏校勘记校字补》，台湾艺文印书馆1964年影印《鹤寿堂丛书》本，简称茆记。

《毛诗注疏毛本阮本考异》，《敬跻堂丛书》本，简称谢记。

《中华再造善本丛书·毛诗诂训传》，北京图书馆出版社2003年影印国家图书馆藏宋刻本，简称巾箱本。

《中华再造善本丛书·监本纂图重言重意互注点校毛诗》，北京图书馆出版社2003年影印国家图书馆藏宋刻本，简称监图本。

《景印宋本纂图互注毛诗》，台北故宫博物院1995年影印本，简称纂图本。

《毛诗郑笺》，汲古书院影印日本静嘉堂文库藏抄本，平成四年（1992年）出版第一卷，平成五年（1993年）出版第二卷，平成六年（1994年）出版第三卷，简称日抄本。

潘重规《敦煌诗经卷子研究论文集》，新亚研究所1970年版，本书所引敦煌残卷非特殊说明者，皆据此本所影印之图版。

《中华再造善本丛书·经典释文》，北京图书馆出版社2003年影印国家图书馆藏宋刻宋元递修本，简称《释文》。

《尔雅》，汲古书院昭和四十八年（1973年）影印神宫文库藏南北朝刊本《尔雅》。

《中华再造善本丛书·尔雅疏》，北京图书馆出版社2003年影印国家图书馆藏宋刻宋元明初递修本，简称《尔雅疏》。

《中华再造善本丛书·说文解字》，北京图书馆出版社2004年影印国家图书馆藏宋刻元修本，简称《说文》。

《中华再造善本丛书·尚书》，北京图书馆出版社2006年影印北京大学图书馆藏宋刻本，简称《尚书》。

《四部丛刊三编·尚书正义》影印日本复印宋本，简称《尚书正义》。

《士礼居黄氏丛书·仪礼郑氏注》，上海图书馆藏嘉庆甲戌（1814年）黄丕烈影刻严州本，简称《仪礼》。

《中华再造善本丛书·仪礼疏》，北京图书馆出版社2014年影印国家图书馆藏清黄氏士礼居影宋抄本，简称《仪礼疏》。

《中华再造善本丛书·礼记》，北京图书馆出版社2003年影印国家图书馆藏宋淳熙四年抚州公使库刻本，简称《礼记》。

《影印南宋越刊八行本礼记正义》，北京大学出版社2014年影印本，简称《礼记正义》。

《中华再造善本丛书·周礼》，北京图书馆出版社2005年影印国家图书馆藏金刻本，简称《周礼》。

《中华再造善本丛书·周礼疏》，北京图书馆出版社2003年影印国家图书馆藏宋两浙东路茶盐司刻宋元递修本，简称《周礼疏》。

《日本宫内厅书陵部藏宋元版汉籍选刊·春秋经传集解》，上海古籍出版社影印南宋嘉定九年（1216年）南宋兴国军学刊本，简称《左传》。

《四部丛刊续编·春秋正义》影印海盐张氏涉园藏日本复印景钞正宗寺本，简称《春秋正义》。

《四部丛刊初编·春秋穀梁传》影印常熟瞿氏铁琴铜剑楼藏宋刊本配《古逸丛书》本，简称《穀梁传》。

《中华再造善本丛书·国语》，北京图书馆出版社2006年影印国家图书馆藏宋刻宋元递修本，简称《国语》。

《仁寿本二十六史·史记集解》，成文出版社1955年影印“中研院”藏北宋景佑监本配南宋重刊北宋监本，简称《史记》。

《中华再造善本·吕氏家塾读诗记》，北京图书馆出版社2003年影印国家图书馆藏宋淳熙九年（1182年）江西漕台刻本，简称《读诗记》。

《中华再造善本·玉海辞学指南》，北京图书馆出版社2006年影印国家图书馆藏元至元六年（1269年）庆元路儒学刻本，简称元刊本《玉海》。此本缺卷则据日本京都中文出版社1977年影印元至正刊本《合璧本玉海》。

卷九

齐谱

1. 页〇五五上 晏子对曰昔爽鸠氏始居此地季萴因之

按："萴"，十行本作"蒯"，李本、刘本、闽本、北监本、毛本、殿本、阮本同；《要义》所引作"前"；库本与单疏本同。此《疏》引《左传》，检昭公二十年，正作"季萴"，十行本下文亦作"季萴"。《正字》云："'萴'，误'蒯'，下同"，是也。

2. 页〇五五上 古若无死爽鸠氏之乐非君所愿也

按："非君所愿"，十行本作"非君之所愿"，李本、刘本、闽本、北监本、毛本、殿本、库本、阮本同，《要义》所引亦有"之"。此《疏》亦引《左传》，检诸宋刊《春秋经传集解》，皆无"之"字，无"之"者是也。

3. 页〇五五上 是武王之时大国百里

按："王"，十行本作"三"；李本作"二"，刘本同；闽本、北监本、毛本、殿本、库本、阮本与单疏本同，《要义》所引亦与单疏本同。作"三""二"显误。

4. 页〇五五下 同母少弟山杀胡公而自立

按："自立"，十行本无"自"字，李本、刘本、闽本、北监本、毛本、殿本、库本、阮本同；《要义》所引与单疏本同。此《疏》乃引《史记·齐世家》，检之，有“自”字。《正字》云：“脱‘自’字”，是也。

5. 页〇五五下 哀公弟山杀胡公而自立立后九年而卒

按：“立后九年”，十行本无“立”字，李本、刘本、闽本、北监本、毛本、殿本、库本、阮本同；《要义》所引与单疏本同。细味《疏》文，有“立”者，语意晓畅，辞气亦足，当从单疏、《要义》。

6. 页〇五六上 王者礼法相变周复禹制故郑解禹事而已

按：“复”，十行本作“服”，李本、刘本、闽本、北监本、毛本、殿本、库本、阮本同；《要义》所引与单疏本同。禹制如何可服，王者礼法相变，变而复返，故周用禹制，作“复”是也。

7. 页〇五六上 注云潍淄两水名地理志云潍水出今琅邪箕屋山淄水出泰山莱芜县原山

按：“原山”，十行本作“源山”，李本、刘本、闽本、北监本、毛本、殿本、库本、阮本同；《要义》所引与单疏本同。此《疏》所谓“注”，乃郑玄《尚书》注，检宋景祐本《史记·夏本纪》“潍淄既道”条，裴骃《集解》引郑玄曰“《地理志》：潍水出琅邪，淄水出泰山莱芜县原山”（仁寿本《二十六史》影印本），又宋景祐本《汉书·地理志》泰山郡莱芜县，“原山，甾水所出”（《中华再造善本》影印本），又《尚书正义》卷六“传嵎夷至故道”条，“《地理志》云：潍水出琅邪箕屋山，北至都昌县入海，过郡三行五百二十里；淄水出泰山莱芜县原山，东北至千乘博昌县入海”，则当作“原山”。《正字》云：“‘源’误从水”，是也。

8. 页〇五六上 顾命云命仲桓南宫毛俾爰齐侯吕伋以二千戈虎贲百人逆子钊于南门之外

孔安国顾命注云伋为天子虎贲氏

齐世家云太公卒子丁公伋立

按：三“伋”，十行本皆作“汲”，李本、刘本、闽本、毛本、阮本同；北监本、殿本、库本与单疏本同，《要义》所引与单疏本同。检《尚书·顾命》《史记·齐世家》皆作“吕伋”，十行本前《疏》“昭公十二年（公元前530年）《左传》，楚灵王曰：‘昔我先王熊绎与吕伋、王孙牟、燮父、禽父并事康王’”。此处亦作“伋”，则后三“汲”显因形近而讹。《正字》云：“‘伋’，误‘汲’，下同”，是也，阮记云：“十行本此字作‘伋’，下引《顾命》《齐世家》则作‘汲’，各顺其文耳”，本无“吕汲”其人，何来各顺其文，阮校大谬不然。又北监本虽此三字皆作“伋”，但细辨之，乃有读此书者，将“汲”之“氵”旁画改为“亻”，其迹显然也。

9. 页〇五六上 齐之变风始作

按：“齐之”，十行本作“齐人”，李本、刘本、闽本、北监本、毛本、殿本、库本、阮本同；《要义》所引与单疏本同。检《诗谱·郑谱》“郑之变风又作”、《魏谱》“魏之变风始作”、《唐谱》“唐之变风始作”、《秦谱》“秦之变风始作”、《陈谱》“陈之变风作矣”、《桧谱》“桧之变风始作”、《曹谱》“曹之变风始作”，据此数例，可知书法，此处绝当作“齐之变风始作”。《正字》云：“‘之’，误‘人’”，是也。

10. 页〇五六下 本纪称懿王之时诗人作刺得不以懿王之时鸡鸣诗作而言懿王时乎

按：“作刺”，十行本作“作到”，李本、刘本、闽本、北监本、毛本、阮本同；殿本、库本与单疏本同。诗人作到，不知何义，检《史记·周本纪》：“懿王之时，王室遂衰，诗人作刺”，则“作刺”是也。《正字》云：“‘刺’，误‘到’”，是也。

11. 页〇五六下 世家又云献公卒子武公寿立

按：“献公卒”，十行本作“献公子卒”，李本、刘本、闽本、北监本、毛本、阮本同；殿本、库本与单疏本同，《要义》所引与单疏本同。检《史记·齐世家》：“献公卒，子武公寿立”，献公之子武公，若作献公子卒，为何其后又云“子武公寿立”，岂不两相矛盾，“子”字显为衍文。

12. 页〇五六下 故曰不能晨夜不夙则暮昭晢若此复何所疑

按："晢"，十行本作"晳"，李本、刘本、闽本、北监本、毛本、阮本同；殿本作"晢"，库本同。昭晳，不知何义，昭与晢皆明了之义，晢、晳微异可通。《正字》云："'晳'，当'晢'字误"，是也。

鸡鸣

13. 页〇五七上 作鸡鸣诗者言思贤妃也

按："言思贤妃"，十行本无"言"字，李本、刘本、闽本、北监本、毛本、殿本、库本、阮本同。检《周南·关雎·序》《疏》"作《关雎》诗者，言后妃之德也"，《召南·江有汜·序》《疏》"作《江有汜》诗者，言美媵也"，《召南·野有死麕·序》《疏》"作《野有死麕》诗者，言恶无礼"，《墉风·蝃蝀·序》《疏》"作《蝃蝀》诗者，言能止当时之淫奔"，《王风·黍离·序》《疏》"作《黍离》诗者，言闵宗周也"，《郑风·褰裳·序》《疏》"作《褰裳》诗者，言思见正也"等等，全经《疏》文类似写法，举不胜举，则此处之"言"字不可省也。

14. 页〇五七上 鸡既至之声

按：十行本作"鸡鸣思贤妃也至苍蝇之声"，李本、刘本、闽本、北监本、毛本、阮本同。此处乃标经文起止，此段《疏》文所释者乃经文："鸡鸣矣，朝既盈矣，匪鸡则鸣，苍蝇之声。"则标起止当作"'鸡既'至'之声'"，此无疑也，十行本之所以作"鸡鸣思贤妃也至苍蝇之声"，乃误将《小序》"《鸡鸣》思贤妃也，哀公荒淫怠慢，故陈贤妃贞女夙夜警戒相成之道焉"，视为此段《疏》文所释之范畴，故标其起"鸡鸣思贤妃也"，而《小序》，前此《疏》文已加以阐述，不当于此再述，故十行本及其以下诸本皆误。阮记云："案：此标起止有误，《序》有《疏》，已在上矣，'鸡鸣思贤妃也'六字不当更见于此，依其常例，但取经首、末二字而已，当云'鸡既至之声'"，所见与单疏本合若符节，允称卓识。

15. 页○五七上 以鸡既鸣知朝将满

按："满"，十行本作"盈"，李本、刘本、闽本、北监本、毛本、殿本、库本、阮本同。下《疏》云："朝盈，谓群臣辨色，始入满于朝上"，则此处"知朝将满"，实与后文相照，作"满"似胜。

16. 页○五七下 如郑此言则夫人以礼见君当服展衣御于君当服褖衣

按："服"，十行本作"复"，李本、刘本、阮本同；闽本、北监本、毛本、殿本、库本与单疏本同，《要义》所引亦与单疏本同。"当复褖衣"，不知何义，揆诸文义，作"服"是也。

17. 页○五七下 列女传鲁帅氏之母齐姜戒其女

按："齐姜"，十行本作"齐善"，李本、刘本同；闽本、北监本、毛本、殿本、库本、阮本与单疏本同，《要义》所引亦与单疏本同。考《太平御览》卷五百四十一《礼仪部·婚姻下》引《列女传》云："鲁师春姜者，鲁师氏之母也"，此作"春姜"，则与"齐姜"相近，而与"齐善"相远矣，"善"显当是"姜"字之讹。

18. 页○五八上 我甘乐与子卧而同梦

按："子"，十行本作"君"，李本、刘本、闽本、北监本、毛本、殿本、库本、阮本同。考《疏》云："上言欲君早起，此又述其欲早起之意。夫人告君云：'东方欲明，虫飞薨薨之时，我甘乐与子卧而同梦。'"《疏》文所谓夫人告君云云，正释经文"虫飞薨薨，甘与子同梦"。《疏》文之"子"字，正本经文之"子"字，作"君"非是。

19. 页○五八上 以将晓而飞是东方旦欲明之时即上鸡鸣时也

按："旦"，十行本作"且"，李本、刘本、闽本、北监本、毛本、殿本、库本、阮本同。此句《疏》文释《笺》，十行本作"东方且欲明之时"，乃本笺文"虫飞薨薨，东方且明之时"，此处之"且"，李本、刘本、阮本、巾箱本、监图本、纂图本、日抄本皆同；闽本作"早"，北监本、毛本、殿本、库本同；《考文》古本作"旦"，又云"宋板同作旦"，此处单疏之"东方旦欲明之时”恰与《考文》古本及宋板合，则作“旦”是也，故笺文亦当作“东方旦明之时”，宋刊《太平御览》卷三百九十七《人事部·叙梦》：“《毛诗·鸡鸣》曰：‘虫飞薨薨，甘与子同梦’，笺云：‘虫飞薨薨，东方旦明之时，我犹乐与君子卧而同梦，言亲爱之也”（《四部丛刊》三编影宋本），正可为证。

20. 页〇五八上 云无见恶于夫（音扶）人

按：“夫（音扶）人”，十行本作“夫人”，李本、刘本、闽本、北监本、毛本、殿本、库本、阮本同。此《疏》文释音之字，诸本皆阙，理当据单疏本补。

21. 页〇五八上 正义曰释诂文

按：“释诂”，十行本作“释古”，李本、刘本同；闽本、北监本、毛本、殿本、库本、阮本与单疏本同。《尔雅》无《释古》篇，作“古”显误。

还

22. 页〇五八下 于是子即与我并行驱马从逐两肩兽兮

按：“从逐”，十行本无“从”字，李本、刘本、闽本、北监本、毛本、殿本、库本、阮本同。此句《疏》文释经，经文云“并驱从两肩兮”，故《疏》释之云“并行驱马从逐两肩兽兮”，“并行”释“并”，“驱马”释“驱”，“从逐”释“从”，“两肩兽”释“两肩”，皆增字以释，而“从逐”一词，又本毛《传》“从，逐也”，故此处不可阙“从”字。

23. 页〇五八下 猎之所在非山则濹下言之阳此言之闲则是山之南山侧故知猺山名

按：“山之侧”，十行本作“山则”，李本、刘本、阮本同；闽本作“山侧”，北监本、毛本、殿本、库本同。山则，不知何义，显误。“山之南”对“之阳”，“山之侧”对“之闲”，无“之”者非是，当从单疏本作“山之侧”。

24. 页〇五八下 释兽云狼牡獾牝狼其子獥绝有力迅舍人曰狼牡名獾牝名狼其子名獥绝有力者名迅

按：“牝狼”“牝名狼”，十行本皆作“牡狼”，李本、刘本同；阮本皆作“牝狼”；闽本、北监本、毛本、殿本、库本与单疏本同，《要义》所引亦与单疏本同。检《尔雅·释兽》《尔雅疏》与单疏本同。阮记云：“闽本、明监本、毛本，‘牝’下有‘名’字，案：所补是也”，是也。

25. 页〇五八下 陆机疏云其鸣能小能大善为小儿啼声以诱人去数十步其猛健者虽善用兵者不能免也

按：“健”，十行本作“建”，李本、刘本同；闽本作“捷”，北监本、毛本、殿本、库本、阮本同；《要义》所引与单疏本同。考单疏本《春秋正义》闵公元年引《陆机毛诗义疏》作“健”（《四部丛刊续编》影钞本），宋八行本《春秋正义》同（北京图书馆出版社2003年影印国家图书馆藏宋庆元六年（1200年）绍兴府刻宋刻元修本）；《读诗记》《段氏毛诗集解》引《陆玑疏》皆作“健”；单疏本《尔雅疏》引《陆机疏》作“徤”；揆诸文义，结合众本，作“健”是也，“徤”即“健”也，“捷”显因与“健”形近而讹，“建”亦误也。

著

26. 页〇五八下 我见君子塞耳之瑱以素象为之乎而又见其身之所佩饰之以琼华之石乎而

按：“瑱”，十行本作“琼”，李本、刘本同；闽本、北监本、毛本、殿本、库本、阮本同，《要义》所引与单疏本同。此句《疏》文乃释经，经文云“充耳以素乎而”，毛《传》：“素，象瑱”，则此处当作“塞耳之瑱”，十行本误作“琼”者，或因涉下文“琼华之石”而误。

27. 页〇五九上 楚语称白公子张骤谏灵王

按："白"，十行本作"曰"，李本、刘本、闽本、毛本、殿本、库本、阮本同；北监本与单疏本同，《要义》所引与单疏本同。考《国语·楚语上》："灵王虐，白公子张骤谏"，韦昭注："子张，楚大夫白公也"，则当作"白"也。阮记云："闽本、明监本、毛本同，案：'曰'当作'白'，形近之讹"，是也。详辨北监本之"白"字，似系读此书者于"曰"字上，加添一笔而成"白"，则北监本亦误。

28. 页〇五九上 士婚礼壻亲迎至于女家主人揖

按："家"，十行本作"嫁"，李本、阮本同；刘本、闽本、北监本、毛本、殿本、库本与单疏本同，《要义》所引与单疏本同。揆诸文义，作"嫁"显误，刘本"家"字偏于一边，似剔去"女"旁也。

29. 页〇五九上 夫家引入之时每门而揖明女家引出之时亦每门而揖

按："亦每门而揖"，十行本无"门"字，李本、刘本、闽本、北监本、毛本、殿本、库本、阮本同；《要义》所引与单疏本同。《疏》文云："至夫家引入之时，每门而揖，明女家引出之时，亦每门而揖"，前后"每门而揖"相对应也，且有"亦"字相联，若作"亦每而揖"，不知所揖者为何处也。《正字》云："脱'门'字"，是也。

30. 页〇五九上 天子诸侯皆五色卿大夫士皆三色其五色无文正以人君位尊备物当具五色臣则下之宜降杀以两

按："五色无文"，十行本无"五"字，李本、刘本、闽本、北监本、毛本、殿本、库本、阮本同；《要义》所引与单疏本同。若作"其色无文"，则指代不明，究竟指天子诸侯之五色，还是指卿大夫士之三色，又与下文"当具五色"不相对应也，故有者是也。

"降杀"，十行本无"杀"字，李本、刘本、阮本同；闽本、北监本、毛本、殿本、库本与单疏本同，《要义》所引亦与单疏本同。"宜降杀以两"，辞气具足，又单疏本、闽本等及《要义》所引皆有"杀"字，则有者是也。阮记云："闽本、明监本、毛本，'降'下衍'杀'字"，阮说误也。

31. 页〇五九上 以素配着为章者取其韵句故耳

按："韵句"，十行本无"句"字，李本、刘本、阮本同；闽本、北监本、毛本、殿本、库本与单疏本同。"取其韵句故耳"，辞气具足，又单疏本、闽本等皆有"句"字，则有者是也。阮记云："闽本、明监本、毛本，'韵'下有'句'字。案：所补非也。或言韵，或言韵句，一也。"阮说误也。

32. 页〇五九上 王肃云王后织玄统天子之统一玄而已何云具五色乎

按："之统"，十行本作"之玄统"，李本、刘本、闽本、北监本、毛本、殿本、库本、阮本同；《要义》所引与单疏本同。"玄"既为王后所亲织，则唯天子所用，直云"天子玄统"，可也，不当以"天子之"加以限定，若作"天子之玄统"，嫌有诸侯之玄统、卿大夫之玄统，此"天子之统"即玄 也，故当从单疏、《要义》作"天子之统"。

33. 页〇五九上 王后织玄统者举天色尊者言之耳

按："天"，十行本作"夫"，李本、刘本、闽本、北监本、毛本、殿本、库本、阮本同，《要义》所引亦同。考《豳风·七月》，《疏》引《易》云："黄帝尧舜垂衣裳，盖取诸乾坤，注云：干为天，坤为地，天色玄，地色黄，故玄以为衣，黄以为裳，象天在上，地在下"，《尚书·禹贡》"禹锡玄圭，告厥成功"，孔《传》："玄，天色"，《疏》云："《考工记》：天谓之玄，是玄为天色"，天色乃玄，因天为尊，故取玄色以象天，即所谓"天色尊者"也，此正玄统之所以为贵，故当作"天"，诸本皆误。

34. 页〇五九上 此石似琼玉之色故云美石

按："似"，十行本作"以"，李本、刘本同；闽本、北监本、毛本、殿本、库本、阮本与单疏本同。石虽美，然非玉，故云"似"，作"以"显误。

35. 页〇五九下 王肃云以美石饰象瑱案瑱之所用其物小耳不应以石饰象共为一物

按："共"，十行本作"其"，李本、刘本、闽本、北监本、毛本、殿本、库本、阮本同。石虽美，然非玉，故云"似"，作"以"显误。"以"者以为也，象为塞耳，其物本小，不应认为与美石镶嵌于象骨者同为一物，则此处当作"共"也。《正字》云："'其'当'共'字误"，可谓卓识。

36. 页〇五九下 即如王肃之言以美石饰象瑱象骨贱于美石谓之饰象可也下传以青为青玉黄为黄玉又当以石饰玉乎

按："可"，十行本作"何"，李本、刘本、闽本、北监本、毛本、殿本、库本、阮本同。细味此句《疏》文，乃谓象骨与美石相比较，前者贱后者贵，故可以说以美石作为象骨之饰，此即"谓之饰象可也"，而青玉、黄玉皆为美玉贵于美石，难道可以说以美石为青玉、黄玉之饰吗？此即"又当以石释乎"，故作"可也"，文义晓畅，若作"何也"，则语气怪异，不知何义也，故当从单疏作"可"。

37. 页〇五九下 以经之文势既言充耳以素即云饰之以琼华明以琼华为充耳悬之以素丝故易传以素丝为纨琼华为瑱也

按："以素丝为纨"，十行本无"丝"字；李本、刘本、闽本、北监本、毛本、殿本、库本、阮本皆与单疏本同，《要义》所引亦与单疏本同。此句《疏》文所谓易《传》乃指笺文改易《传》义，笺文所改之义，据前《疏》"言用素丝为纨，以悬琼华之石为瑱也"，则此处不当阙"丝"字，十行本读误，可见其实非善本。

38. 页〇六〇上 考工记玉人云天子用全则公侯以下皆玉石杂

按："全"，十行本作"金"，李本、刘本、闽本、北监本、毛本、殿本、库本、阮本同。检《周礼·考工记·玉人》："天子用全"，则当作"全"。《正字》云："'全'，误'金'"，是也。

东方之日

39. 页〇六〇上 若以礼而来我则从就之兮今不以礼来故不得从之

按："从就"，十行本作"欲就"，李本、刘本、闽本、北监本、毛本、殿本、库本、阮本同。"从就之"与"从之"，前后相应，作"从就"是也。

40. 页〇六〇上 彼姝者子言其就女亲迎之事故以姝为初婚之貌

按："子"，十行本作"女"，李本、刘本、闽本、北监本、毛本、殿本、库本、阮本同。经云"彼姝者子"，毛《传》："姝者，初昏之貌"，故《疏》引经以释《传》，谓经"彼姝者子"乃言就女亲迎之事，故《传》解"姝"为初婚之貌，若作"彼姝者女"则不知何谓也，当从单疏作"子"。

41. 页〇六〇上 以为东方之日者比君于日以情诉之也

按："以为"，十行本作"以"，李本、刘本、闽本、北监本、毛本、殿本、库本、阮本同。此句《疏》文乃释郑笺，笺云"言'东方之日'者，之乎耳"，故《疏》云郑玄以为，经云"东方之日"者乃将君比之于日而相其倾诉之义，故当以"以为"领起，若作"以"，虽亦有以为之义，但不如"以为"辞气顺畅，故当作"以为"。

42. 页〇六〇下 传月盛至门内

按："门内"，十行本无"内"字，李本、刘本、闽本、北监本、毛本、阮本同。此标起止，此处乃释《传》，毛《传》末云："闼，门内也"，则当作"门内"。阮记云："案：'门'下当有'内'字"，可谓卓识。

43. 页〇六〇下 故知以月盛于东方喻臣明察也

按："盛于"，十行本无"于"字，李本、刘本、闽本、北监本、毛本、殿本、库本、阮本同。此句《疏》文乃释毛《传》，《传》云："月盛于东方"，此处正引之以释，故当作"盛于"。

东方未明

44. 页〇六〇下 朝廷是君臣之总辞此则必斥言其君也

按："必"，十行本作"非"，李本、刘本、闽本、北监本、毛本、殿本、库本、阮本同。此句《疏》文乃释《序》，本诗《序》云："朝廷兴居无节，号令不时，挈壶氏不能掌其职焉。"前《疏》亦释之云："今朝廷无节，由挈壶氏不能掌其职事焉，故刺君之无节，且言置挈壶氏之官不得其人也。"此处明言所刺者君之无节，故虽然"朝廷"一词乃包举朝廷上之君臣，但就此处而言，必是指刺其君也，即所谓"必斥言其君也"，若作"非斥言其君也"，则不知斥谁，又失与前《疏》照应，故必当从单疏作"必"也。

45. 页〇六〇下 故夏官序云挈壶氏下士六人注云挈读如絜髪之絜壶盛水器也

按："絜髪之絜"，十行本作"挈髪之挈"，李本、刘本、闽本、北监本、毛本、殿本、库本、阮本同。"挈读如挈"，显然不通，检《周礼·夏官序·挈壶氏》郑注正作"絜髪之絜"，则单疏本是也，诸本皆误。《正字》云："'絜'字误'挈'"，是也。

46. 页〇六〇下 传言此解其颠倒之意以裳为衣令上者在下是为颠倒也

按："令"，十行本作"今"，李本、刘本、闽本、北监本、毛本、殿本、库本、阮本同。衣本在上，裳本在下，以裳为衣，则是令上者在下，此谓颠倒也，玩《疏》文义，则作"令"者更符语意。《正字》云："'今'，疑'令'字误"，浦镗卓识，所疑是也。

47. 页〇六一上 故言朝之正法群臣别色始入东方未明未当起也

按："未当"，十行本无"未"字，李本、刘本、闽本、北监本、毛本、殿本、库本、阮本同。此句《疏》文释笺，笺云："挈壶氏失漏刻之节，东方未明而以为明，故臣促遽，颠倒衣裳，群臣之朝，别色始入"。考前《疏》云："以挈壶氏失漏刻之节，每于东方未明而为已明，告君使之早起，群臣当以失晚，复恐后期，故于东方未明之时，急促惶遽，不暇整理衣服，故颠倒着衣裳而朝君，此则失于侵早"，则东方未明之时非群臣上朝之时，朝之正法，别色群臣方入，故"东方未明，未当起也"。"未"字绝不可阙，若作"东方未明，当起也”，则又云“群臣之朝，别色始入”，岂非自相矛盾，故诸本皆误。阮记云：“案：当上脱一‘未’字”，是也，可谓卓识。

48. 页〇六一上 言柳柔脆之木者欲取无益于禁故以柔脆解之

按：“禁”，十行本作“其”，李本同；刘本、闽本、北监本、毛本、殿本、库本、阮本与单疏本同。此句《疏》文释《传》，毛《传》云：“折柳以为藩园，无益于禁矣”，又前《疏》云：“此言折柳木以为藩菜果之圃，则柳木柔，无益于圃之禁”，故当作“禁”。

49. 页〇六一上 漏刻之箭昼夜共百刻

按：“昼”，十行本作“画”，李本、刘本同；闽本、北监本、毛本、殿本、库本、阮本与单疏本同，《要义》所引亦与单疏本同。“画”字显为“昼”字之讹。

50. 页〇六一下 故太史之官立为成法定作四十八箭

按：“成法”，十行本无“成”字，李本、刘本、闽本、北监本、毛本、殿本、库本、阮本同；《要义》所引与单疏本同。前《疏》云：“太史立成法，有四十八箭”，此“成”字不可省也，当从单疏、《要义》。

51. 页〇六一下 以一年有二十四气每于一气之闲又分为二

按：“每于”，十行本无“于”字，李本、刘本、闽本、北监本、毛本、殿本、库本、阮本同；《要义》所引与单疏本同。“于”字于语气有补，有之似胜。

52. 页〇六一下 郑作士婚礼目录云

按：“婚”，十行本作“民”，李本、刘本同；闽本作“昬”，北监本、毛本、殿本、库本同；阮本作“昏”，《要义》所引同。作“民”显误，或因与“昏”字字形相近而讹，“婚”“昏”“昬”于此皆可通也。

53. 页〇六一下 郑于尧典注云日中宵中者

按：“宵”，十行本作“肖”，李本、刘本同；闽本、北监本、毛本、殿本、库本、阮本与单疏本同，《要义》所引亦与单疏本同。日中与宵中相对为文，且十行本下文又云“郑言日中宵中者”，则此处作“肖中”误也。

54. 页〇六一下 夙早释诂文

按：“诂”，十行本作“注”，李本、刘本、闽本、北监本、毛本、阮本同；殿本、库本与单疏本同。《尔雅》何来《释注》篇，作“注”显误。《正字》云：“‘诂’，误‘注’”，是也。

南山

55. 页〇六二上 经上二章刺襄公淫乎其妹下二章责鲁桓纵恣文姜

按：“下二章”，十行本无“二”字，李本、刘本、阮本同；闽本、北监本、毛本、殿本、库本与单疏本同。《南山》诗共四章，此处《疏》既言“上二章”，其后若仅曰“下章”，则易使人以为全篇共三章，又下二章经文刺意相同，皆责文姜，故“二”字不可阙。阮记云：“明监本、毛本，‘章’上有‘二’字，闽本剜入。案：所补是也。”闽本剜入之际显然，然单疏本已作“下二章”，非闽本所补也。

56. 页〇六二上 何休云干胁也

按：十行本无“也”字，李本、刘本、闽本、北监本、毛本、殿本、库本、阮本同。“也”字可补足语气，有之似胜。

57. 页〇六二上 服虔云盖免桓公之丧从齐来以文姜为二年始来

按：“免”，十行本作“鲁”，李本、刘本、闽本、北监本、毛本、殿本、库本、阮本同；《要义》所引与单疏本同。所谓免者，以麻布束发也。《仪礼·士丧礼》郑注释免之制云：“免之制未闻，旧说以为如冠状，广一寸，《丧服小记》曰：斩衰髺发以麻，免而以布，此用麻布为之，状如今之着幓头矣，自项中而前，交于额上，郄绕紒也”。又《仪礼·丧服》妻为夫“布总、箭笄、髽，衰三年”，郑注：“髽，露紒也，犹男子之括发，斩衰，括发以麻，则髽亦用麻也，盖以麻，自项而前，交于额上，却绕紒，如着幓头焉，

《小记》曰：男子冠而妇人笄，男子免而妇人髽。”所谓“髽”即“免”也，郑玄所释妻为夫所服者，与上文所释之免状亦相合也。《礼记·檀弓》云：“鲁妇人之髽而吊也。”文姜既嫁鲁国，当从鲁制，则此处服虔所云，正指文姜免发以服桓公之丧从齐而归也，故当从单疏、《要义》作“免”。

58. 页〇六二下 四年夫人姜氏享齐侯于杞丘

则杞丘与如齐师舒由从夫人

按：两“杞丘”，十行本皆作“祝丘”，李本、刘本、闽本、北监本、毛本、殿本、阮本同；库本皆作“祝邱”。检《左传》庄公四年经文作“祝丘”，遍检文献，春秋地名无作“杞丘”，此“杞”字似误。

59. 页〇六二下 以左传于会禚之下书奸也于会防之下言齐志也

按：“会防之下”，十行本作“会防之正”，李本、刘本、闽本、北监本、毛本、殿本、库本、阮本同。前云“会禚之下书奸也”，后云“會防之下言齐志也”，前后相踵，“正”字则不知所云。《正字》云：“‘下’，误‘正’”，是也。

60. 页〇六三上 喻襄公淫泆于人君之位其可耻恶如狐故以狐比之

按：“故”，十行本作“貌”，李本、刘本、闽本、北监本、毛本、殿本、库本、阮本同。此句《疏》文释笺，笺云：“喻襄公居人君之尊，而为淫之行，其威仪可耻恶如狐”，则“可耻如狐”乃引笺文，为句，“故以狐比之”乃借笺以释经义，若无“故”字，则“以狐比之”无着落。《正字》云：“‘貌’，疑‘故’字误”，所疑是也，堪称卓识。

61. 页〇六三上 以归止谓文姜归则怀止亦谓文姜怀不宜谓襄公思故易传以为非责文姜之来也

按：“责”，十行本作“贵”，李本、刘本同；闽本、北监本、毛本、殿本、库本、阮本与单疏本同。此处《疏》文乃释笺，《疏》文意谓经文所言“既曰归止”乃文姜归鲁，则“何又怀止”乃文姜思齐，而非齐襄公思文姜，所以诗人于此乃非责文姜来齐也，即笺文所云“非其来也”之义，下文《疏》

文又云“上言‘曷又怀止’，笺谓责文姜之来”，故“贵”字显为“责”字之讹。

62. 页〇六三上 屦必两只相配故以一两为一物绥必属之于冠故冠绥共为一物

按：“物”，十行本作“同”，李本、刘本、闽本、北监本、毛本、殿本、库本、阮本皆同；《要义》所引与单疏本同。《疏》文意谓，屦单只不成用，必双而适两足，故以一对两只为一物，同样，绥必附属于冠，故冠绥为一物，此则所谓“共为一物”也，作“物”是也。

63. 页〇六三上 奇数多矣独举五而言明五必有象

按：“奇数多矣”，十行本作“奇天数矣”，李本、刘本、闽本、北监本、毛本、殿本、库本、阮本皆同；《要义》所引与单疏本同。考《疏》文云：“奇数多矣，独举五而言，明五必有象，故以喻文姜与侄娣、傅姆五人俱是妇人，不宜以襄公往而双之”，意谓奇数不唯有五，三、七、九，皆是奇数，奇数可取者多矣，而独举五而言者，因以五可喻文姜等五人，此五为奇数，故襄公不宜再至文姜处而为六人之偶数。文义晓畅，毫无轩轾，若作“奇天数矣”，则不知葛屦与天数有何关系。《正字》于此处云“疑”，明其有疑；阮记则云：“案：天当作大，形近之讹也，‘奇大数矣’者，谓奇之数，不止于五也”，是说纯属猜测，不如浦镗阙疑之审也。

64. 页〇六三下 且大夫之妻当自处家无由从女而嫁

按：“自”，十行本作“目”，李本、刘本同；闽本、北监本、毛本、殿本、库本、阮本与单疏本同；《要义》所引与单疏本同。“目处家”，不知何义，显误。

65. 页〇六三下 又襄公止淫文姜耳传不言淫其侄娣

按：“淫”，十行本作“复”，李本、刘本、闽本、北监本、毛本、殿本、库本、阮本皆同。“止复文姜”，不知何谓，揆诸文义，作“淫”是也。十行本讹作“复”者，或因经文“曷又从止”，笺释之：“文姜既用此道，嫁于鲁侯，襄公何复送而从之，为淫 之行”，而《正字》云：“‘从’，误‘复’”，或亦因此经、注而误。阮记云：“案：浦镗云‘从误复’，是也”，误也。

66. 页〇六三下 衡猎之纵猎之谓既耕而东西践蹑概摩之也

按：“东”，十行本作“柬”；李本、刘本、闽本、北监本、毛本、殿本、库本、阮本皆与单疏本同，《要义》所引亦与单疏本同。“柬西践蹑”，不知何义，“东西践蹑”，正与纵横猎之相配，则“柬”字显为“东”字之讹，十行本独误，可见其非善本也。

67. 页〇六四上 笺言恣极邪意令至齐者申说极为至之义恣极解义之言非经中极也

按：“恣极”，十行本无“极”字，李本、刘本、闽本、北监本、毛本、殿本、库本、阮本皆同。考本《诗经》云：“既曰得止，曷又极止。”毛《传》：“极，至也。”笺云：“女既以媒得之矣，何不禁制，而恣极其邪意，令至齐乎？又非鲁桓。”“恣极”乃郑笺申说毛义，故与“经中极”之“极”即“曷又极止”之“极”无涉，若无“极”字，则全句无从理解，有者是也。

甫田

68. 页〇六四上 天子衰诸侯兴政曰霸

按：“政”，十行本作“故”，李本、刘本、闽本、北监本、毛本、殿本、库本、阮本皆同；《要义》所引与单疏本同。揆诸文义，诸侯所兴者政也，所谓春秋霸政也，故当从单疏、《要义》作“政”。

69. 页〇六四下 猗嗟颀若言若者皆然耳之义

按：“颀”，十行本作“顶”，李本、刘本、闽本、毛本同；北监本、殿本、库本、阮本与单疏本同。考通行本《齐风·猗嗟》作“颀而长兮”，敦煌残卷伯二五二九《毛诗》抄本则作“颀若长兮”，与单疏所见本同，则此处当作“颀”绝无可疑，《正字》云：“‘颀’，误‘顶’”，是也。细辨十行本之“顶”字，其左旁之“丁”，似“斤”字磨去“厂”而成，故其本字当为“颀”，而后讹作“顶”，遂为后世各本所承；而北监本之“颀”乃读此书者所描改，则其原本作“顶”，亦误。

卢令

70. 页〇六四下 以绳系矢而射鸟谓之缴射也

按：“以”，十行本作“出”，李本、刘本、闽本、北监本、毛本、殿本、库本、阮本同；《要义》所引与单疏本同。“出绳”，不辞，显当从单疏、《要义》作“以”。阮本道光六年重校本，改“出”为“用”，虽不与古本合，但也感觉此处作“出”字之非，而从字形相近的角度，猜测“出”为“用”字之讹，实属难能可贵也。

71. 页〇六五上 孟子谓齐宣王曰今王田猎于此百姓闻王轝马之音见羽旄之美举首疾蹙頞而相告

今王田猎于此百姓闻王轝马音见羽旄之美举首忻忻然有喜色而相告

按：两“轝”，十行本皆作“车”，李本、刘本、闽本、北监本、毛本、殿本、库本、阮本同。轝者，舆也，与车义通，未知孰是。

“举首疾”“举首忻忻然”，十行本作“举疾首”“举忻忻然”，李本、刘本、闽本、北监本、毛本、殿本、库本、阮本同。检《孟子·梁惠王》作“举疾首”“举忻忻然”皆与十行本合，《经典释文·庄子音义中》“举灭”条小注：“举，皆也”，此处举字，亦当作“皆”解，则不当作“举首疾”“举首忻忻然”，单疏本确误。

“有喜色而相告”，十行本作“有喜色而相吉”，李本同；刘本、闽本、北监本、毛本、殿本、库本、阮本与单疏本同。“相吉”显为“相告”之讹。

72. 页〇六五上 重镅与重环别则与子母之环又当异

按："又"，十行本作"文"，李本、刘本、闽本、北监本、毛本、殿本、库本、阮本同。此句《疏》文释《传》，毛《传》云："重环，子母环"，"镅，一环贯二也"，经文既分说"卢重环""卢重镅"，则重镅与重环相异，重环既然是子母环，那么重镅自然"与子母之环又当异"，若作"与子母之环文当异"，则不知何义。《正字》云："'文'，疑'又'字误"，所疑是也，堪称卓识。

敝

73. 页〇六五下 传鳏鱼

按：十行本作"传鳏大鱼"，李本、刘本、闽本、北监本、毛本、阮本同。此处标起止，毛《传》："鳏，大鱼"，似当有"大"字。

74. 页〇六五下 子思叹曰鱼食饵以死士贪禄以亡

按："鱼食饵"，十行本作"鱼贪饵"，李本、刘本、闽本、北监本、毛本、殿本、库本、阮本同。人者有贪念，鱼者食之而已，作"食"似胜。

75. 页〇六五下 毛以鳏为大鱼郑以鲲为鱼子

按："鳏"，十行本作"鲲"，李本、刘本、闽本、北监本、毛本、殿本、阮本同；《要义》所引与单疏本同，库本虽作"鳏"，但后"郑以鲲"之"鲲"亦改作"鳏"。毛作"鳏"、郑作"鲲"，前《疏》已明言，"鲲、鳏字异，盖古字通用，或郑本作鲲也"。据此孔氏所见之郑笺正作"鲲，鱼子也"，故其先辨为何与《传》作"鳏大鱼"相异。虽鲲、鳏二字字异，盖古今通用实同也，又解为何郑笺作"鲲"，或因其所见之经文文本作"其鱼鲂鲲"，故其言"鲲"。据此，则此处《疏》文，自当云"毛以鳏为大鱼"，"郑以鲲为鱼子"，皆引《传》、笺以为说，故当从单疏、《要义》，诸本皆误也。库本认为前后应一致，而皆改为"鳏"，亦误。

76. 页〇六五下 陆机疏云鲂今伊洛济颍鲂鱼也

按："颍"，十行本作"颖"，李本、刘本同；闽本、北监本、毛本、殿本、库本、阮本与单疏本同，《要义》所引亦与单疏本同。此处罗列伊水、洛水、济水、颍水，则此"颍"字不当从"示"也。

77. 页〇六五下 笺以鳏若大鱼则强笱亦不能制不当以 败为喻

按："以鳏"，十行本作"以一鳏"，李本、刘本、闽本、北监本、毛本、殿本、库本、阮本同；《要义》所引与单疏本同。此处若作"笺以一鳏"，显然有碍文义，故《正字》云："'一'，疑为字误"，实本无此字也。阮记云："'一'，当作'鲂'，刊时字坏而如此"，此纯属猜测之言也。

78. 页〇六六上 传以如云言盛谓其从其多强盛而难制

按："从其"，十行本作"从者"，李本、刘本、闽本、北监本、毛本、殿本、库本、阮本同，《要义》所引亦同。"谓其从其"，不辞，此"其"字显误。又下《疏》云："言从者之盛，《传》意当然"，可知此处诸本不误，单疏本确误。

79. 页〇六六上 桓公不能制禁

按："制禁"，十行本作"禁制"，李本、刘本、闽本、北监本、毛本、殿本、库本、阮本同；《要义》所引与单疏本同。能制方可禁，若不能制则禁之而不止也，故当从单疏、《要义》作"制禁"。

80. 页〇六六上 或谓之鳙幽州人谓之鸮鸡

按："鸡"，十行本作"鷄"，李本、刘本、闽本、北监本、毛本、殿本、库本、阮本同；《要义》所引与单疏本同。此《疏》文引陆机说，检宋人戴侗《六书故》卷二十"鱮"条引陆玑云，作"或谓之鳙幽州或谓之鸮鸡"（上海社会科学院出版社2006年影印温州市图书馆藏明抄元刊本），可证当从单疏、《要义》作"鸡"，"鷄"字误也。

81. 页〇六六上 定本云所使止于义是也

按："止"，十行本作"出"，李本、刘本、闽本、北监本、毛本、殿本、库本、阮本同。此句《疏》文释笺，笺云："如雨，言无常，天下之则下，天不下则止，以言侄娣之善恶，亦文姜所使止"，定本云"所使止"，正谓笺文最末三字，又考其义，乃文姜使或止，故其侄娣有善恶，如天下雨或止雨也，则当作"止"。《正字》云："'止'，误'出'"，是也。

82. 页〇六六上 上二章言鱼名此章言鱼貌令其上下相充也

按："令"，十行本作"今"，李本、刘本、闽本、北监本、毛本、殿本、库本、阮本同。揆诸文义，显当作"令"。《正字》云："'今'，当'令'字误"，是也。

载驱

83. 页〇六六上 盛其车服者首章次句与次章上二句是也

按："盛其车服者"，十行本作"无礼义盛其车服者"，李本、刘本、闽本、北监本、毛本、殿本、库本、阮本同。此句《疏》文释《序》所言与经文相配之处，考《序》云："齐人刺襄公也，无礼义故，盛其车服"，《疏》若引《序》而言，当云"无礼义故盛其车服者"，而不当云"无礼义盛其车服者"，又首章次句"簟茀朱鞹"、次章上二句"四骊济济垂辔沵沵"，此皆陈述齐襄公交车马之盛也，与"无礼义故"何涉？此所谓"无礼义故"者，下《疏》云："无礼义故犹言无礼义端，端谓头绪也"，首章次句、次章上二句皆非言此也，故此三字皆为衍文，当删。

84. 页〇六六上 论语云叩其两端谓动发本末两头也

按："论语云"，十行本无"云"字，李本、刘本、闽本、北监本、毛本、殿本、库本、阮本同。"云"与"谓"对，有者是也。

85. 页〇六六下 释器云舆革前谓之鞎

李廵曰舆革前谓舆前以革为车饰曰鞎也

郭璞曰鞎以韦靶车轼也

按：三“鞎”，十行本皆作“艰”，李本、刘本、闽本、北监本、毛本、阮本同；殿本、库本与单疏本同，《要义》所引亦与单疏本同。既“以革为车饰”，自然从“革”作“鞎”，作“难”显误，检《尔雅·释器》正作“鞎”。《正字》云：“‘鞎’，误‘艰’”，是也。

86. 页〇六六下 彼文革饰后户谓之茀竹饰后户谓之蔽则茀蔽异矣

按：“茀竹饰后户谓之”，十行本无此七字，李本、刘本、闽本、北监本、毛本、殿本、库本、阮本同；《要义》所引亦与单疏本同。所谓彼文，殆指前《疏》所引郭璞之说。“郭璞曰：鞎以韦靶车轼也，茀以韦靶后户也，又云：竹前谓之御，后谓之蔽”，此即所谓“革饰后户谓之茀，竹饰后户谓之蔽”，此七字岂可阙哉！阮记云：“案：卢文弨云：当云‘革饰后户谓之茀竹饰后户谓之蔽’，脱七字。是也，上文可证，复出而误耳。”是也。

87. 页〇六六下 谓比至明之开发

按：“比”，十行本作“此”，李本、刘本、闽本、北监本、毛本、殿本、库本、阮本同，《要义》所引亦同。“比至”者，至也，为经典常见用语，细玩《疏》文，作“比”为胜。

88. 页〇六七上 上言发夕谓初夜即行此言闿明谓侵明而行与上互文相通也

按：“互”，十行本作“古”，李本、刘本、闽本、北监本、毛本、殿本、阮本同；库本与单疏本同，《要义》所引亦与单疏本同。“互文相通”，乃成语，揆诸文义，绝无可疑。《正字》云：“‘古’，疑衍字”，阮记云：“案：‘古’当作‘句’，形近之讹”，皆为猜测之辞也。

猗嗟

89. 页〇六七上 见其母与齐淫谓为齐侯种胤是其可耻之甚故齐人作此诗以刺之

按："刺之"，十行本作"刺之也"，李本、刘本、闽本、北监本、毛本、殿本、库本、阮本同。未知孰是。

90. 页〇六七下 猗嗟此庄公之貌甚昌盛兮其形状颀然而长好兮抑然而美者

按："抑然"，十行本无"抑"字，李本、刘本、闽本、北监本、毛本、阮本同；殿本、库本与单疏本同。"然而美者"，不辞，殿本据本诗经文"抑若扬兮"，补足"抑"字，是也。《正字》云："脱'抑'字"，是也。

91. 页〇六七下 其举动跄然兮其射则大善兮

按："其射"，十行本无"其"字，李本、刘本、闽本、北监本、毛本、殿本、库本、阮本同。此句《疏》文释经，经云"巧趋跄兮"则"其举动跄然兮"，"射则臧兮"则"其射则大善兮"，"其"字前后皆为领起之辞，岂可省也，当从单疏本。

92. 页〇六七下 孔子世家称孔子说文王之状云黯然而黑颀然而长是颀为长貌也

按："颀为长貌"，十行本作"之为长貌"，李本、刘本、闽本、北监本、毛本、殿本、库本、阮本同；《要义》所引与单疏本同。因前引《孔子世家》云"颀然而长"，故推知"颀为长貌也"，若作"之为长貌也"，不知何义，当从单疏、《要义》作"颀"。《正字》云："'之'，当'颀'字误"，是也，堪称卓识。

93. 页〇六七下 颡贵广阔故言扬广扬

按："广阔"，十行本无"广"字，李本、刘本、闽本、北监本、毛本、殿本、库本、阮本同；《要义》所引与单疏本同。此句《疏》文释《传》，《传》云"扬，广扬"，所谓广阔，正是增字以释，其本在广，其增在阔，若无"广"字，阔无根可附，且于辞气亦阙，故当从单疏、《要义》。

94. 页〇六七下 尔雅既释女此清又与目共文名既目上则清为目下

按："女"，十行本作"如"，李本、刘本、闽本、北监本、毛本、殿本、库本、阮本同。"既释女此"，不知何义，揆诸原文，显当作"如"，单疏本确误。

95. 页〇六八上 王肃云据外祖以言也谓不指襄公之身总据齐国为言

按："为言"，十行本作"为信"，李本、刘本、闽本、北监本、毛本、殿本、库本、阮本同；《要义》所引与单疏本同。前文既云"据外祖以言"，则此处自应作"据齐国而言"，若作"据齐国而信"，则不知何义，故当从单疏、《要义》。《正字》云："'信'，当'言'字误"，是也，堪称卓识。

96. 页〇六八上 夏官射人以射法治射仪

按："射仪"，十行本作"射义"，李本、刘本、闽本、北监本、毛本、阮本同；殿本、库本与单疏本同。检《周礼·夏官·射人》正作"射仪"，乃礼仪仪式之谓也。《正字》云："'仪'，误'义'"，是也。

97. 页〇六八上 侯之广狭则有三等不同五正之侯则方一丈八尺三正之侯方一丈四尺二正之侯则方一丈

按："二正之侯"，十行本作"一正之侯"，李本、刘本、闽本、北监本、毛本、殿本同；库本、阮本与单疏本同。据前《疏》所引，射法之仪，王以五正，诸侯以三正，卿大夫士以二正，又三侯者，五正、三正、二正也，从无所谓一正之说，故当从单疏作"二正之侯"。阮本、库本改之，是也。

98. 页〇六八上 故射人注云量侯道者以弓为度九节者九十弓七节者七十弓五节者五十弓

按："弓"，十行本作"亏"，李本、刘本同；闽本、北监本、毛本、殿本、库本、阮本与单疏本同，《要义》所引亦与单疏本同。"以亏为度"，不知何义，检《周礼·夏官·射人》郑注正作"各以弓为度"，下文"九节者九十弓七节者七十弓五节者五十弓"亦可为证，"亏"字似因字形相近而讹。

99. 页〇六八下 司裘掌大射之礼云设其鹄

按："司裘"，十行本作"司衣"，李本、刘本、闽本、北监本、毛本、阮本同；殿本、库本与单疏本同，《要义》所引亦与单疏本同。检《周礼·天官·司裘》："王大射则共虎侯、熊侯、豹侯，设其鹄"，则此处当作"司裘”，明矣。《正字》云：“‘裘’，误‘衣’”，是也。

100. 页〇六八下 有正者无鹄有鹄者无正则正与鹄大小同矣

按：“有鹄”，十行本无此二字，李本、刘本、闽本、北监本、毛本、殿本、阮本同；库本与单疏本同，《要义》所引亦与单疏本同。有正者无鹄，有鹄者无正，此为对语，若作“有正者无鹄者无正”，则不知所云。《正字》云：“‘无鹄’，下当脱‘有鹄’二字”，库记云：“刊本脱‘有鹄’二字，据《周礼》增”，皆是也。

101. 页〇六八下 据宾射为文也

按：“文”，十行本作“丈”；李本、刘本、闽本、北监本、毛本、殿本、库本、阮本皆与单疏本同，《要义》所引亦与单疏本同。十行本独误，可见其非善本也。

102. 页〇六八下 作者既美其身有技艺

按：“有”，十行本作“弃”，李本、刘本同；闽本作“业”，北监本、毛本、殿本、库本、阮本同。既“弃技艺”，何美之有，则此弃字显误，业字乃承弃字而来复讹也，诸本皆误。

103. 页〇六八下 大射皆三番射讫止而不复是礼射三而止也

按：“止”，十行本作“上”，李本、刘本同；闽本、北监本、毛本、殿本、库本、阮本与单疏本同，《要义》所引亦与单疏本同。此句《疏》文释笺，笺云：“礼射三而止”，则《疏》释云“大射皆三番射讫止而不复”，若作“上而不复”，则不知所云，“上”似因与“止”字形近而讹。

（本文为教育部后期资助项目“阮刻《毛诗注疏》圈字汇校考正”阶段性成果，项目号：17JHQ044。）

《孟子》佚文考论

曹景年

自宋以来，《孟子》学大盛，辑考《孟子》佚文的有多家，其中有代表性的是陈士元、周广业、李调元、翟灏四家。陈士元（1516—1597），明嘉靖、万历时人，著《孟子杂记》[1]，其中收《孟子》佚文数十条，有简单按语注明出处，但收录颇多杂谬。清周广业(1730—1798)著《孟子四考》[2]，其中《佚文考》在陈士元的基础上进行了增补，对文句的真伪也进行了一些考辨。与周广业同时的李调元（1734−1803），作《逸孟子》[3]，收集了一些《孟子》佚文，大部分无按语，仅注明出处，其特色是将佚文分“今文所无”和“今文所有小异”两类。清翟灏（1736−1788）作《四书考异》[4]，列《孟子逸文》一篇，但他不承认《孟子》有很多佚文，并对搜集到的《孟子》语一一认定其非《孟子》佚文，其考证有独到之处，但有时观点过于偏颇。除此四家之外，又有《孟子外书》流传。此书已被公认为伪书，并非汉代的旧本。其中有些内容是作伪者杜撰，有些掇拾于其他古书,因此该书对于考证《孟子》佚文意义不大。综合目前的研究现状，关于《孟子》佚文的搜集考证，尚有待进一步深入开展。笔者不揣谫陋，汇总了以上四家列举的《孟子》佚文，剔除重复，共得

①见《文渊阁四库全书》第207册，台北：台湾商务印书馆，1986年影印本。

②见《续修四库全书》第158册，上海：上海古籍出版社，2002年。

③见《续修四库全书》第158册。

④见《续修四库全书》第167册。

约80条。经详细考证，其中37条可基本确定为《孟子》佚文，其余43条都是误认，兹按照这两种分类，条列考证如下。

一、基本确定为《孟子》佚文者

1.孟子三见齐王而不言事，门人曰："曷为三遇齐王而不言事。"孟子曰："我先攻其邪心。"

见《荀子·大略》。

2.孟子曰："今人之性善，将皆失丧其性故也。"

3.孟子曰："今之学者其性善。"

4.孟子曰："人之性善。"

以上三条均见《荀子·性恶》。前一条颇不易理解，据唐杨倞注："孟子言失丧本性，故恶也。"[①]则"善"原本应为"恶"，或"故"下夺一"恶"字。今伪《孟子外书》载："今人之性不善，皆失丧其性故也。"[②]或是《外书》伪作者擅加"不"字。

5.孟子说齐宣王而不说。淳于髡侍，孟子曰："今日说公之君，公之君不说，意者其未知善之为善乎？"淳于髡曰："夫子亦诚无善耳。昔者瓠巴鼓瑟，而潜鱼出听；伯牙鼓琴，而六马仰秣；鱼马犹知善之为善，而况君人者也。"孟子曰："夫雷电之起也，破竹折木，震惊天下，而不能使聋者卒有闻；日月之明，遍照天下，而不能使盲者卒有见。今公之君若此也。"淳于髡曰："不然，昔者揖封生高商，齐人好歌；杞梁之妻悲哭，而人称咏。夫声无细而不闻，行无隐而不形。夫子苟贤，居鲁而鲁国之削，何也？"孟子曰：

①王先谦：《荀子集解》，北京：中华书局，1988年，第436页。

②本文所引今本《孟子外书》，皆见《续修四库全书》第932册，为清乾隆年间吴骞拜经楼刻本，为避繁琐，以下不再另注。

“不用贤，削何有也！吞舟之鱼不居潜泽，度量之士不居污世。夫藕，冬至必彫，吾亦时矣。《诗》曰：不自我先，不自我后。非遭彫世者欤！”

见《韩诗外传》卷六，伪《外书》亦载，文字几乎全同。如果《外书》别有所本，历久传抄，至少文句应有不少差异，这说明《外书》文字实是抄自《韩诗外传》。

6.高子问于孟子曰：“夫嫁娶者非已所自亲也，卫女何以编于诗也？”孟子曰：“有卫女之志则可，无卫女之志则怠。若伊尹于太甲，有伊尹之志则可，无伊尹之志则篡。夫道二，常之谓经，变之谓权。怀其常道而挟其变权，乃得为贤。夫卫女行中孝，虑中圣，权如之何？诗曰：既不我嘉，不能旋反。视我不臧，我思不远。”

见《韩诗外传》卷二，伪《外书》亦载。

7.孟子曰：“仁，人心也；义，人路也。舍其路弗由，放其心而弗求。人有鸡犬放，则知求之，有放心，而不知求，其于心为不若鸡犬哉！不知类之甚矣，悲矣！终亦必亡而已矣。故学问之道无他焉，求其放心而已。”

见《韩诗外传》卷四。《孟子·告子上》有此段，而没有“其于心”至“而已矣”部分，该部分或为《孟子》佚文。

8.孟子曰：“纣贵为天子死曾不若匹夫，是纣先自绝久矣，非死之日天去之也。”

见《史记·淮南衡山列传》。按《荀子·王霸》有云：“桀纣即厚于有天下之势，索为匹夫而不可得也。”此或为荀子语，但是孟子也有不少处提到纣失天下的问题，且此处云“天去之”，孟子以天子之位为“天与之”（见《孟子·万章上》），此“天去之”正与其对应，故极可能为孟子佚文。

9.孟子曰：“居今之朝，不易其俗而成千乘之势，不能一朝居也。”

见《盐铁论·论儒》。

10.孟子曰：“尧舜之道非远人也，而人不思之耳。”

见《盐铁论·执务》，又见《汉书·桓宽传》。

11.孟子曰："人皆知以食愈饥。莫知以学愈愚。"

12.孟子曰："人知粪其田，莫知粪其心；粪田莫过利曲得粟，粪心易行而得其所欲。何谓粪心？博学多闻；何谓易行？一性止淫也。"

以上二条均见《说苑·建本》，"愈愚"下尚有一长段，似非孟子语。元吴莱云："所谓人知粪其田而不知粪其心者，疑即《性善辩》中语。"[①]这两条《北堂书钞》《太平御览》也多有引用。

13.孟子曰："夫有意而不至者有矣，未有无意而至者也。"

见汉扬雄《法言·修身》。

14.孟子作《性善》之篇，以为"人性皆善，及其不善，物乱之也"。

见汉王充《论衡·本性》。

15.孟子曰："性无不善而情欲害之。"

见汉高诱《淮南子·俶真训》注。

16.孟子曰："人之性善，嗜欲害之。"

见后唐徐锴《说文系传·通论》。按以上两句疑是同一句。《孟子·尽心下》云："养心莫善于寡欲。"按以上两句与孟子"寡欲"思想相符，应属佚文。

17.孟轲云："尧舜不胜其美，桀纣不胜其恶，传言失指，图景失形。众口铄金,积毁销骨。"

见汉应劭《风俗通·正失篇》。《颜氏家训·书证篇》云："孟子曰：'图影失形。'"今伪《外书》载："孟子曰：'性善也，尧舜不胜其美；习不善也，桀纣不胜其恶。性无不善而欲害之，水无不清而物污之，是岂水之性也哉？'"此处化用了前两句，但与《风俗通》所引意义完全不同。《风俗通》是在感慨事实经过传言往往会失真，尧舜可能没有那么美好，桀纣可能也没有那么邪恶。而《外书》不解此意，却曲解为尧舜的美说明性善，桀纣的恶

①吴莱：《渊颖集》卷十一，《文渊阁四库全书》第1209册，第192页。

是习恶的结果，与原义大相径庭，可见其作伪痕迹。

18.孟轲问："牧民何先？"子思曰："先利之。"曰："君子之所以教民者，亦有仁义而已矣，何必曰利？"子思子曰："仁义固所以利之也，上不仁则下不得其所，上不义则下乐为敌也，此为不利大矣。故《易》曰：'利者，义之和也。'又曰：'利用安身，以崇德也。'此皆利之大者也。"

见《孔丛子·杂训》。《孔丛子》或疑其为伪书，但其至少是汉魏时期的作品，其时《孟子外书》尚未亡佚，《孔丛子》有录自《外书》的可能。

19.孟轲问子思曰："尧、舜、文、武之道，可为而致乎？"子思曰："彼，人也；我，人也。称其言，履其行，夜思之，昼行之，滋滋焉，汲汲焉，如农之赴时，商之趣利，恶有不至者乎？"

20.子思谓孟子曰："君子高其行，则人莫能偕也；远其志，则人莫能及也。礼接于人。人不敢慢；辞交于人，人不敢侮。其唯高远乎？"

以上两条均见《孔丛子·居卫》。

21.孟子称禹生石纽，西夷人也。

见《史记·六国年表》裴骃集解引皇甫谧注。

22.孟轲曰："千载一圣，是旦暮也。"

见《宋书·临川王传》鲍照《清河颂引》。

23.古人云："千载一圣，犹旦暮也；五百年一贤，犹比膊也。"

见《颜氏家训·慕贤》，此处虽不言孟子，但对照22、24、25诸条，知应为孟子语。

24.孟子云："千年一圣谓之连步。"

见梁萧绮《拾遗记》。

25.孟子云："千年一圣，五百年一贤，贤圣未出其中，有命世者。"

见唐李善《文选·答苏武书》注。按：21–25五句类似，今本《孟子》与此相近的有两处，一为《孟子·离娄下》曰："舜生于诸冯，迁于负夏，卒于鸣条，东夷之人也。文王生于岐周，卒于毕郢，西夷之人也。地之相去也，千有余里，世之相后也，千有余岁。得志行乎中国，若合符节。先圣后圣，其揆一也。”一为《孟子·公孙丑下》云：“五百年必有王者兴，其间必有名世者。”不知是否化用自这两处，抑或来自《孟子外书》。

26.天子囿方百里，公侯十里，伯七里，子男五里，皆取一也。

东汉何休《公羊传·成公十八年》注引此句，疏云“孟子文，司马法亦云”，疏作者相传是唐朝徐彦，但经后人考证，应是北朝人。[①]

27.孟子曰：“今人之于爵禄，得之如其生，失之如其死。”

见唐姚思廉《梁书·处士传叙论》。

28.孟子曰：“战者危事也。”

见《北堂书钞》卷一一八。周广业所录“孟子”上有“逸”字。[②]清孔广陶校云：“今案陈俞本有逸字，删。”[③]陈本对原书篡改甚多，张金吾曾评价陈本说：“今细核陈氏之书，大约原书所引之句与题不甚协者则删绝，原文无义可通者则删其书，人人习读无所用注者则删其书，世无传本不复可校者则删或改引他书。”[④]大概原书本无“逸”字，陈以为不见今本《孟子》，遂擅加“逸”字。孟子一贯主张发政施仁，反对战争，此或《孟子》佚文。翟灏引《汉书·艺文志》兵书类有《孟子》一卷，以为此句或是该书的佚文[⑤]，亦无实据。

29.孟子曰：“滕文公卒，葬有日矣。天大雨雪，甚，至牛目，群臣请弛期，太子不许。惠子谏曰：‘昔王季葬涡山之尾，栾水啮其墓，见棺前和。文王曰：“先君欲见群臣百姓矣”。乃出为帐，三日后葬，今先王欲小留而抚社

①潘重规：《春秋公羊疏作者考》，见晁岳佩编：《民国期刊资料分类汇编·春秋学研究下》，北京：国家图书馆出版社，2009年。

②周广业：《孟子四考》，《续修四库全书》第158册，第73页。

③虞世南：《北堂书钞》，北京：中国书店，1989年，第449页。

④张金吾：《爱日精庐藏书志》，见《续修四库全书》第925册，第251页。

⑤翟灏：《四书考异》，《续修四库全书》第167册，第98页。

稷，故使雪甚，弛期而更为。曰：此文王之义也。’”

见《艺文类聚 · 天部下》。《战国策》《吕氏春秋》亦载此事，但以为是魏惠王而非滕文公事，文字亦多有不同。今伪《外书》载此，文字与此几乎全同，只在最后加了“孟子曰礼也”。可见，《外书》必是抄自《艺文类聚》。

30.孟子称冬至之后，女子相从夜绩。

见唐孔颖达《毛诗 · 七月》疏。《汉书 · 食货志》载：“冬，民既入，妇人同巷，相从夜绩。”南朝宋沈约《宋书 · 律历志序》述班固《汉书》作志之意云：“缀孙卿之辞，以述刑法，采孟轲之书，用序食货。”可见《汉书 · 食货志》可能多采《孟子》之书，今既不见于今本《孟子》，则可能来自《孟子外书》。

31.孟子曰：“太山之高参天入云。”

见唐李善《文选 · 别赋》注。此句又见王充《论衡 · 说日》，但不言孟子云。

32.孟子注：“德厚受禄，德薄辞禄。”

见《文选 · 潘安仁夏侯常侍诔》注。

33.孟子云赵人。

见《史记 · 仲尼弟子列传》“公孙龙”下张守节正义。今伪《外书》载孟子与子石问答，熙时子注云：“公孙龙，字子石，赵人，为坚白异同之辨者。”不知何据。

34.孟子称公都子有学业。

见《广韵》“公”字下注。按今《孟子》，无孟子称道公都子有学业事。

35.孟子齐有曼丘不择，又有咸丘蒙。

见《广韵》“丘”字下注。《元和姓纂》卷九：“曼邱，尸子有曼邱氏，齐有曼邱不择。”今伪《外书》有“曼丘不择问于孟子曰”章。

36.孟子曰：“轲少贫，母将在墓间，识葬埋事；又徙在市侧，轲知市井之利；又徙在习学所，遂识书礼之义。”

见《太平御览·资产部七》。《列女传》亦载此，但是以第三人称叙述，而此处改为第一人称，或出自《孟子外书》。

37.孟子曰："桀纣逆天暴万物，故天下弃之，故民去之；汤武从天理万物，故天欲之，故民归之。纣昏昏以亡，武王谔谔以昌。"

见《太平御览·皇王部八》。

以上37条，基本可以确定为孟子佚文。这些佚文主要来自哪里呢？据东汉赵岐《孟子题辞》，他所见的《孟子》七篇共261章，34685字，而考之今本，实258章，35226字。章数是以东汉赵岐《章指》为定，由于《章指》已残缺，所以今本章数也未必与赵所见本不合。[①]至于文字何以会多出数百字，焦循以为今本中的"孟子曰"三字可能多是后人所加，若每章增此三字，则一二百章，也可多出数百字。[②]由此可见，今本《孟子》实与东汉时代赵岐所见本并无多大不同，因此，基本可以确定今本七篇是足本，并没有太多佚文。因此，我们认为大多数佚文应当来自《孟子外书》。那么，这就涉及孟子外书的亡佚时间问题。以上佚文，最后4条是出自宋代编定的《广韵》《太平御览》，似乎说明《孟子外书》至宋代尚存，但是，《广韵》实际上是在早期韵书《切韵》《唐韵》的基础上编定而成，而《太平御览》则是以前代类书如《修文殿御览》《艺文类聚》《文思博要》等为基础编定，它们所引用的书并不代表当时仍然存在。考《隋书·经籍志》载："梁有《孟子》九卷綦毋邃撰，亡。"《孟子》九卷，或包含《外书》两卷。至《旧唐书·经籍志》，綦毋邃注《孟子》仅剩七卷。[③]据此，可以推断《外书》或在梁朝尚存，至盛唐时期遂失传。又以上佚文，不少是来自唐初的典籍，如《北堂书钞》《艺文类聚》和李

①参见焦循：《孟子正义》，北京：中华书局，1987年，第12-13页。

②同上书，第1045页。

③《旧唐书经籍志》云："今录开元盛时四部诸书，以表艺文之盛。"可见它反映的是唐玄宗开元时期的藏书情况。又《隋书·经籍志》认为已经亡逸的，在《旧唐书·经籍志》中重新出现，是非常正常的现象，例子很多，读者可进行参照。

善《文选注》等，也大致可以证明以上推断。

二、被误认为《孟子》佚文者

陈士元等四家所收录的许多条目，经考辨基本可以否定其为《孟子》佚文。这主要有以下几种情况：第一，意引《孟子》原文或稍加改动，而不是原句照抄，所以常被误认为是《孟子》佚文。第二，本是来自他书，误为《孟子》。第三，本是《孟子》注文，误为《孟子》佚文。以下分别讨论：

第一种情况：意引《孟子》原文或稍加改动

1.性有善端，动之爱父母，善于禽兽，则谓之善，此孟子之言。

见《春秋繁露·深察名号》。“言”，清末苏舆《春秋繁露义证》作“善”，云“天启本作言”。[①]考该篇下文接着说“此圣人之善也”，则此处“言”确实应作“善”。此句乃董子概括孟子性善之旨，非孟子原句。

2.孟子云：“不违农时，谷不可胜食。蚕麻以时，布帛不可胜衣也。斧斤以时，材木不可胜用。田渔以时，鱼肉不可胜食。”

见《盐铁论·通有》，又见今本《孟子·梁惠王上》，但无“蚕麻”“田渔”二句。周广业以为“蚕麻”句当补在“谷不可胜食”下，“田鱼”句当补在“材木不可胜用”下，但是《孟子》原文接下来又说“谷与鱼鳖不可胜食，材木不可胜用”，前后照应，似乎并无缺句，《盐铁论》或系以意添加，未必是佚文。

3.孟子曰：“王者师臣。”

见东汉高诱《吕氏春秋·当染》注。《孟子·公孙丑下》：“汤之于伊

①苏舆：《春秋繁露义证》，北京：中华书局，1992年，第303页。

尹，学焉而后臣之，故不劳而王。”当本此。

4.孟子曰：“舜年五十而不失其孺子之心。”

见东汉郑玄《礼记·坊记》注。《孟子·万章上》：“人少，则慕父母……五十而慕者，予于大舜见之矣。”此或此句变文，李调元人“今文所有小异”中[①]，可见并非佚文。

5.六国之际，取兽者有罪，伤槐者被诛。孟子为梁惠王极陈其事。

见晋袁宏《后汉纪》卷二十四灵帝光和三年（180年）杨赐上书。今本《孟子》无“取兽有罪，伤槐被诛”事。按杨赐上书，本在劝谏灵帝夺民田建苑囿，其中说：“昔先王制囿，裁足取牲，以备三驱，薪采刍牧者往焉。故诗曰：王在灵囿，麀鹿攸伏。传曰：吾王不游，吾何以休。皆被其德政，而乐所为如此。至六国之际，取兽者有罪，伤槐者将诛，孟轲为梁惠王极陈其事。”借用孟子劝梁惠王与民同乐的典故。孟子为六国时人，不可能说出“六国之际”这样的话，此语应是杨赐所加。周天游先生于此句下注云：“见《孟子·梁惠王上》。借论文王，以明当与民同乐之意。”[②]也并不认为是孟子佚文。

6.孟轲以强其君所不能为忠也，量君之所不能为贼也。

见袁宏《后汉纪》卷七。《孟子·离娄上》：“责难于君谓之恭，陈善闭邪谓之敬，吾君不能谓之贼。”盖从此数句化出。

7.孟子有云：“君王无好智，君王无好勇，勇智之过，生乎患祸所遵，正当仁义为本。”

见《弘明集》卷十一文宣王子良《与中丞孔稚圭释惑书》。《孟子》书虽无此句，但有孟子与齐宣王的多次对话，齐宣王曾说，寡人好勇，寡人好货等等。此句或概括孟子文义而言之，未必是佚文。

---

①李调元：《逸孟子》，《续修四库全书》第158册，第157页。

②周天游：《后汉纪校注》，天津：天津古籍出版社，1987年，第685页。

8.孟子曰：“凡见赤子将入井，莫不趋而救之。”

见《抱朴子外篇·仁明》。此乃撮《孟子》“孺子入井”章之意而言，非佚文。

9.昔秦攻梁，惠王谓孟轲曰：“先生不远千里，辱幸敝邑，今秦攻梁，先生何以御乎？”孟轲对曰：“昔太王居邠，狄人攻之，事之以玉帛，不可；太王不欲伤其民，乃去邠之岐。今王奚不去梁乎？”惠王不悦。

见北齐刘昼《新论·随时》。《史记·孟子荀卿列传》云：“梁惠王谋欲攻赵，孟轲称太王去邠。”今本《孟子》两次对滕文公言太王去邠事，互有异同，应是同一事的不同版本。

10.孟子言：“大夫者，天子命之辅助其政，诸侯不得专杀大夫也。”

见《公羊传·僖公二十八年》疏。其后接着说：“然则《孟子》之文论有罪，故此何氏云‘有罪无罪，皆不得专杀也’”。按《孟子·告子下》正有一大段论有罪的文字：“五霸者，三王之罪人也；今之诸侯，五霸之罪人也；今之大夫，今之诸侯之罪人也……五霸，桓公为盛。葵丘之会，诸侯束牲载书而不歃血。初命曰……四命曰，士无世官，官事无摄，取士必得，无专杀大夫。”《公羊疏》之语正是从此段而来。

11.孟子曰：“国与民同其利也。”

见《三辅黄图》卷四，原句是：孟子曰：“文王之囿，方七十里，刍荛者往焉，雉兔者往焉，与民同其利也。”《孟子·梁惠王下》：“文王之囿方七十里，刍荛者往焉，雉兔者往焉，与民同之。”与此小异，可见并非佚文。

12.孟子曰：“仁义礼智信，天爵也。”

见唐代李贤《后汉书·杨李翟应霍爰徐列传》注，原句是：孟子曰：“公卿大夫，人爵也。仁义礼智信，天爵也。”《孟子·告子上》：“仁义忠信，乐善不倦，此天爵也；公卿大夫，此人爵也。”与此基本相同，可见并非佚文。

13.孟子曰：“矫枉过直。”

见《后汉书·仲长统传》注。

14.孟子曰："矫枉者过其正。"

见《后汉书·朱佑景丹等传》注。

15.正枉必过其直，见《孟子》。

见《后汉书·党锢传叙》注。按：以上三句文字大同小异，意义一致，也都出自李贤手笔。《孟子·滕文公下》云："枉己者，未有能直人者也。"赵岐注："谓陈代之言过谬也。人当以直矫枉耳，己自枉曲，何能正人。"这里有以直矫枉之论，故李贤在注《后汉书》时，应系含混意引，不知二语语义差别甚大，孟子意谓要以直来矫正枉曲，而《后汉书》则谓矫正枉曲需要超过一定的度。

16.孟子曰："嚬蹙而言。"

见《文选·灵光殿赋》注。《孟子·滕文公下》："他日归，则有馈其兄生鹅者，已频顣曰：'恶用是鶂鶂者为哉？"'此句当本此，非佚文。

17.孟子曰："使自求之。"

见《文选·文赋》注。孟子有"使自得之"语，此即自求放心之义，非《孟子》佚文。

18.孟子曰："父母妻子对之饥寒而不为非，未之有也。"

见《文苑英华》卷七百四十六。孟子虽无此语，但常言"无恒产者无恒心。苟无恒心，放辟邪侈，无不为已"《孟子·滕文公上》，强调先解决温饱问题，才能兴教化明礼义，与此句语义相同，故应非《孟子》佚文。

19.孟子云："陈仲子，齐陈氏之族。兄为齐卿，仲子以为不义，乃适楚，居于于陵，自谓于陵子仲。楚王骋以为相，子仲遂夫妻相与逃，为人灌园。"

见《史记·鲁仲连邹阳列传》司马贞《索隐》。《孟子·滕文公下》云："仲子，齐之世家也，兄戴，盖禄万钟。以兄之禄为不义之禄而不食也，以兄之室为不义之室而不居也，避兄离母，处于于陵。"《索隐》是对《孟子》的意引。

20.若久涂炭则易政，如渴不择饮也。

见唐代马总《意林》卷一。按《意林》原句是："饥者易为食，渴者易为饮；若久涂炭则易政，如渴不择饮也。"①《孟子·公孙丑上》："饥者易为食，渴者易为饮。孔子曰：'德之流行，速于置邮而传命。'当今之时，万乘之国行仁政，民之悦之，犹解倒悬也。"《意林》这句即来源于此而稍变文句，非佚文。

21.孟轲言遇不遇命也。

见唐代五代王定保《唐摭言》。此与"吾之不遇鲁侯天也"（《孟子·梁惠王下》）义同，非《孟子》佚文。

第二种情况：来自他书之语误为《孟子》之语

22.孟子曰："吾于河广知德之至也。"

诸家云出《盐铁论》，今本《盐铁论·执务》作"孔子曰"。明董斯张（1587–1628）《吹景集》亦云："学斋占毕又引孟子曰：'吾于河广知德之至也'。董斯张按今本《盐铁论》及《楚辞章句》所引并作孔子曰，绳祖所据殊误。"②《学斋占毕》为南宋史绳祖笔记，然查该书今本③，亦不作"孟子"，或曾有误本流传。大学问家顾炎武《日知录》也承袭了这一错误。④

23.孟子曰："诸侯有王。"

见郑玄《周礼·大行人》注。据翟灏说，此乃《春秋·庄公二十三年（公元前671年）》传曹刿谏观社语，大行人"诸侯之王事"注引作"孟子"，后小行人"凡诸侯入王"注引司农云春秋传曰宋公不王，又曰诸侯有王。读此则

①马总辑：《意林校注》，王天海校注，贵阳：贵州教育出版社，1998年，第23页。
②董斯张：《吹景集》，《续修四库全书》第1134册，第75页。
③史绳祖：《学斋占毕》，《丛书集成》初编本，上海：商务印书馆，1935年，第11页。
④顾炎武著：《日知录校注》，陈垣校注，合肥：安徽大学出版社，2007年，第425页。

知大行人是偶误无疑。[1]

24.孟子曰："江海异于行潦者，深广也；太山别于丘陵者，高大也。若深不异于行潦，则孺子浴其渊；高不出于丘陵，则跛羊步其颠。"

陈士元《孟子杂记》云出《俊英巩珠》，未知系何书。此句又见《弘明集》卷一《牟子理惑论》，而以为是牟子语。牟子曰："江海所以异于行潦者，以其深广也；五岳所以别于丘陵者，以其高大也。若高不绝山阜，跛羊凌其颠；深不绝涓流，孺子浴其渊。"[2]又见元子成撰《折疑论》："孟子云：'江海异于行潦，深广也；泰山别于丘陵者，高大也。若大深不异于行潦，则孺子浴其渊；高不出于丘陵，则跛羊陵其巅。'"[3]陈所录与《牟子理惑论》差异较大，而与《折疑论》几乎全同。疑此言本出《牟子理惑论》，《折疑论》引用时因牟、孟音近，故误"牟子"为"孟子"，陈士元不察而袭其误。

25.孟轲有云："人之所知，不如人之所不知。"

见《弘明集》卷十《大梁皇帝敕答臣下神灭论》。此句出自《庄子·秋水》："计人之所知，不若其所不知。"梁武帝系误引。

26.孟子曰："有人道我善者是吾贼也，道我恶者，是吾师也。"

见《文选·曹子建与杨德祖书》注。周广业云汲古阁、万卷楼两种版本"孟子"皆作"荀子"，而嘉靖吴郡袁氏课本作"孟子"。[4]《荀子·修身》云："非我而当者是吾师也，是我而当者是吾友也，谄谀我者吾贼也。"此句应为荀子语而略有异同。

27.孟子曰："天道因则大，化则细，因也者，因人之情也。"

见唐代赵蕤《长短经·是非》。据周斌《<长短经>校证与研究》，此言

①翟灏：《四书考异》，《续修四库全书》第167册，第95页。

②牟融：《牟子理惑论》，《大正藏》第52册，第2页。

③子成：《折疑论》，《大正藏》第52册，第801页。

④周广业：《孟子四考》，《续修四库全书》第158册，第74页。

出《慎子》，“孟子”当为“慎子”之误，《长短经》引文出处失误甚多。[①]慎子是先秦法家代表人物，而《长短经》正是讲法术权谋的，二者相合。

28.孟子云：“曾参之事父也，训之以小杖则受、谕之以大杖则走者，恐亏其体，非孝之道。”（常锄瓜，误伤蔓，乃以大杖殴之。是其严也。）

见五代丘光庭《兼明书》卷三[②]，括号中为丘氏语。按《孔子家语·六本》载：曾子因耘瓜误斩其根而被其父杖打，而曾子不避。孔子因此举舜的事迹云：“小棰则待过，大杖则逃走，故瞽瞍不犯不父之罪，而舜不失烝烝之孝，今参事父委身以待暴怒，殪而不避，既身死而陷父于不义，其不孝孰大焉？”因此，“小杖则受，大杖则走”应是舜的事迹。看括号中语句可知丘氏所引与《六本》篇确为同一事，只是他记忆发生混乱，将舜误为曾子，又误认为是孟子所说。

29.孟子云：“六十四黍为一圭，十圭为一合。”

见《广韵》“圭”字下注。颜师古《汉书·律历志》注引孟康云：“六十四黍为圭。”则“孟子”当系“孟康”之误。

30.孟子曰：“国无小。”

周广业云出《册府元龟》。[③]《左传·哀公二年》赵孟有此语，或是“赵孟”误为“孟子”。

31.孟子所谓忠者人之高行。

周广业云出《册府元龟》。[④]按今校本《册府元龟》卷六百二十七载：“孟子所谓忠者臣之高行，谅在兹矣。”[⑤]而《四库全书》本此句孟子作管

①周斌：《长短经校证与研究》，成都：巴蜀书社，2003年，第179页。

②丘光庭：《兼明书》，《文渊阁四库全书》第850册，第240页。

③周广业：《孟子四考》，《续修四库全书》第158册，第75页。

④周广业：《孟子四考》，《续修四库全书》第158册，第75页。

⑤王钦若等：《册府元龟》，南京：凤凰出版社，2006年，第7250页。

子[①]。其实此句出自《管子·形势解》：“忠者，臣之高行也。”周广业所据《册府元龟》应是误本。

第三种情况：赵岐注文误为《孟子》佚文

32.白羽白，性轻，白雪白，性消，白玉白，性贞，虽俱白，其性不同也。

见《意林》卷一。按，《意林》所引孟子，多与今本有异同，但都不属于佚文。其一，《意林》并非原句照搬，而是在原句基础上有所加工。其二，其所用版本为赵岐注本，且其引文次序与今本全同，最后一条即今本《孟子》最后一章，所以其中不可能有《孟子外书》的内容。其三，引文多掺入赵岐之注，此句即是赵岐注文。[②]明李诩在《戒庵老人漫笔》录了《意林》中六条与今本差别很大的语句，并特别指出“惟白羽等句迥然不同”[③]。可见，他也没有认真查阅赵岐注文。

33.孟子曰：“阿意事贵，胁肩所尊，俗之情也。”

见《后汉书·张衡传》注。此为赵岐注文：“循理而动，不合时人，阿意事贵，胁肩所尊，俗之情也。”[④]非《孟子》佚文。

34.孟子曰：“离娄者，古明目者也。能视百步之外，见秋毫之末。”

见李善《文选·七命》注。此句为赵岐注文，《孟子·离娄上》赵岐注云：“离娄者，古之明目者，盖以为黄帝之时人也。黄帝亡其玄珠，使离朱索之，离朱即离娄也。能视于百步之外，见秋毫之末。”[⑤]

35.孟子曰：“敬老爱幼，推心于民，天下如运掌中也。”

笔者录自今伪《孟子外书》。之所以录此句，是因为这句是今本《孟子外

---

①王钦若等：《册府元龟》，《文渊阁四库全书》第913册，第259页。

②焦循：《孟子正义》，北京：中华书局，1987年，第738页。

③李诩：《戒庵老人漫笔》，北京：中华书局，1982年，第74页。

④焦循：《孟子正义》，北京：中华书局，1987年，第595页。

⑤同上书，第473页。

书》为唐以后人伪作的铁证。考此句与《意林》所录《孟子》语句“敬老爱幼，推心于民，天下运掌中也”几乎全同。这句话实际上来自于赵岐注文。《孟子》原句是：“老吾老以及人之老，幼吾幼，以及人之幼，天下可运于掌。”赵岐注云：“老犹敬也，幼犹爱也，敬我之老，亦敬人之老，爱我之幼，亦爱人之幼；推此心以惠民，天下可转之掌上。言其易也。”[①]《意林》所引明显是在赵岐注文基础上的概括和凝练。今本《外书》有此句，可见其必定是抄自《意林》。由此可断定今本《外书》作于《意林》之后。清翟灏也已指出：“《意林》录敬老慈幼三语即梁惠篇文稍节而此悉冒昧编列，伪迹之可验五也。”[②]

36.孟子曰：“计及下者无遗策。”

见《文选·王仲宣诔》注。《盐铁论·刺议》曰：“故谋及下者无失策，举及众者无顿功。”此句是赵岐注文：“故曰计及下者无遗策，举及众者无废功。”[③]

37.孟轲谓之寄君。

见《史记·殷本纪》司马贞《索隐》：“寄君谓人困于下主骄于上离析可待，故孟轲谓之寄君也。”《孟子·万章下》载：“万章曰：‘士之不托诸侯，何也？’（赵岐注：托，寄也。谓若寄公食禄于所托之国也。）孟子曰：‘不敢也。诸侯失国，而后托于诸侯，礼也；士之托于诸侯，非礼也。’”（赵岐注：谓士位轻，本非诸侯敌体，故不敢比失国诸侯得为寄公也。）[④]赵岐注文中有“寄公”一语，或是司马贞所本。

38.孟子曰：“兼金，好金也。”

见唐徐坚《初学记》卷二十七。按此句为《孟子·公孙丑下》赵岐注

---

①焦循：《孟子正义》，北京：中华书局，1987年，第86页。

②翟灏：《四书考异》，《续修四库全书》第167册，第84页。

③焦循：《孟子正义》，北京：中华书局，1987年，第242页。

④同上书，第711页。

文。[①]

39.王元泽引古本孟子："尽信书不如无为书，为者，学也，书安可无也，学者慎所取而已，不知慎所取，则不如勿学也。"

陈士元《孟子杂记》卷四载。明李诩（1506–1593）《戒庵老人漫笔》卷二亦录，小异。按王元泽即王安石之子王雱，有《注孟子》十四卷（《宋史·艺文志》），今佚，这句话可能出自此书。考今本《孟子》作"尽信书不如无书"，无"为者学也"以下数句。从文句风格看，这几句似乎是古注文，而非孟子正文，"为者，学也"，正是对"为"字的训解，则可能今本脱"为"字。

除以上三种主要情况，还有以下几条，情况有所不同：

40.或问为学之道，孟子曰："静然后虚，使良心不汩于欲，领然后会。使良知不诱于物，则道之章微析妙罕不解矣，此为学之道也。"

陈士元录，云出《说苑》，今《说苑》无此文，周广业云"钟惺孟子翼考载之"，未见待考。

41.孟子不见三公

陈士元录，云出"王安石进说"。按王安石《再答龚深父论语孟子书》云："故孟子不见诸侯，有时而用权。"[②]孟子不见诸侯，《孟子》书多次提到，如"公孙丑问曰：'不见诸侯何义'"（《孟子·滕文公下》）"陈代曰：'不见诸侯,宜若小然'"（《孟子·滕文公下》）。此处言"三公"，当是"诸侯"之误。

42.义也者宜也，礼也者履也，智也者知也，信也者实也。

见朱熹《四书集注》，并云："外国本'人也'之下，有'义也者宜也，

---

①焦循：《孟子正义》，北京：中华书局，1987年，第261页。

②王安石：《王临川全集》，上海：世界书局，1935年，第459页。

礼也者履也，智也者知也，信也者实也’凡二十字。”[①]《朱子语类》亦载："问所据，曰向见尤延之说高丽本如此。"[②]经此句补充，形成了仁义礼智信五常，而《孟子》本文实际上仅提到仁义礼智四端，五常乃是秦汉以后的产物，故这几句明显系后人增补。

43.鲁平公与齐宣王会于凫绎山下，乐正克备道孟子于平公曰："孟子私淑仲尼，其德辅仁长民，其道发政施仁，君何不见乎。"

清代李调元曰其出自明代刘节《广文选》。《广文选》一书颇多纰缪，《四库提要》已经指出。[③]此句当是后人因《孟子》中有"不遇鲁侯"章而附会。

《孟子》一书，常被称为保存最完整、最可信的先秦典籍，但流传至今，仍有不少文献方面的问题。爬梳这些残章剩句，一方面对于我们换一个视角进一步理解孟子思想、丰富孟子的形象，具有重要的意义和价值；另一方面，也可以进一步认识古人的引用习惯和常犯的一些征引错误，对于我们阅读古书和古书的校勘、辑佚，都有一定的参考价值。

①朱熹：《四书章句集注》，北京：中华书局，1983年，第375-376页。

②朱熹：《朱子语类》卷六十一，《朱子全书》第16册，上海：上海古籍出版社，2002年，第1978页。

③参见永镕等：《四库全书总目提要》卷第192，《文渊阁四库全书》第5册，第137-138页。

中国的形名之学：从符号哲学的观点来看*

【德】梅勒（Hans-Georg Moeller）著　刘梁剑 译

本文的中心任务，乃试图确定中国“古典”哲学的符号哲学性质。为此，我们需要在前形上学、形上学与后形上学哲学之间做出语义学区分。从总体上看，特别是考虑到语言学转向，20世纪的哲学可以理解为形上学批判，与此相应，它也是后形上学的符号哲学。早期中国哲学与此有互补性：恰恰就在语言哲学（如果这里可以在一般意义上使用这个词）之域，可以将它理解为前形上学的哲学。为了阐明这一点，我接下来首先会解释中国古代的形名之学，并描

---

* H.-G. Möller, “Die chinesische Lehre von Formen und Namen”, *Zeichen lessen Lese-Zeichen: Kultursemiotische Vergleiche von Leseweisen in Deutschland und China*, Tuebingen 1999, PP.491-498. 由刘梁剑（华东师范大学哲学系暨中国现代思想文化研究所副教授）据原文译出。汉斯—乔治·梅勒（Hans-Georg Moeller），著名汉学家，现为澳门大学哲学系教授。曾任爱尔兰科克大学哲学系教授。1993年在德国波恩大学获得汉学、哲学与欧洲人类文化学博士学位，1998年在波恩大学完成教授资格论文（Habilitation）。1991-2001年在德国波恩大学汉学系任助理研究员。2001-2008年在加拿大布鲁克大学（Brock University）哲学系任教，2003-2006年任该系主任，2007-2008年任该系教授。出版英文、德文专著十余部，其中包括：《激进的卢曼》（*The Radical Luhmann*），纽约：哥伦比亚大学出版社，2011年；《道德之愚》（*The Moral Fool: A Case for Amorality*），纽约：哥伦比亚大学出版社，2009年。《道德经：全译与评注》（*Daodejing (Laozi): A Complete Translation and Commentary*），芝加哥：Open Court，2007；《〈道德经〉的哲学》（*Philosophy of Daodejing*），纽约：哥伦比亚大学出版社，2006（意大利译本：*La filosofia del Daodejing. Turin: Einaudi*，2007；中文译本：《〈道德经〉的哲学》，2010）；《老子》（德文），弗莱堡：Herder 出版社，2003；《环中：道家思想》（*In der Mitte des Kreises. Daoistisches Denken*），Frankfurt/Main: Suhrkamp/Insel，2001（新版：Frankfurt/Main: Insel，2010）；《最哲学的哲学：冯友兰的〈新理学〉（《新知言》译文附）》（*Die philosophischste Philosophie*），Wiesbaden: Harrassowitz，2000）。

述早期中国哲学中的（语言）符号凭借哪些方式获得意义。论文的第二部分将通过维特根斯坦（Ludwig Wittgenstein）、西蒙（Josef Simon）等人介绍今天的符号哲学，讨论它与形名之学的关系，确定形上学的符号理解的位置。

一、形名之学

“形名之学”这个词在司马迁作于公元前1世纪的《史记》中已经出现过四次。[①]这部著作认为，法家的国家哲学的著名代表人物（韩非子、申不害、商鞅）最好形名之学。[②]不过，还有一些西汉政治家同样信奉形名之学。特别是公元前180年至前140年，这一学问深受帝王青睐。随着汉武帝时期儒学的制度化与经学化，形名之学才开始失去显学的地位。[③]

在政治上，形名之学不过是一种统治术。汉学家梅约翰（John Makeham）称此术为“两端审查系统”。[④]“形”是多义词，不同的写法还有“刑罚”与“标准”之义。梅氏认为，与此相关，“名”的原义是臣仆“报告”接受一项任务，由此确认“报告”，并将实际实施（“形式”“执行”）用一个“标准”加以衡量，让人知道。

从哲学上看，形名之学的这一统治术含义毫无特别起眼之处。我们有必要

---

①脚注②、③指出了《史记》（北京：中华书局，1973年）中几个具体的出处，可参看。亦可参见笔者关于这个问题的研究：*Die Bedeutung der Sprache in der frühen chinesischen Philosophie*, Aachen 1994。

②参见《史记》卷六十三，第2164页；卷六十八，第2227页。

③参见《史记》卷一百二十一，第3117-3118页。

④参见John Makeham: “The Legalist Concept of Hsing-ming. An Example of the Contribution of Archaeological Evidence to the Reinterpretation of Transmitted Texts”, Momumenta Serica 39 (1990-1991), PP.87-114; John Makeham: “Names, Actualities, and the Emergence of Essentialist Theories of Naming in Classical Chinese Thought”, Philosophy East and West 41 (July 1991), PP.341-463; Bao Zhiming: “Language and World View in Ancient Chnia”, Philosophy East and West 40 (April 1990), PP.195-219。

考察其他文本和语境。《史记》已经把形名之学和黄老哲学联系起来，认为形名之学以黄老哲学为本。[①]然而，自汉代以降，这一黄老之学的卓越意义一直被人遗忘。1973年马王堆的考古挖掘才使人们重新认识到，中国思想如何凝练结晶于黄老之学。四篇重新发现的黄老帛书非常简短，但已经让我们清楚地看到，黄老哲学融合了不同哲学流派最重要的主题。以此发现为背景，古典哲学的诸多文本需要重新解读。显而易见的是，黄老哲学以道家传统为根基，把儒家狂热的礼仪哲学和法家的国家学说及名家的名学关联起来，在董仲舒会通各家的努力之前，第一次勾画了一个无所不包的哲学综合视角。[②]黄老哲学的核心即形名之学。

与道家传统相应，黄老哲学论述一个完整的秩序结构，即道。这一结构既是化用流行结构，同时又是力量结构。[③]它基于主宰者与被主宰者之间的区分。主宰的力量从化用流行过程的中心出发支配被主宰者并涵摄之。创生化用流行过程的天地之对立可以用形名之学的术语来表示；居于化用流行中心的主宰之道无形无名；由道所主宰并涵摄于化用流行过程之中的一切则由形名所规定。无定者主宰涵摄有定者。无形的无定者与无名者凌驾于形、规定、职分与有名者之上。从这一（非辩证法的）对立中创建出一元论的秩序结构。《黄老帛书》借用《道德经》的口吻，认为道“无有刑（形），太迥无名”。而且，因为它无名无形，所以“万物莫之能令”。神圣的统治者即圣王是道的肉身化。他“能察无刑（形），能听无（声）”。[④]而且，正因为圣人是道的体现，他主宰一切有规定、有形、有名之物，主宰“万物”所构成的世界：

---

①可参见前页注释②、③所列。

②关于黄老之学，参见吴光：《黄老之学通论》，杭州：浙江人民出版社，1985年；陈丽桂：《战国时期的黄老思想》，台北：联经出版事业公司，1991年。

③参见笔者为所编马王堆文本Daodejing: Laotse. Tao Te King（Frankfurt/M. 1995）的序。

④参见《黄老帛书》之《道原》篇，载国家文物局古文献研究室编：《马王堆汉墓帛书》，北京：文物出版社，1980年，第87页。

执道者之观于天下也，必审观事之所始起，审其刑（形）名。刑（形）名已定，逆顺有立（位），死生有分，存亡兴坏有处。然后参之于天地之恒道，乃定祸福死生存亡兴坏之所在。[①]

与之相反：

天下有事，无不自为刑（形）名声号矣。[②]

在道之中、在全体化用流行之中的秩序乃是：

分之以其分，而万民不争。授之以其名，而万物自定。[③]

名属于被主宰的世界，属于“万物”的世界。一切被主宰者在大化流行中有其特定的位置、职分与形式，同时也有其自己的名，而且自然就有自己的名。大化流行结构让一切自然显露自身。在统治的意义上，臣仆自己“报告”，自己说明自己的状况；同样，被主宰的万物从自己出发，有自己的名与形。神圣的君王持留于无名之中，他把名指派给物，用它们的名进行思考，而这些名对于他来说是显而易见的。这些名或“标记”既不是费心思量的结果，也不是偶然的约定俗成的产物。名属于一切被主宰者显现出来的格式塔。关于形名的这种看法——形名标识被主宰的世界，后者涵摄于无名的大道之发生并受其支配——当然没有在《黄老帛书》中如此明晰地表述出来，但我们完全可以在下面这些文本中找到它：《管子》《尹文子》《鬼谷子》《鹖冠子》《春秋繁露》及法家著作。我们甚至可以在庄子、荀子或者稍后的王弼那里看到相

①参见《黄老帛书》之《经法·论约》篇，载于国家文物局古文献研究室编：《马王堆汉墓帛书》，第57页。

②同上书，第43页。

③参见《黄老帛书》之《道原》篇，《马王堆汉墓帛书》，第87页。

同论调的段落：“名生于彼……”①

这一观点具有重要的哲学意义。倘若名之附着于物如物之形附着于物，倘若名属于物所显现的格式塔，那么，语言和符号就不是媒介，不是服务于交流，不是用来表达思想。名存在于物之中，给物盖上被主宰者的戳印。这里绝没有关于“语言”的言说；事实上，形名之学处于一种语言哲学的位置。这种语言哲学包括“形名”观和相近的“言”“文”观，并没有主张语言是自律的，没有把语言视为思想的表达或交流的中介并由此把语言和一种个体意识关联起来。名宣告对象，属于被主宰者的世界。由此语言被理解为显现，后者与一元论的大化流行秩序的模式相适应。名，名所标识的东西即“形”，二者处于同一个层面：

名也者，正形者也。形正由名。②

生于不称，则群形自得其方圆。名生于方圆，则众名得其所称也。③

一切被主宰者有自己的名字。与此相应，名之为能指，形之为所指，相对立的二者以同样的方式同时在场。与此相应，二者都属于在场的世界或有的世界。我们可以把这一观点称为前形上学的观点，并可图示如下：

在场的世界
所指－能指

①关于王弼《老子指略》，参见《王弼集校释》，北京：中华书局，1980年，第197页。关于《尹文子》，参见诸子集成本，北京：中华书局，1957年，第1页关于《管子》，可参见《心术上》；关于《鬼谷子》，参见其中第二篇的结论（四库备要本，第28-29页）；关于《鹖冠子》，可参见《泰录》篇；关于《春秋繁露》，参见《深察名号》篇；关于《庄子》，可参见《天道》篇；关于《荀子》，参见《正名第二十二》。和其他学者（可参见注释4所举文献）不同，我不认为，《荀子》代表了一种“约定论”的语言理论。证成这一点需要细致的阐述，此处不拟展开。

②参见《尹文子》，诸子集成本，北京：中华书局，1957年，第1页。

③同上。

二、后形上学的符号哲学

由此，形名之学可以防止一种我愿意称之为“形上学断裂”的现象。后形上学家把形上学断裂描述为“仅仅”表征的标识能指与被标识的所指之间的断裂。没有本质意义的能指，指向某种本身不起标识作用、具有本质意义的在场者。维特根斯坦说，“哲学家”使用“存在”“对象”“我”这样一些语词，试图由此“抓住”事情的“本质”，从语词出发通向语词的彼岸——维特根斯坦把语词的这种用法称为“形上学”的用法。[①]西蒙则在《符号哲学》（*Philosophie des Zeichens*）一书中这样界定形上学的语言观：“符号能够‘代替’处于符号之外的最终目的，这是形上学的末世论特征。”[②]与之相应，形上学断裂则是标记与被标记者之间地位的断裂。能指建立了一个纯属表征的领域，而所指则将处于语言之外的真正的“本质”纳入自身：

在场的世界	表征的世界
所指	能指

20世纪的哲学对这一形而上学模式进行了批判，这种批判可以回溯到尼采，甚至黑格尔和康德。特别是后期维特根斯坦，以及从语言学（索绪尔）发展出来的结构主义与后结构主义思潮（如德里达），拒绝走向“本质”。所指与能指之间的断裂不再理解为形上学的断裂，因为在场被视为只是在表征基础之上的现成存在者。这是标记与被标记之间的差异，而这一差异首先和以下这种在场相对立：以某种方式“处于语言之外”的、事实上并不在场的在场。而且，符号的意义只是重新摆在符号之中。维特根斯坦的“公案”言曰：

①Ludwig Wittgenstein: *Philosophische Untersuchungen*, Frankfurt/M. 1984,P.116。——译者按：中译参考了维特根斯坦：《哲学研究》，陈嘉映译，上海：上海人民出版社，2001年。

②Josef Simon: *Philosophie des Zeichens*, Berlin und New York 1989, P.6.

但人若说："我怎么知道他意谓的是什么？我看见的不过是他的符号。"那我就说："他该怎么知道他意谓的是什么，他所有的也不过是他的符号而已。"①

对于后形上学哲学来说，能指与所指之间的差异不再是形上学断裂：凡是我们所理解的，我们都理解为符号。②符号的意义重新只在符号中给出。从图式来看，所指与能指的关系重又相互挨近，进入一个"世界"，即表征的世界：

表征的世界	
所指	能指

与此相应，我们可以从后形上学符号哲学的视角出发描画所指与能指关系的发展。图示如下：

	在场	表征	
前形上学	所指－能指		
形上学		所指－能指	
后形上学			所指－能指

早期中国哲学和后现代哲学通过这种方式建立了一种语义学关联。二者都把标记与被标记之间的关系理解为一种"一元论"的关系，从而避免了所指与能指之间的根本断裂。但是，意义所从出的世界对于二者来说，则是截然不同的。

①Ludwig Wittgenstein: *Philosophische Untersuchungen*, Frankfurt/M. P.504。

②Josef Simon: *Philosophie des Zeichens*, P.39.

孔子儒家思想及其时代价值

王颂歌

最近十几年以来，以孔子儒学为代表的中华优秀传统文化受到越来越多的关注。从民间的读经运动、汉服运动，到各种传统文化相关的图书、讲座受到追捧，再到国家对于优秀传统文化的重视和弘扬，这些都表明了这样一种趋势。它实际上是表明一种古老而伟大的文明正在重新焕发生机，也就是说依然具有强劲的生命力。我们对待传统的态度，虽然曾经有过激进的错误，但是毕竟我们如今能够对本民族的传统保持一种“温情与敬意”，这也就说明我们变得更为中正和理性了。当然，在经过上百年的“断裂”之后，今天很多朋友还会对传统的复兴保持疑虑。他们也许会疑问：为什么孔子会这样红？孔子儒学思想在今天这样一个处在全球化的现代社会中，还有什么样的意义和价值呢？下面，我就试着回答上面的疑惑。

一、孔子为什么这样红？

今天的“孔子热”现象有其深刻的社会和文化背景，也有其必然性。

传统文化的复兴，是在什么背景下出现的呢？近代以来中国遭遇到了西方的挑战，有人说是“三千年未有之大变局”，不算夸张。现代与传统是一对“对立”的范畴。从传统社会走向现代社会，是世界历史的大趋势。但是，传统与现代的“对立”是一种怎样的“对立”呢？纵观世界上的后发现代化国家，大都经历过“反传统”的阶段，但大都是平和的、柔性的，只有中国的“反传统”是如此的激进、极端。在激进主义看来，传统与现代是截然对立的、你死我活的关系，他们对传统的看法十分的偏激。从“五四”到“文革”，这是一个越来越激进的过程。这种极端的反传统主义，造成的后果是什么？那就是“文化自戕”，失去了“文化自信”和“文化自觉”。从而导致文化领域出现了一系列问题和危机。这些危机之中，最严重的便是“民族失魂”，它使得中华民族的身份认同、伦理共识遭受到巨大的挑战。在核心价值观的问题上，我们留下了巨大的“历史欠账”。因此，我们今天大力弘扬优秀传统文化，便是要对中国人的“精气神”“核心价值观”进行重塑。正如2013年11月26日，习近平总书记在孔子研究院座谈会上的讲话所一再重申的那样：“我这次来曲阜就是要发出一个信息：要大力弘扬中国传统文化。”①

同时，我们还要看到，传统文化复兴还有其必然性。这个必然性是指，中华民族伟大复兴的中国梦，已经走到了需要文化复兴的地步。据我个人的看法，“中国梦”的实现可以称之为“三部曲”。第一部曲就是实现政治独立。从鸦片战争到中华人民共和国成立前的一百多年间，一批批的仁人志士前赴后继，目标就是实现民族解放和政治独立，但基本上都失败了。只有中国共产党领导中国人民真正实现了这历史性的改变；第二部曲就是经济腾飞。我们常说，一穷二白不算社会主义。国家建立政权之后，就要巩固政权，发展经济。在这个过程中，我们走过弯路，有过教训。不过，1978年十一届三中全会确立了“改革开放”的宏伟蓝图，40年的实践证明该决定是无比正确的。中国的经济成就，举世瞩目；国家在实现了经济腾飞之后，接下来就需要发展文化来确保经济发展成果。其实，这也是孔子思想的一种体现。孔子认为，政府要做三件事——庶、富、教，基本上对应着上面所说的三部曲。我们现在是实现了

①《“践行习近平总书记曲阜讲话”座谈会在京召开》，http://theory.people.com.cn 2014年12月18日。

“富”，亟待落实“教”。如果“富而无教”，后果将极为严重。孟子说：“人之有道也，饱食、暖衣、逸居而无教，则近于禽兽。”（《孟子·滕文公上》）我们现在社会上的种种乱象，正是孔孟早已预料到的。所以，今天的传统文化复兴是在这样一种背景和必然性中出现的。

当然，以孔子为代表的传统文化的复兴，绝不仅仅是由外在的客观因素所左右的。更为重要的是，以孔子为代表的儒家思想具有超越时空的永恒价值。尤其是孔子思想，更是十分重要。

二、孔子儒学的时代价值

2014年2月24日，习近平总书记在主持中共中央政治局第十三次集体学习时强调：“培育和弘扬社会主义核心价值观必须立足中华优秀传统文化。牢固的核心价值观，都有其固有的根本。抛弃传统、丢掉根本，就等于割断了自己的精神命脉。博大精深的中华优秀传统文化是我们在世界文化激荡中站稳脚跟的根基。”[①]他特别强调：“深入挖掘和阐发中华优秀传统文化讲仁爱、重民本、守诚信、崇正义、尚和合、求大同的时代价值，使中华优秀传统文化成为涵养社会主义核心价值观的重要源泉。要处理好继承和创造性发展的关系，重点做好创造性转化和创新性发展。”[②]

在这次讲话中，习近平总书记将传统文化的时代价值归纳为六点：“讲仁爱、重民本、守诚信、崇正义、尚和合、求大同。”[③]这六点，毫无疑问都是孔子儒学的核心观念。所以，我们认为，孔子儒学的超越时空的永恒价值、在现代社会的时代价值就可以用这六点来概括。

---

①《习近平谈中华优秀传统文化：善于继承才能善于创新》，http://cpc.people.com.cn 2017年2月13日。

②同上。

③同上。

1.讲仁爱

毫无疑问，仁是孔子思想中最富创造性的一个思想范畴。《吕氏春秋·不二》云："孔子贵仁。"但是，孔子并没有给"仁"下过一个定义。但一般来说，大家都认为樊迟问仁时，孔子回答的"爱人"最接近于"仁"的定义。仁的本质是一种"爱"。但是同样提倡"爱"，各个文明、宗教都不一样。比如，佛教讲"慈悲"，基督教讲"博爱"，墨家讲"兼爱"，而儒家则提倡"仁爱"。仁爱的最大特点在于，强调爱有差等，即爱是根据亲疏远近而有区别的。孟子说："亲亲而仁民，仁民而爱物。"（《孟子·尽心章句上》）亲亲是一个层次，仁民是一个层次，爱物是一个层次。由近及远，推而广之，爱的程度随之越来越小。这看上去不够高远，但是却符合人之常情，因此最能够在民众中普及。

《论语·学而》说："孝悌也者，其为仁之本与！"为什么说孝悌是仁的基础、发端呢？孔子说："立爱自亲始。"（《礼记·祭义》）这就是为什么儒家格外重视"孝道"的原因。孝道本身不是目的，孝不过是仁德的基础和始点。但如果这个基础不牢，那么仁德的培育便会出现问题。当然，儒家也强调，如果仅仅将爱局限于家人之间，那么孝也仅仅是一种私德，是不圆满的。孝必须通过推己及人的忠恕之道，进行外推，必须超越亲亲之爱，实现"老吾老以及人之老，幼吾幼以及人之幼"（《孟子·梁惠王上》）"泛爱众而亲仁"（《论语·学而》），最后做到"仁厚及于鸟兽昆虫"（《孔子家语·五帝德》）。

"仁者，人也。"（《中庸》）仁，是孔子对人的本质规定，更是一种深刻的洞见，非常真切地说明了人的社会性。正如美国汉学家芬格莱特所说的："如果世界上只有不到两个人的话，便没有人存在。"

那么如何完成人的社会性？如何将仁德显发出来？孔子说："克己复礼为仁。"（《论语·颜渊》）仁德的完成，有赖于礼。钱宾四先生认为，中国的核心思想就是礼。[①]礼是一个文明的概念，它不是单一的礼仪，而是一套文明体系。它包含着礼俗、礼仪、礼制和礼义。在西方文化中，没有能够与中国的“礼”完全对应的词汇。19世纪法国汉学家范尚人（Joseph Marie Callery）指出：“我尽可能地将‘礼’字译为‘rite’，其含义十分广泛；但必须指出，根据其使用的环境，这个字可以指礼仪、仪式、典礼、规矩、彬彬有礼、文雅、谦恭、诚实、良好的举止、尊敬、有学识、有教养、礼节、常规、有礼貌、端正、庄重体面、个人尊严、德行、社会法则、义务、权利、道德、等级规范、祭祀、习俗和风俗等。”

面对如此复杂的礼，如何去把握和理解呢？在中国传统文化中，就社会而言，礼代表秩序；就个人而言，礼代表教养；就心灵而言，礼还蕴含着信仰。礼的根本精神在于“敬”（尊重），表达了人们对和谐秩序的渴望，对高贵素养的追求，对终极价值的敬畏。因此，人生在世就必须学礼、知礼、守礼。如果一个人不知礼守礼，就违逆了主流价值观，很难在社会上立足。故而，孔子说：“不知礼，无以立”（《论语·尧曰》）；“不学礼，无以立”（《论语·季氏》）。

克己复礼的过程，也是人的文明化、社会化的过程。这一点西方的思想家也有类似的观点。例如，英国思想家洛克说：“礼仪的目的与作用，在于使人性中本来的顽梗变柔顺，使人们的气质变温和，使他敬重别人，和别人合得来。”当然，礼在中国文化中作用更广泛。

2.重民本

孔子之学，乃是“仁学”，其实亦即“人学”。人学是一种人本主义。这种人本主义，在政治思想史上必然是一种“民本主义”。中国古代的“民本”思想固然不同于现代的民主，但是二者有可以沟通之处。正如有学者指出的，民本与民主的关系是这样的：民本是政治哲学，而民主或君主都是政治手段。

---

①［美］邓尔麟：《钱穆与七房桥世界》，北京：社会科学文献出版社，1995年，第7页。

民主是最能够实现民本的一种政治制度。

中国的“重民本”思想，源远流长。早在《尚书》中就有“民惟邦本，本固邦宁”的认识，将民视为国家的基础。而到了战国时期，儒家的孟子更是强调：“民为贵，社稷次之，君为轻。”（《孟子·尽心章句下》）将古代的民本思想提升到一个新的高度。

民本思想的落实，就是要通过“仁政王道”实现。儒家认为，只有“保民而王”，才是政治的正途。因此，儒家提倡仁政、善政，反对暴政、苛政。在《礼记》中，孔子说：“苛政猛于虎。”（《礼记·檀弓》）孔子反对残、虐、暴，主张“敬事而信，节用而爱人，使民以时”（《论语·学而第五》）。

孔子主张“为政以德”。这里的“德”是针对为政者而言的，孔子强调的是君子、官员的德行问题。“政者，正也。”（《论语·颜渊篇》）“其身正，不令而行；其身不正，虽令不从。”（《论语·子路》）“君子之德风，小人之德草。草上之风，必偃。”（《论语·颜渊》）这些都是针对上层的为政者而发。徐复观先生曾特别指出，儒家在修己与治人两个方面的标准是不一样的。儒家强调“修己”，要做到“忠”即“尽己”，标准比较严格；但是在治人上，也就是对待民众方面，则强调“先富而后教”，将民生问题放在第一位，教化放在第二位。

儒家提倡“爱民如子”。古代所谓的父母官的说法，便是出自儒家。《诗经》云：“恺悌君子，民之父母。”《大学》说：“民之所好好之，民之所恶恶之，此之谓民之父母。”其中的“民之父母”并非指官员具有父母那样的威权，而是强调官员应该像父母疼爱关心子女那样对待民众，所谓“凡民有难，匍匐救之”（《诗经·邶风·谷风》），是一种爱民的要求。同时，这里所谓“民好、民恶”，相当于我们现在所说的“民意”。政府的施政，应该顺应民意。所以，古人特别强调“得民心者得天下，失民心者失天下”。

3.守诚信

诚信问题，已经不单单是个人的品质、道德问题，而成为影响整个中国社会、经济能否正常发展，国际声誉能否维系的综合问题。诚信，既属于道德的范畴，也有赖于制度来保障。

儒家讲诚信，固然也是作为一般的道德问题来谈，但更多地还是讲为政者的诚信，也就是政府的公信力问题。

儒家认为，人类社会的信，本源于天道。《中庸》说："诚者，天之道也。诚之者，人之道也。"诚是一种最为本真的状态，是真实无妄。诚乃天道的状态，人应该效法天道，"诚之""思诚"，即做到"诚信"。做人要做到"真实""慎独"，这是做人的根本。朱熹说："信，犹如五行之土。"没有信，其他的德行就无法生根发芽，无法成长。

《论语 · 卫灵公》记载，子张问"行"。子曰："言忠信，行笃敬，虽蛮貊之邦，行矣。言不忠信，行不笃敬，虽州里，行乎哉？立则见其参于前也，在舆则见期倚于衡也，夫然后行。"子张书诸绅。忠信之道，是儒家强调的为人之道。

子曰："人而无信，不知其可也。大车无輗，小车无軏，其何以行之哉？"（《论语 · 为政》）人是社会性的动物，必须在群体中才能生存。诚信，则是人际沟通的黏合剂。因此，人无信就寸步难行。

人的诚信，对社会和他人而言，便是信用、信誉的确立。而信用则是取得他人信任的前提。这一点，在现代的契约社会、商业时代其重要。

但是，相对于公民的诚信，政府的公信力尤其重要。《论语 · 颜渊》记载：子贡问政。子曰："足食，足兵，民信之矣。"子贡曰："必不得已而去，于斯三者何先？"曰："去兵。"子贡曰："必不得已而去，于斯二者何先？"曰："去食。自古皆有死，民无信不立。"

孔子这里所谓的"民无信不立"，意思是如果民众对政府失去了信任，即政府丧失了公信力，那么这个政权也就难以持久了。这是颇为深刻的一个观念。政府的公信力来源于施政过程中逐步确立起来的信誉。它的确立十分困难，但是破坏却极为容易。

诚信问题的解决，除了道德教化的引导之外，依然要靠制度的完善。

4.崇正义

正义的问题，是社会学和政治学都极为关注的问题。一个良好的社会，一定是一个正义的社会；一种良善的政治，一定是一种维护正义的政治。孔子儒学对此也有十分深入的探讨。

《中庸》说："义者，宜也。"什么是义？义就是应该的、合适的、恰当的。冯友兰先生说："无条件的应该，就是所谓义。义是道德行为之所以为道德行为之要素。一个人的行为，若是道德行为，他必须是无条件地做他所应该做的事。这就是说，他不能以做此事为一种手段，以求达到其个人的某种目的。……若是有条件的，他虽作了他所应该做的事，但其行为亦只是合乎义的行为，不是义的行为。"无条件地求社会的公利，别人的利，是义的行为的目的。义是这种行为的道德价值。凡有道德价值的行为，都必以无条件地利他为目的。孟子强调："由仁义行，非行仁义也。"（《孟子·离娄下》）

孔子认为，义是君子之质。他主张"君子喻于义"（《论语·里仁》）。这句话的意思就是说，作为为政者的君子，应该将"义"作为自己追求的目标。孟子将仁比喻为"人之安宅""正位、广居"，而把义比喻为"人之正路"。因此，儒家强调"见义勇为"。文天祥在生命的最后唱出了最强音："孔曰成仁，孟曰取义。唯其义尽，所以仁至。读圣贤书，所学何事？而今而后，庶几无愧。"

社会的正义问题，首先与"私利"相关，也就是儒家的"义利之辨"，朱熹称"义利之说，乃儒者第一义"。（朱文公文集·卷二十四）在义利关系上，孔子儒学主张"见得思义""见利思义"。儒家不是反对利。儒家主张保护人民的利益和权利，认为"富与贵，是人之所欲"（《论语·里仁》），但是"君子爱财，取之以道"（《胡雪岩全传》），利只有符合义的原则才是可取的。

正义问题，还涉及公权力者如何自处的问题，也就是公与私的问题。儒家强调，君子，也就是为政者应该“克己奉公”。廉德建设成为历代政权都十分重视的问题。

正义问题，还有一个“正与偏”的问题。孔子主张“政者正也”，正是政权合法性的体现之一。如果公权力不能正，而是偏私，徇私舞弊，那么正义就会遭到破坏。

5.尚和合

尚和合，是中国文化与其他文明最明显的差别。和是中国文化的精髓，也是中国文化的特色。和的精神，早在中国文明形成的初期就表现出来了。后来随着人文主义的升腾，和合的精神也得到了强化。西周末年的史伯提出了“和实生物，同则不继”的思想，这是中国文化一以贯之的一种思想。

孔子在史伯、晏子的基础上，将和的思想做了进一步的升华。孔子主张“君子和而不同”，追求和谐成为中国人解决社会矛盾的基本思路。和合，是和谐与合作的结合。和是方法，也是目标。和而不同、求同存异，是人际关系的智慧。不过，和谐并不仅仅是人际的一种智慧。它大体包含着这样六个层面：身心的和泰、家庭的和睦、人际的和善、社会的和谐、国际的和平和天人的和顺，是彻上彻下、彻内彻外的一种人智慧。

当然，和合又与中道、中庸观念紧密相连。《中庸》说：“致中和，天地位焉，万物育焉。”中道智慧，与和谐的智慧一样伟大。孔子说：“中庸之为德也，其至矣乎！”（《论语·雍也》）中庸是先民积累的智慧。理解“中”道，才能理解“中”国。

要想理解中道，应该从以下三个层面来把握。“中”的第一内涵：时，也就是时机、条件、场合、环境等等。这一点在《周易》哲学中表现得最突出。《中庸》提出“时中”的范畴，这与《易传》中“与时偕行”是一脉相承的。“时中”的观念，与儒家的“权”的观念密不可分。“经”与“权”，分别表示原则与变通。

“中”的第二内涵：度，即分寸、火候。李泽厚先生曾经提出过“度”的哲学的说法。这是中国智慧的体现。“过犹不及”是度的哲学的最佳描写，它强调质变与量变的统一。

“中”的第三内涵：和，也就是要实现多元的共生。中最终指向和。中是思维方式，和是理想状态。

6.求大同

“大同”一词，出自《礼记·礼运》：“大道之行也，天下为公，选贤与能，讲信修睦。故人不独亲其亲，不独子其子，使老有所终，壮有所用，幼有所长，矜、寡、孤独、废疾者、皆有所养，男有分，女有归……是故谋闭而不兴，盗窃乱贼而不作，故户外而不闭，是谓大同。”有人说，这种“大同”是一种乌托邦。其实，毋宁说，“大同”是中国人对理想社会的一种界定。

孔子反对“同”，那么为什么又提倡“大同”？其实，“大同”是对“同”的否定和升华。大同，其实是“大和”“太平”的另外一种表达。这个理想社会的特点是“天下为公”、各安其位、各尽其责。孔子曾经提出自己的理想：“老者安之，朋友信之，少者怀之。”（《论语·公治长》）这与大同社会是内在一致的。大同社会，便是“有道”的社会。在《论语·先进》篇中，孔子在和其弟子言志的时候，赞赏曾皙的“暮春者，春服既成。冠者五六人，童子六七人，浴乎沂，风乎舞雩，咏而归”的理想，说：“吾与点也！”其实，这样潇洒惬意的生活，乃是有道、太平盛世的一种生活化表达。在这种社会中，人与人的关系、人与自然的关系、人的身心关系都达到了极为协调、和谐的境地。这也是我们的社会主义现代化建设所要追求的目标和理想。

早在20世纪80年代，著名哲学史家张岱年先生就曾斩钉截铁地预言：“我们认为，尊孔的时代已经过去了，或者说应该过去了；反孔的时代也已经过去了，或者说也应该过去了。……现在我们的任务是研孔、评孔，对孔子进行研究，进行分析，进行评论。”[①]我想，张先生的说法十分有道理，不过，今天我们除了“以实事求是的科学态度研究孔子和以孔子为代表的中国传统文化”之外，钱穆先生所竭力提倡的对民族历史和文化的“温情与敬意”也需要培养。因为，孔子与儒家文化当中蕴含着超越时空的永恒价值，更蕴含着我们这个民族的文化基因。今天，每一个中国人，尤其是作为为政者的党员领导干部，都应该认真地研习以孔子为代表的儒学及传统文化，从中汲取修身齐家、治国理政的智慧。

①张岱年：《关于孔子哲学的批判继承》，《张岱年全集》第5卷，石家庄：河北人民出版社，1996年，第482页。

“君子”“小人”“女子”及“与”之辨析

张丰乾

《论语》对于中国文化的影响，最重要的方面恐怕是其中所记载的孔子及其弟子们关于“君子”与“小人”的反复讨论和辨析。其中，不仅包含了儒家的人格理想，也体现出儒家的思维特点和论说方式。孔子和他的弟子们没有给“君子”和“小人”做一个一劳永逸的界定，而是对各种具体的情形做出概括。比较“君子”与“小人”的异同，需要注意二者的对立关系并非空中楼阁，而是有种种相同的基础。孔子所说的“唯女子与小人为难养”（《论语·阳货》）引起广泛争议，需要在历史背景、文献语境及字词用法几个方面对其进行综合辨析。

“君子”和“小人”的本意是就其社会地位而言，[①]但孔子及其弟子的很多讨论，则侧重于将“君子”和“小人”定位在德行意义上。孔子作为“万世师表”，他所言传身教的，就是如何成为“君子”。[②]虽然有人斥责“伪君子”，而肯定“真小人”，但君子与小人之分，仍旧成为适用于各个领域的评价范畴。而当“小人”与“女子”并提时，则引起很多争议。梳理相关的思想

①《周易·剥卦》上九爻辞：“君子得舆，小人剥庐。”《周易·大壮卦》九三爻辞：“小人用壮，君子用罔，贞厉。”

②如陈少明先生所论：“孔子授徒的目的，主要不是出仕，而是成君子。士是身份，而君子是道德人格。”（陈少明：《经典世界中的人、事、物》，上海：生活·读书·新知三联书店，2008年，第132页。）

资源，在文献脉络与历史语境中重新审视和梳理“君子”与“小人”的内涵，可以为今日之人格培养与传统文化的研究提供借鉴。

一、“君子”“小人”之辨与“义”的准则

君子之为君子，一个重要的方面是他所认可的价值准则符合社会公义。

> 子曰：“君子之于天下也，无适也，无莫也，义之与比。”（《里仁》）[①]

这句话是说君子对于天下事物的判断和认识，没有一定要认同和顺从的方面，也没有一定要否定和抵触的方面，只要是符合“义”这个标准的，君子就站在和“义”保持相同立场的一边。[②]其中讲到的“无适”和“无莫”，非常类似于道家的思想，比如庄子讲到的“无可无不可”，老子讲的“大道泛兮，其可左右”等。从北宋谢良佐到南宋朱熹，他们都注意到了这个问题，他们强调假如没有后面“义之与比”这句话，那就和老子及佛教思想非常接近了：

> 适，专主也。《春秋传》曰“吾谁适从”是也。莫，不肯也。比，从也。谢氏曰：“适，可也。莫，不可也。无可无不可，苟无道以主之，不几于猖狂自恣乎？此佛老之学，所以自谓心无所住而能应变，而卒得罪于圣人也。圣人之学不然，于无可无不可之间，有义存焉。然则君子之心，果有所倚乎？”（朱熹《论语集注》卷二）

倘若不能做到“义之与比”，“无适”和“无莫”就变成了无所适从和无所否定，相反，如果从“义”的立场来讲的话，那一定是有所认可、有所否定的。换言之，君子对于天下事物的判断，不会以个人好恶作为标准，而是和正

---

①文中引《论语》处，只注篇名。

②君所以不为臣隐何？以为君之与臣无适无莫，义之与比，赏一善而众臣劝，罚一恶而众臣惧。若为卑隐，为不可殆也。故《尚书》曰：“必力赏罚，以定厥功。”（《白虎通义卷四·谏诤》）

义或良知站在同一立场上。汉儒和宋儒在这一点上一脉相承。[1]

子曰："君子矜而不争，群而不党。"（《卫灵公》）

"矜"在《道德经》里面出现过："不自矜，故长"。其中的"矜"可理解为自尊自大。但是在《论语》里面讲到的"矜"是正面的意思，是指君子的矜持，能够保持自己的立场。同时，君子需要注意的是，过于固执就会引发和别人的争斗。所以，孔子强调，君子一方面要"矜"，另一方面要"不争"。"矜"是不同流合污，但是并不代表君子就要和别人争斗，即"矜而不争"。在《论语》中，孔子中庸的思想，很多时候就是通过"而"字来表达的。

接着，孔子讲到"群而不党"，《礼记·学记》里面曾讲到过"乐群"，其义是说善于和别人群处，或者说善于融入群体，但是不会结党营私。"党"和"比"在古代本来都是行政单位，后来引申为贬义词，指立场很偏狭而且拉帮结派的行为。[2]在这里，孔子在要求君子"矜而不争"的基础上，进一步提出了"群而不党"的要求。这两方面实际上存在一个相互制约的关系。简言之，就是在保持个人独立和矜持的基础上，不会和别人争执；同时，在融入一个团体当中能和众人很融洽地相处，但又不会结党营私。

---

①祁奚称其仇，不为谄；立其子，不为比；举其偏，不为党。建一官而三物成，晋国赖之，君子归焉。盖人君者闭门关窗，号咷博求，得贤而赏，闻善若惊，无适也，无莫也。（《风俗通义·十反》）

明道先生曰："道之外无物，物之外无道，是天地之间无适而非道也。即父子而父子在所亲，即君臣而君臣在所严，以至为夫妇、为长幼、为朋友，无所为而非道，此道所以不可须臾离也；然则毁人伦、去四大者，其分于道也远矣。故"君子之于天下也，无适也，无莫也，义之与比"，若有适有莫，则于道为有间，非天地之全也。彼释氏之学，于"敬以直内"则有之矣，"义以方外"则未之有也。故滞固者入于枯槁，疏通者归于恣肆，此佛之教所以为隘也。吾道则不然，率性而已。斯理也，圣人于《易》备言之。"（《近思录》卷十三）

黄勉之问："'无适，无莫也，义之与比'，事事要如此否？"先生曰："固是事事要如此，须是识得个头脑乃可。义即是良知，晓得良知是个头脑，方无执着。且如受人馈送，也有今日当受的，他日不当受的；也有今日不当受的，他日当受的。你若执着了今日当受的，便一切受去，执着了今日不当受的，便一切不受去，便是适莫，便不是良知的本体，如何唤得做义？"（《传习录》卷下）

②无偏无党，王道荡荡；无党无偏，王道平平；无反无侧，王道正直。（《尚书·周书·洪范》）

子曰："色厉而内荏，譬诸小人，其犹穿窬之盗也与？"（《子张》）

这句话是对小人的描述，这里讲到的小人有两方面的意义，一方面指社会地位比较低下的人，另一方面指这些人的言行举止像"穿窬之盗"。"穿"就是穿过墙，"窬"是指翻过墙，是两种不同的偷窃方式。该词是说小人平时的行为，他们虽然没有偷东西，但是却畏首畏尾，就像小偷一样。孔子对这一点的看法的特别之处在于，他指出色厉而内荏的人（也许是高高在上的君主，也许是富甲一方的商人，也许是学富五车的文人），尽管表面看起来非常地严厉，但他们的内心是非常恐惧的。之所以说这些人和小偷一样，就在于尽管他们并没有偷窃的行为，但是却用严肃的外表来掩饰内心的怯懦。

在现代社会，"色厉内荏"是一个比较通用的成语。孔子在这一点上的贡献就在于，指出不管社会地位的高低、财富的多寡、学问的高下，任何人都有可能色厉而内荏。从这个角度上讲，孔子所谓的"小人"，指的不仅是社会上特定层面的一小部分人，而是社会各个阶层的人都有可能是小人。即使有的人在社会地位上来讲是高贵的，但事实上他们的言行举止都和小人没有差别，这一观点，是孔子思想中的难得之处，他不会在社会地位和人的德行两者之间划上等号。

子夏曰："小人之过也，必文。"（《子张》）

子夏则具体地讲，小人犯了错误和过失一定会为自己找借口来掩饰。这里的"小人"主要是指德行上的小人。这类人不能够直面自己所犯的错误，并且为自己的错误找借口，为自己的过失掩饰。

二、"君子"与"小人"：因同而异

按照日常的思维习惯，人们都会比较注重君子和小人不同的地方，注意到君子和小人之间的鲜明对比。但是，需要留心的是，君子和小人之间的对比需要一个基础。换言之，要明确他们之间的不同点建立在什么样的基础之上。只有当我们了解到君子和小人之间的相同点的时候，才能够更好地去了解他们的不同之处。

子曰："君子周而不比，小人比而不周。"（《为政》）

与前文"义之与比"不同，孔子在这里用到的"比"是一个否定意义的词。对于这一点，朱熹也做出了解释：

周，普遍也。比，偏党也。皆与人亲厚之意，但周公而比私耳。君子小人所为不同，如阴阳昼夜，每每相反。然究其所以分，则在公私之际，毫厘之差耳。故圣人于周比、和同、骄泰之属，常对举而互言之，欲学者察乎两间，而审其取舍之几也。（《论语集注》卷一）

在朱熹看来，"周"是普遍的意思，"比"是偏党的意思。接着，朱熹讲到了两者的共同点。君子的"周"和小人的"比"的共同点就在于"皆与人亲厚"，就是和周围的人的关系都很亲密，看起来好像都很敦厚的样子。但是"周"的特性是"公"，"比"的特性是"私"，所以，君子和别人的亲密关系是建立在公的基础之上，而小人和他人之间的亲密关系是建立在偏私的基础之上。所以朱熹特别强调"君子小人所为不同，如阴阳昼夜，每每相反"。接着"究其所以分"，即去探究君子和小人之所以有这样的差别的原因，就在于"公私之际，毫厘之差"。"差之毫厘，谬以千里"是我们非常熟悉的一组成语，这实际上就指出了，人和人的差别很小。孟子常常以"非人也"来强调人和禽兽的差别，并说"人之所以异于禽兽者几希"（《孟子·离娄下》），是说人和禽兽的差别其实也很小，但却是根本性的。就君子与小人的不同而言，主要就在于君子能够保持或者说严守这种差别，而小人却忽略或无视这种差别。所以朱熹指出，要特别注意这样一些微妙的差别。如朱熹所言："圣人于周比、和同、骄泰之属，常对举而互言之"，这和孔子思想中提到的"叩其两端"的方式相类似，即把两端的内容凸现出来然后让自己做选择，所以朱熹强调要察乎这两者之间的区别，来做取舍——"欲学者察乎两间，而审其取舍之几也"。

三、怀德，怀土；怀刑，怀惠

君子与小人都有时时挂怀、念念不忘的对象，但重点截然不同。

> 子曰："君子怀德，小人怀土；君子怀刑，小人怀惠。"（《里仁》）

相对来说，这是《论语》中比较令人费解的一句话，也是历代注疏和解释《论语》的学者争议很大的地方。这里，"怀德""怀土""怀刑""怀惠"的共同点在于"怀"，即关心或者关怀的意思。对此，朱熹在《论语集注》里面的解释是：

> 怀，思念也。怀德，谓存其固有之善。怀土，谓溺其所处之安。怀刑，谓畏法。怀惠，谓贪利。君子小人趣向不同，公私之间而已。尹氏曰："乐善恶不善，所以为君子；苟安务得，所以为小人。"（《论语集注》卷二）

在朱熹的解释中，"怀"是思念的意思，也可以理解为念念不忘。"怀德，谓存其固有之善。怀土，谓溺其所处之安。"朱熹解释的精妙之处就体现在：分析了为什么君子念念不忘的是德，而小人念念不忘的是土，或者说，怎样来理解德和土之间的差别和共同之处呢？"德"和"土"的共同点就在于"德"具有固定性，而"土"也具有使人安定的特点；"德"和"土"的不同之处也是历代注释家的一个分歧点所在，何为"德"，何为"土"？"德"和"土"的区别在哪里？在朱熹看来，"土"即为"所处之安"，就好比是长期居处的乡土。

此外，"怀德"和"怀土"还有另一层更深的含义。"德"具有普遍性，在《论语》中讲到有德行的人"虽之夷狄，不可弃也"。[1]简言之，这里除了

---

①樊迟问仁。子曰："居处恭，执事敬，与人忠。虽之夷狄，不可弃也。"（《论语·子路》）

强调“德”需要不断地改善和提升以外，还应注意到德的普遍性。“怀土”是讲意识的狭隘性，孔子已经意识到狭隘的根源往往有地域的特征。在这样的过程中，人们的出发点都是自己所处的乡土，我们可以从乡土观念来解读很多的内容。进一步思考，为什么“怀土”的观念是很多冲突的根源？原因就在于“怀土”是一种很狭隘的本土观念。

另外，在《论语》中孔子还讲到“乡愿，德之贼也”。这里的“乡”和“怀土”的“土”有相通之处。为什么说“乡愿”是“德之贼”？因为有那么一些人会把乡土看得比德行更为重要。这样的人每到一个地方都主动和当地的人相适应，并且和所有人都相处得很好的样子，但事实上，这样的人没有坚定的立场，只是用附和或者讨好的方法来和他人相处，这样的行为是损害德行的。这句话可以和“怀土”的内容进行相互阐发。

历来更受争议的是“怀刑”和“怀惠”，对此，邢昺作了如下解释：

> 此章言君子小人所安不同也。“君子怀德，小人怀土”者，怀，安也。君子执德不移，是安于德也。小人安安而不能迁者，难于迁徙，是安于土也。“君子怀刑，小人怀惠”者，刑，法制；惠，恩惠也。君子乐于法制齐民，是怀刑也。小人唯利是亲，安于恩惠，是怀惠也。[①]

“小人怀惠”比较好理解，指小人在处理事情的过程中看重的是恩惠和利益。但君子为什么“怀刑”？这是一个比较费解的问题。另一个问题是，如果这里的“刑”是指刑罚的话，小人应该比君子更畏惧刑罚才对，那为什么这里却特别强调“君子怀刑”呢？

在古代典籍，包括出土文献中，“刑”“型”和“形”这三个字是可以相互通用的。《礼记·礼运》有云：禹汤文武等六位君子“刑仁讲让，示民有常”。其中的“刑”显然不可理解为刑罚、法制等，而是使仁定型、成形，让

②邢昺：《论语注疏》卷四，《十三经注疏》（下），上海：上海古籍出版社，1997年，第2471页。

老百姓都可以遵循；就是把仁作为一种核心的价值观让它成形，或使其定型，常态化。

故而，所谓的“君子怀刑”，就是指君子关心的是自己的德行，让德行定型于自身当中，使德行成为自身的一部分。与此不同的是小人“怀惠”，小人觉得如果所谓的仁有利可图的话，那么他也会装作一副仁的样子，但是如果仁和利益没有关系，他们则不会在乎。这就是“怀刑”和“怀惠”的一个主要差别，所以邢昺说“君子小人所安不同”。

四、“义”“利”之喻

小人并非愚钝之人，和君子一样，也明白利害之分别；而和君子之不同，则在于以“利”为优先。

子曰：“君子喻于义，小人喻于利。”（《里仁》）

这是《论语》中广为人知的一句话。在这句话中，君子与小人的区别讲得很清楚，但是很容易让人忽略两者的共同点——“喻”。朱熹的解释是：

喻，犹晓也。义者，天理之所宜。利者，人情之所欲。程子曰：“君子之于义，犹小人之于利也。唯其深喻，是以笃好。”杨氏曰：“君子有舍生而取义者，以利言之，则人之所欲无甚于生，所恶无甚于死，孰肯舍生而取义哉？其所喻者义而已，不知利之为利故也，小人反是。”（《论语集注》卷二）

如朱熹所言，“喻，犹晓也”，即通晓、明白的意思。“义者，天理之所宜。利者，人情之所欲。”这里，“义”和“利”的对立被转化成了天理和人欲的对立。如果不去仔细追究，这种解释好像非常顺畅，没有什么抵牾之处。接着朱熹引程颐之说：“君子之于义，犹小人之于利也。”这就是说君子对待“义”和小人对待“利”的态度是一样的。这种一致就在于“唯其深喻，是以笃好”，正因为他们都很了解“义”或“利”的要害，所以君子非常重视

“义”，小人则非常喜欢“利”。简言之，他们的共同点是“唯其深喻，是以笃好”，但是所好对象不同，分别是“义”和“利”。

义利之辩也是中国哲学史上非常复杂的问题，在《论语》之中，“义”和“利”是两个对立的范畴。[①]朱熹引用杨时的观点，认为君子可以做到舍生取义。这是和以“利”为中心的价值追求完全对立的。从“利”的角度来讲，人最希望的无过于生命的存续，而最讨厌的无过于死亡的降临。正是因为君子了解义的重要性，所以不把利作为首要选择，而能够在关键时刻为了道义牺牲生命；小人则是为了私利而有可能赴汤蹈火。即使在日常生活中，人生的很多付出其实都是无利可图的，但是其中自有乐趣和价值，反而是“放于利而行，多怨”（《里仁》）。杨时所注“不知利之为利”似乎有绝对之嫌，君子并非“不知利之为利”，而是明白义重于利。

五、“君子儒”与“小人儒”

《论语》中也讲到了“儒”，其中的“儒”泛指读书人或学者。

子谓子夏曰：“女为君子儒，无为小人儒。”（《雍也》）

这句话具有很重要的意义，表明了孔子已经从他的学生当中发现，尽管他们都是在求学，尽管很多人都有了很好的文化修养，但还是有可能成为小人而非君子。孔子在这里讲到的“君子”和“小人”与《论语》中的大多数地方讲到的含义不同。这里的“小人”类似于孔子在批评樊迟的时候所讲到的小人，是指目光很短浅、见识很狭小的读书人，并不是指坏人。就是说读书并不一定会使人变得高明，读书人也很有可能成为心胸狭隘、见识短浅的小人。在孔子的学生中，可能是因为子夏教授学生的内容非常琐碎，注重细枝末节，看起来没有远大的目标，所以孔子才会对子夏做出这样的告诫。这里的“君子”和

①“利”者，义之和也。（《周易·乾·文言》）

“小人”之间的区别是强调修养目标和志向方面的不同。

除了志向之外，君子与小人的胸怀和心理状态也明显不同。

子曰：“君子坦荡荡，小人长戚戚。”（《述而》）

君子的言行很谨慎，同时，有了过失也能及时改正，所以能“坦荡荡”。而与此相反，小人言行放纵又患得患失，所以经常处于忧戚的状态。

君子和小人对待自己不同，对待别人也有根本区别。

子曰：“君子成人之美，不成人之恶；小人反是。”（《颜渊》）

这是《论语》中经常被误解的一句话，“不成人之恶”经常被误解为不揭发他人的歪风邪气，但是在孔子看来这恰是成人之恶。“君子成人之美”就是说君子要成就别人美好的一方面，“不成人之恶”是说不会去帮助别人实现不好、恶劣的一方面。小人就恰好相反，当别人有美好的事情的时候他们千方百计地去破坏，而当别人有恶劣的想法时他们却帮助别人去实现。

六、学道与立德

无论是社会地位，还是道德品行方面，尽管君子和小人之间有着非常明确的界限和区分标准，但实际上二者之间是互相影响的，他们可以接受一些共同的价值观念和文化形式。

子之武城，闻弦歌之声。夫子莞尔而笑曰：“割鸡焉用牛刀？”子游对曰：“昔者偃也闻诸夫子曰：‘君子学道则爱人；小人学道则易使也。’”子曰：“二三子！偃之言是也。前言戏之耳！”（《阳货》）

武城是鲁国的一个地名，孔子到了武城之后，听到了礼乐的声音，孔子莞尔而笑，说道，“割鸡焉用牛刀”，是说治理这么小的地方为什么要用礼乐呢？这里带有一定讥讽的意味。对此，子游很严肃地对孔子说：曾经听您讲过，君子学习礼乐之道后就会更加爱惜别人，小人学习礼乐之道后就会更容易听从指挥。此处的君子与小人的区分，在很大程度上仍然是以社会地位为基础的，特别指出处在统治阶层的人在学道之后会更加主动地爱惜下层社会的人，下层社会的人学道之后更容易听从命令和承担各种义务。所以在子游看来，无论地方大小，无论君子还是小人，都应该用礼乐弦歌来加以教化。在听到子游的说法之后，孔子赶紧对身边的学生说："子游说的话是正确的，我之前说的话不过是和他开玩笑罢了。"这里孔子实际上有一点自我解嘲的意味。其实，孔子所言"割鸡焉用牛刀"，也值得思考，即礼乐要用得恰到好处。这里孔子委婉地改变了自己的说法，似乎有一点不是那么坦率地认错的嫌疑。

既然存在君子和小人，以至于有道之人和无道之人的区别，那么如何对待二者就是统治者经常要考虑的问题了。

> 季康子问政于孔子曰："如杀无道，以就有道，何如？"孔子对曰："子为政，焉用杀？子欲善，而民善矣！君子之德，风；小人之德，草；草上之风，必偃。"（《颜渊》）

季康子是当时掌握鲁国实权的正卿，他向孔子提出的问题颇有蛮横的意味："如杀无道，以就有道，何如？"孔子不是反复强调有道和无道的区别吗？那么把无道的人都杀掉，以此来向有道的人看齐，这样如何呢？对此，孔子的回答可谓义正词严，他质问季康子："你推行政务，为什么一定要用杀的方法呢？"然后又说："你如果有向善的愿望，那么民众就变好了。"随即，孔子又用"风"和"草"来比喻君子和小人的区分及其相互关系。孔子强调季康子处于君子的地位，一些处于下层的民众虽然无道，但是如果上层的统治者追求善行的话，那么民众也会朝着善的方向靠近，也会变得善良。这实际上也是谴责统治者的不善导致了民众的为恶。

孔子认为，君子的德行就像风一样，具有方向性，并且可以影响到别人；而小人的德行就像草一样，没有自己的方向，而是随着风的方向变动。这不是在一般意义上强调君子的德行可以影响到小人，而是突出君子对小人所发挥的影响是难以抗拒的，就像草必定随着风的方向而发生偏倒一样。这里的一个关键词是"必"，强调这种影响是必然的。由此可见孔子对于在君子的影响之下，小人必然会发生良性改变这一点深信不疑。

仔细想来，季康子的欲念其实非常危险。按他这种说法，把人分成“有道”和“无道”，以“诛无道”的名义去屠杀，必然造成无辜者受害。这样一种二元对立，且迷信杀戮的思维方式所导致的治理手段是很残忍的。对此，孔子的立场非常鲜明，他指出老百姓是善良还是恶劣，统治者负有主要责任。

前文已述，君子和小人通过学道都可以共同得到提升；另一方面，君子相对小人而言，是可以充分发挥影响力的，并不是说小人就坏得无以复加、无可救药了，而是说君子是可以通过德行去影响和教化小人的。拥有越多社会资源和社会权利的人，就应该在德行上面有更高的水平和更好的表现。作为统治阶级，其德行应该具有表率作用，这在儒家的思想层面上看是必需的。

七、女子与小人

如果说“君子”与“小人”的区别相对来说，容易理解的话，那么孔子把“女子”与“小人”均列为“难养”的对象则有些匪夷所思。

子曰：“唯女子与小人为难养也，近之则不孙，远之则怨。”（《阳货》）

“唯女子与小人为难养也”，是孔子思想中引起激烈辩论的议题。近年来，钟肇鹏、劳悦强、李存山、廖名春等学者都曾著有专门文章来讨论这个问题。

有人认为孔子这里所谓的女子与小人是指小女孩和小男孩，说的是小女孩和小男孩都很调皮，所以很难照顾。这种解释实际上让人有点啼笑皆非，既然承认小女孩和小男孩有调皮的特点，就不会有“难养”的感慨了。其中最主要的问题是女子不是专指小女孩，小人在任何情况下都不是专指小男孩。[①]

对孔子的另外一种维护是说，这里讲到的“女子”即为“汝子”，因为在先秦时代，“女”通“汝”，这是很常见的现象。所以这样一来，“唯女子与小人为难养也”似乎就是孔子责备自己的学生，说他们跟小人一样难养。这样的解释看起来似乎有一定的道理，但是也有很多存疑的地方，一方面在于“汝子”和孔子之间何以存在“养”的关系，即使说“养”，在孔子的时代也是学生养老师，而没有老师养学生的道理，因为当时在民间的老师主要就靠学生提供的供养（束修）来维持生活；另一方面，将“汝子”与“小人”并提也是很让人费解的一种说法。[②]

另外，还有一种维护孔子的说法是认为这里讲到的“女子”不是全称判断，而是一个特称判断，就是说是特指一些女子和小人，在笔者看来，这种解释也是比较浮泛的。

也有一些学者者认为问题很简单，指出这可能只是孔子的愤激之词。的确，我们会留意到在现实生活中，无论是女性，还是男性，在愤怒的状态下，都会偏向于以全称判断来表达自己一时的感触，而且言辞会很激烈，如“女人都虚荣”或“男人都霸道”之类。然而，孔子将“女子”和“小人”并提，而不是直接陈述“女子”如何如何，这显然是经过细致考虑的，而不大可能是一时兴起的愤激之词；其次，孔子在这里有一个明确的界定，这个界定就是“近

①《墨子·辞过》：“女子废其纺织而修文采，故民寒；男子离其耕稼而修刻镂，故民饥。”《商君书·境内》篇有：“四境之内，丈夫女子皆有名于上，生者着，死者削。”《韩非子·亡征》篇有：“女子用国、刑余用事者，可亡也。”《黄帝内经·上古天真论》：“岐伯曰：女子七岁肾气盛，齿更发长……五七阳明脉衰，面始焦，发始堕……”《孔子家语·本命解》：“女子者，顺男子之教而长其理者也，是故无专制之义，而有三从之道，幼从父兄，既嫁从夫，夫死从子”。其中的“女子”都是泛指女人。（李存山：《“唯女子与小人为难养”之古义》，李存山的博客http://blog.sina.com.cn/s/blog_4a0899010100006is.html）

②所以，钟肇鹏先生批评说：“现在有人新译《论语》,把‘唯女子与小人难养也’说成‘女同汝’,‘子,弟子,学生’,翻译为只有你们几个学生和小人一样难于教养。这种解释和翻译也是随意诠释,毫无历史根据,可以说是妄说。”（钟肇鹏：《诠释古籍要实事求是》，国际儒学研究联合会编：《国际儒学研究》第15辑，北京：九州出版社，2007年，第224页。）

之则不孙，远之则怨”，如果是愤激之词的话，就很难总结出这样的概括。所以，孔子这句话应该是经过深思熟虑的。

对于在这个问题上的争论，最值得我们留意的是，孔子讲的这句话与古代社会中怎样的一种社会形态最相贴切。首先来看一看朱熹的注释：

> 此小人，亦谓仆隶下人也。君子之于臣妾，庄以养之，慈以畜之，则无二者之患矣。（《论语集注》卷九）

朱熹的这个解释，并无精妙独特之处。家庭中的主仆关系，在孔子思想中并不是一个核心的问题。儒家思想反复强调五伦（君臣、父子、夫妇、兄弟、朋友），即使能勉强把主仆的关系纳入君臣伦常中讨论，也没有多大重要性。

相比而言，皇侃、邢昺的注疏更值得注意。皇侃从“禀气”的角度说明女子与小人的共同点：

> 女子小人并禀阴闭气多，故其意浅促，所以难可养立也。“近之则不逊”者，此难养之事也。君子之人，人愈近，愈敬；而女子小人，近之则其承狎而为不逊从也。“远之则有怨”者，君子之交如水，亦相忘江湖；而女子小人，人若远之，则生怨恨，言人不接已也。[①]

邢昺则认为：

> 此章言女子与小人皆无正性，难畜养。所以难养者，以其亲近之则多不孙（逊）顺，疏远之则好生怨恨。此言“女子”，举其大率耳，若其禀性贤明，若文母之类，则非所论也。[②]

“举其大率”即指这里的“女子”是一个概言。“文母”是指文王的母亲，她以贤明著称，肯定不在“难养”之列。

还需要指出的是，孔子在这句话中讲的“女子”是一个概括性的说法，但

---

①皇侃：《论语义疏》，卷九。见《四部备要注疏丛刊·论语》（上），北京：中华书局，1998年，第289页。

②邢昺：《论语注疏》卷十七，《十三经注疏》（下），上海：上海古籍出版社，1997年，第2526页。

是这个概括性的说法并不是指所有的女性。那他是指什么样的女性呢？以笔者愚见，孔子这里主要指的是和小人一起的那些女性。这里的一个关键是“养”的问题，对于自己的父母是秉持孝顺的态度，对自己的子女则是抚育的责任。所谓的君主或者君子，他们与小人的关系主要就是“养”和“被养”的关系。孟子的一段论述值得注意：

孟子曰：“说大人则藐之，勿视其巍巍然。堂高数仞，榱题数尺，我得志弗为也。食前方丈，侍妾数百人，我得志弗为也。般乐饮酒，驱骋田猎，后车千乘，我得志弗为也。在彼者皆我所不为也，在我者皆古之制也，吾何畏彼哉？”（《孟子·尽心下》）

“说大人则藐之，勿视其巍巍然”，是指劝说那些所谓的“大人”的时候要藐视他，不要觉得他是高高在上、不可侵犯的。“堂高数仞，榱题数尺，我得志弗为也”，是说在孟子看来，即使自己志向得以实现，也不会去追求堂皇富丽的高堂大屋。与女子和小人的问题相关联的就在于，这里说到的“食前方丈，侍妾数百人，我得志弗为也”。这句话指出，吃饭之前阵势很宏大，有歌舞表演，还有专门伺候的侍妾几百人，这种事情孟子是不会去做的。在很多时候，女子与小人其实就是指这一类的人，这些女子成为统治者娱乐的工具，这些小人则是从事服务工作的下人。接着孟子讲道：“在彼者皆我所不为也，在我者皆古之制也，吾何畏彼哉？”这句话就是说以上所列举的这些声色犬马的事情我都没有做过，有什么可惧怕的呢？这里孟子批评了统治者追求奢靡生活的做法，而“小人”和“女子”就是指那些被养着的侍和妾。

八、“与”的关系及“难养”之处

东汉荀悦所著《汉纪 · 哀帝纪》中讲道：

夫内宠、嬖近、阿保、御竖之为乱，自古所患。故寻及之。孔子曰：“惟女子与小人为难养。”性不安于道，智不周于物。其所以事上也，惟欲是从，惟利是务。饰便假之容，供耳目之好，以姑息为忠，以苟容为智，以技巧为材，以佞谀为美；而亲近于左右，玩习于朝夕；先意承旨，因间随隙，以惑人主之心，求赡其私欲。虑不远图，不恤大事。人情不能无懈怠，或忽然不察其非而从之，或知其非不忍割之，或以为小事而听之，或心迷而笃信之，或眩曜而不疑之。其事皆始于纤微，终于显著，反乱弘大。其为害深矣！其伤德甚矣！是以明主唯大臣是任，唯正直是用。内宠、便辟请求之事，无所听焉。

“内宠、嬖近、阿保、御竖之为乱，自古所患”，这里的内宠、嬖近、阿保、御竖实际上就是指后宫所豢养的女子和小人。[①]这些人与君主朝夕相处，虽地位卑微，但和君主关系亲昵，对君主影响巨大，如果品行恶劣，就是为患作乱的始作俑者，所以孔子才讲：“惟女子与小人为难养”。为什么难养？在荀悦看来，原因就在于这些人的心性不会安于正道，他们的智力不求周全，他们在面对君主的时候，只是一味地满足君主的欲望，注重自己的利益得失，而且还装出一副可亲的面容来迎合君主的耳目之好。他们的这种“忠诚”实质是在姑息和纵容皇帝的恶行，而他们的这种“聪明”都是苟且偷生，以此来获取君主的恩宠。但是，这样的人却具有“亲近于左右，玩习于朝夕”的便利，他们和君主朝夕相处且善于阿谀奉迎。君主想什么事情还没有说出口，他们就已经猜测到其意图，所以他们在有机可乘的时候迷惑君主以满足自己的私欲。他们的出发点不在于国家和百姓的利益，而在于一己之私。在一般的情况下，人不可能没有懈怠之时。这些人或者马马虎虎，没有意识到君主的错误而顺从君主；或者是即使知道君主的错误又不敢去纠正他们；或者加以炫耀而没有疑

①阿保为乳母。范雎告诫秦昭王：“足下上畏太后之严，下惑于奸臣之态，居深宫之中，不离阿保之手，终身迷惑，无与昭奸。大者宗庙灭覆，小者身以孤危，此臣之所恐耳。”（《史记·范雎列传》）“竖”指后宫中供役使的小臣，《周礼·天官冢宰》记载有“内竖”之职，人数比“寺人”（宦官）多一倍。“御”也是陪同在君主左右提供服务的小臣，《礼记·文王世子》：“文王之为世子，朝于王季，日三。鸡初鸣而衣服，至于寝门外，问内竖之御者曰：‘今日安否何如？’内竖曰：‘安’”。

问；或者是觉得这些无关大体而听之任之……最后的结果就是“其为害深矣！其伤德甚矣！”这给国家带来的祸患非常大，对德行的损害非常严重。所以，荀悦的结论就是君主应该“唯大臣是任，唯正直是用。内宠、便辟请求之事，无所听焉”。

现在我们不妨回头看一下，在古代男尊女卑的时代，在所谓的专制制度非常盛行的时代，荀悦就有了这样的看法。这里不是说所有的女子和小人难养，而是说当他们在皇权周围的时候，变得难以豢养。从另外一个角度来讲，这些女子和小人之所以为患作乱，最终的根源还是在于君主，在于君主没能把各方面的关系都恰当地处理好。

在这方面，儒家有一个劝说的技巧，就是通过讲出“惟女子与小人为难养”的这种说法，来提醒君主和主政的人来约束自己的行为举止，并意识到身边的女子和小人都有“近之则不逊，远之则怨”的特征，从而去任用和依赖正直的大臣。

两汉时期，后宫内宠干预政事的问题都很严重。《汉书·谷永传》记载谷永对汉成帝的劝谏：

> 《易》曰：“在中馈，无攸遂”，言妇人不得与事也。《诗》曰：“懿厥哲妇，为枭为鸱”；“匪降自天，生自妇人”。建始、河平之际，许、班之贵，顷动前朝，熏灼四方，赏赐无量，空虚内臧，女宠至极，不可上矣；今之后起，天所不飨，什倍于前。

谷永之言是有针对性的：

> 成帝性宽而好文辞，又久无继嗣，数为微行，多近幸小臣，赵、李从微贱专宠，皆皇太后与诸舅夙夜所常忧。至亲难数言，故推永等使因天变而切谏，劝上纳用之。

谷永借助天气变化来劝谏成帝远离小臣，授意者是皇太后和他的兄弟，可见后宫和外戚干政，有时也和近幸小臣发生矛盾。

《后汉书·杨震传》也讲道：“《书》诫牝鸡牡鸣，《诗》刺哲妇丧国。”这是说像母鸡打鸣一样，是不祥的预兆，意在告诫后宫不得干预朝政，“《诗》刺哲妇丧国”。《诗经·大雅·瞻卬》实际上是当时的民众对上天表达不满的诗歌。这首诗抱怨上天为何这样糊涂，主要目的是讽刺周幽王。他为了取悦褒姒而导致国家倾覆，而且说“懿厥哲妇，为枭为鸱；妇有长舌，维厉之阶”。最后得出的结论是：“乱匪降自天，生自妇人。”他把国家祸乱的根源归结为妇人。

诚然，从今天的观点来看，这对女性来说是一种很不公平的说法。对此，历史上也有很多讨论。杨震在给汉安帝的奏折中讲道：“昔郑庄公从母氏之欲，恣骄弟之情，几至危国，然后加讨，春秋贬之，以为失教。”后面又化用孔子之言：“夫女子小人，近之喜，远之怨，实为难养。”所以他以《周易·家人卦》的六二爻辞“无攸遂，在中馈”，作为后宫不能干预朝政的一条原则。杨震指出，《周易》所言就是指“妇人不得与于政事也”。他所提出的具体措施有：“宜速出阿母，令居外舍，断绝伯荣，莫使往来，令恩德两隆，上下俱美。”汉安帝先是受制于邓太后及其兄长邓骘，而邓太后也依靠宦官控制安帝。邓太后去世后，安帝的乳母王圣及其儿子伯荣又倚仗安帝的宠信和纵容胡作非为。而杨震非常担心这种情况愈演愈烈，导致不可挽回的祸乱，于是向汉安帝敬献了几份奏折加以劝勉，主张“宜速出阿母，令居外舍，断绝伯荣，莫使往来，令恩德两隆，上下俱美”。他后面提出的建议更是直指要害：“绝婉娈之私，割不忍之心，留神万机，诫慎拜爵，减省献御，损节征发。”以此告诫安帝割舍对其乳母的溺爱之情，以社稷为重。但是，昏聩的汉安帝反而把杨震的奏折给王圣等人看，“（安）帝以示阿母等，内幸皆怀忿恚”。

从这段记录来看，实际上真正有问题的是汉安帝，不仅任其乳母摆弄，还将大臣舍身劝谏的奏折给他的乳母看，导致所有作乱的人都非常痛恨杨震。

到汉桓帝的时候，又出现一位比较有作为的大臣，叫作爰延。他在对汉桓帝的劝谏中也讲道：

> 臣闻之，帝左右者，所以咨政德也。故周公戒成王曰：“其朋其

朋”，言慎所与也。昔宋闵公与强臣共博，列妇人于侧，积此无礼，以致大灾。武帝与幸臣李延年、韩嫣同卧起，尊爵重赐，情欲无厌，遂生骄淫之心，行不义之事，卒延年被戮，嫣伏其事。夫爱之则不觉其过，恶之则不知其善，所以事多放滥，物情生怨。故王者赏人必酬其功，爵人必甄其德。善人同处，则日闻嘉训；恶人从游，则日生邪情。孔子曰：“益者三友，损者三友。”邪臣惑君，乱妾危主，以非所言则悦于耳，以非所行则玩于目，故令人君不能远之。仲尼曰：“惟女子与小人为难养，近之则不逊，远之则怨。”盖圣人之明戒也！（《后汉书·爰延传》）

在爰延看来，皇帝周围的人，都应该为皇帝提供劝谏和主张，以改善施政、提高德行。所以周公告诫成王应该“其朋其朋”，就是说跟什么样的人交往一定要非常谨慎。“昔宋闵公与强臣共博，列妇人于侧，积此无礼，以致大灾。”这是春秋时期的历史事件。[①]宋闵公正是孔子的先祖，孔子对于闵公的悲剧应当是很熟悉的。

我们不妨想一想，在孔子的时代，一个诸侯国产生如此大的祸乱的原因大多在于后宫乱政，所以汉代的人在讨论“惟女子与小人为难养”这个问题的时候，就自然会更加深刻地认识到这一点的重要性。

接着，爰延还以汉武帝为例来说明这个问题，并引用了孔子所说的“益者三友，损者三友”，以此指出：“邪臣惑君，乱妾危主，以非所言则悦于耳，以非所行则玩于目，故令人君不能远之。”这些人会“近之则不逊，远之则怨”的原因不在于他们离不开君主，而是因为君主要肆意满足耳目之欲所以离不开他们。因此最后爰延指出：“‘惟女子与小人为难养，近之则不逊，远之则怨。’盖圣人之明戒也！”这说明，“女子”和“小人”都是特指的。但正

①宋闵公臣长万以勇力闻，万与鲁战，师败，为鲁所获，囚之宫中，数月归之宋。与闵公博，妇人皆在侧，公谓万曰：“鲁君庸与寡人美？”万曰：“鲁君美。天下诸侯，唯鲁君耳。宜其为君也。”闵公矜，妇人妒，其言曰：“尔鲁之囚虏尔，何知？”万怒，遂搏闵公颊，齿落于口，绝吭而死。（《新序·义勇》）

如廖名春先生所指出的：

> 以上的引证，“女子”虽多以姬妾、内宠为说，但也不能说在杨震、爰延、荀悦看来，《论语》此章的“女子”就只指姬妾、内宠，而不包括其他。相反，从杨震、爰延都称“妇人”来看，在他们的心目中，“女子”就是“妇人”，这是一般义，人人皆知。因此，不值得特别提出。[①]

廖先生认为“唯女子与小人为难养也”一句中的“唯”作为副词，是用来限定范围的，表示强调，相当于“只有”“只是”，与《孟子·梁惠王上》：“无恒产而有恒心者，惟士为能”一句中的“惟”同义。[②]他在引证和分析古今有代表性的诸多说法的基础上，指出“与”是“如”的意思，并进而得出结论：

> 《论语》此章的“女子与小人”是一个偏正结构，“女子”是中心词，“与小人”则是后置定语，是修饰、限定“女子”的。因此，这里的“女子”不可能是全称，不可能是指所有的女性，而只能是特称，特指那些“像小人一样”的“女子”，“如同小人一样”的“女子”。这种“女子”“如同小人”，其实质就是“女子”中的“小人”，就是“女子”中的“无德之人”。

为了强调，孔子特意在“女子与小人”前加上一个语气词“唯”字，突出强调只有这种“像小人一样”的“女子”才是他视为“难养”的对象。这样，自然就排除了其他的女子，排除了非“如同小人一样”的女子。

孔子视小人一样的女子为“难养”，认为她们“近之则不逊，远之则怨”，亲近了，就会放肆无礼；疏远了，就会埋怨忌恨。这种轻视和厌恶，有的放矢，绝不是针对全体女性而言的，只能说是对小人、“女子”中的“小人”而言的。孔子思想的逻辑与语言考证反映出来的历史事实是完全一致的。

---

①廖名春：《孔子真精神——〈论语〉疑难问题解读》，贵阳：孔学堂书局，2014年，第58页。
②同上，第68-69页。

因此，“五四”以来，借《论语》中“唯女子与小人为难养也”一说来攻击孔子极端仇视妇女，“是女性的敌人”的说法可以休矣。[①]

按照廖先生的说法，孔子讲“惟女子与小人为难养”，重点是在“女子”；不过，结合相关文献来分析，很难把“小人”排除在“近之则不孙，远之则怨”的对象之外。

但廖先生考察了一般论者都忽略的“与”字，可谓独具慧眼。结合相关的文献，我们可以了解到，“与”其实是指一种特别亲密的关系：

士与女，方秉蕳兮。

维士与女，伊其相谑，赠之以芍药。

士与女，殷其盈矣。

维士与女，伊其将谑，赠之以芍药。（《诗经·郑风·溱洧》）

葛生蒙楚，蔹蔓于野。予美亡此，谁与独处？

葛生蒙棘，蔹蔓于域。予美亡此，谁与独息？

角枕粲兮，锦衾烂兮。予美亡此，谁与独旦？（《诗经·唐风·葛生》）

由此引申出“党与”一词：

丁亥，楚子入陈，纳公孙宁、仪行父于陈。此皆大夫也，其言纳何？纳公党与也。（《春秋公羊传》宣公十一年（前598年））

内悉其众，外得党与卫曹。（《春秋繁露·竹林》）

《说文·勹部》：“与，赐予也。一勺为与。此与、与同意。”段玉裁注：“与，挡与也。”《说文·手部》：“挡，朋群也。”段玉裁注：“此‘乡党’、‘党与’本字。”有以上文献可见，“唯女子与小人为难养也”，即只有作为后宫嫔妃的“女子”和从事各种侍奉工作的“小人”互相勾结，成

①廖名春：《孔子真精神——〈论语〉疑难问题解读》，贵阳：孔学堂书局，2014年，第81-82页。

为朋党时，才是难以豢养的；“近之则不逊，远之则怨”的特点，也是在“小人”与“女子”结为朋党之后，表现得更为充分。如前所述，这是大量历史事实所证实的，也是正直的思想家们所高度警惕的。

黄宗羲在《明夷待访录》中严厉批评说：

奄宦之如毒药猛兽，数千年以来，人尽知之矣。乃卒遭其裂肝碎首者，曷故哉？岂无法以制之与？则由于人主之多欲也。夫人主受命于天，原非得已。故许由、务光之流，实见其以天下为桎梏而掉臂去之。岂料后世之君，视天下为娱乐之具。

崇其宫室，不得不以女谒充之：盛其女谒，不得不以奄寺守之。此相因之势也。

其在后世之君，亦何足责。而郑玄之注《周礼》也，乃谓女御八十一人当九夕，世妇二十七人当三夕，九嫔九人当一夕，三夫人当一夕，后当一夕，其视古之贤王与后世无异，则是《周礼》为诲淫之书也。

孟子言：“侍妾数百人，我得志弗为也。”是时齐、梁、秦、楚之君，共为奢僭，东西二周且无此事。若使为周公遗制，则孟子亦安为固然，“得志弗为”，则是以周公为外错矣。苟如玄之为言，王之妃百二十人，妃之下又有侍从，则奄之守卫服役者势当数千人。后儒以寺人隶于冢宰，谓《周官》深得治奄之法。

现在我们回过头来看一下，孔子在讲到“惟女子与小人为难养”，以及汉唐宋人在做注疏的时候，不能排除其中涉及性别歧视的问题。但是我们从另外一个角度来讲，性别歧视自古以来就是整个人类面临的一个问题，也是一个非常严肃的问题。对于这一点，我们真正应该做的是，一方面尊重男性和女性在各方面的差异，另一方面是避免由于这些差异而引起的歧视和敌对。从前文所引述的文献来看，如果“女子”和“小人”的作用都是千方百计地满足君主的私欲，那么“女子”和“小人”就会因为得宠而骄横，因为失宠而抱怨。无论是骄横还是抱怨，都会成为祸乱政治的因素。特别是，在被君主所共同豢养的情形下，“女子”与“小人”更加容易互相勾结，为满足私欲而胡作非为。

同样值得重视的是，孔子熟读《诗经》等经典，他对经典中所记载的杰出的女性，以及他自己的母亲一定是非常尊敬的。[①]（当然，孔子在与女性的交往中，也有不愉快的经历，如“出妻”“见南子”等。）

至此，可以得出结论，孔子所言的“君子”“小人”“女子”三者有一个共同的立体背景：个人经历、社会制度与历史事件的交织。其中争议最大的“惟女子与小人为难养”一说，主要不是就女子的性别特征而言，而是针对君主畜养“女子”与“小人”所产生的常见病态而言。孔子之言固然有可能出于激愤，但其背后蕴含着深切的忧虑。而黄宗羲则直接指出了古代君主畜养“女子”与“小人”所导致的严重后果，并点明是由于人主的多欲，进而提出“自三宫以外，一切当罢。如是，则奄之给使令者，不过数十人而足矣”（《明夷待访录》）的主张，虽然不够彻底，但已经是一大突破了。

【本文原题《“君子”“小人”与“女子”辨析》，初稿为提交首届“君子文化论坛——君子文化与当代社会”（2015年12月19-20日，杭州，浙江大学）的论文；部分内容刊发于《山东师范大学学报（社会科学版）》2016年第1期。本文为国家社科基金重大项目“四书学与中国思想传统”（15ZDB005）初步成果”；本研究获中山大学“三大建设”专项资助。】

①例如，廖名春先生引《史记·孔子世家》言：“孔子对其母亲感情深厚，非常孝敬。”同上书，第67页。

《论语》“知”的“功夫论”解读

王凯立

“功夫论”是中国哲学的特有论域。伴随着中国哲学自身价值的不断彰显，近年来有关中国哲学尤其是宋明理学“功夫论”的研究成果可谓十分丰硕。尽管如此，“功夫论”的理论资源仍然有待深入发掘，正如倪培民教授所呼吁的：“学界同仁一起进一步探讨作为一个哲学范畴和取向的功夫概念的普遍意义，而不只是将功夫局限在阐发儒学或者中国哲学的范围。”[①]另一方面，“知”是《论语》中极为重要的概念。据笔者统计，“知”字在《论语》中共出现118次。“除《乡党》章外，其余19章都涉及‘知’的概念。尤有可言者，在文字已极为简省的《论语》诸篇中，孔子专门论‘知’的章节就有三处，仅次于对‘仁’的论述。”[②]而且，《论语》中的“知”涵摄了“仁”“学”“思”“省”等多个重要概念，对“知”的理解直接关系到对孔子思想的整体把握。近年来，在西方哲学的影响下，国内很多学者从西方传统认识论的角度来理解“知”，这样就把“知”的意涵理解为一个个囿限于理性思维的认识片段，掩盖了“知”所具有的诸多颇有价值的思想内涵。笔者认为，《论语》中的“知”应从“功夫论”的视角来进行解读，进而将其意涵的诠释具体展开在作为本体的“仁”、作为工夫的“学”与作为境界的“智”

①倪培民：《将“功夫”引入哲学》，《南京大学学报》，2011年第6期。
②孙熙国、孟洁：《孔子“知”论及其现代价值》，《文史哲》，2003年第1期。

中。[①]这样，不仅在《论语》中“知”的思想意涵和价值能够得到准确而充分的把握，而且这也是把“功夫论”作为具有普遍意义的哲学取向在中国哲学内部所做的一次理论尝试。

《论语》中的“知”兼有“知（to know）”与“智（wisdom）”两义，从文字的统一使用中也可以看出“知”与“智”之间不可分割的关系。[②]的确，作为“知”的“知”所指涉的是修养工夫，而作为“智”的“知”所指涉的是境界状态。前者关涉到的正是引导修养工夫的“仁”与实现修养工夫的“学”，而后者关涉到的正是《论语》中理想人格的境界刻画。在“功夫论”的语境下，我们可以说：“仁”是“知”的本体，“学”是“知”的工夫，而“智”是“知”的境界，三者相互融贯统一，共同构成了“知”所具有的完整的“功夫论”内涵。

---

①在儒家哲学传统中，“工夫”原本是指主体自身自觉不懈的修养实践，它与“本体”和“境界”相互区别，但又相互统一，是事物三个维度（本体、工夫、境界）中不可或缺的一维。（参见宁新昌、龚建平：《儒家之学重在工夫》，《深圳大学学报》（人文社会科学版），2012年第5期。）本文的“工夫”一词正是在这个意义上使用的。倪培民教授认为，中国哲学中的“功夫（工夫）”概念可以抽象成为一套具有系统性的哲学理论，具体包括了“功力”“工夫”“功法”等意涵，它有着哲学视角或取向（approach）、文本诠释、生活教导等多方面的理论价值，可以构成一个全新的儒学诠释视角。（参见[美]倪培民：《将“功夫”引入哲学》，《南京大学学报》（哲学·人文科学·社会科学），2011年第6期；[美]倪培民：《什么是对儒家学说进行功夫诠释？》，《哲学分析》，2013年第2期。）本文的“功夫论”一词正是指倪培民所提出的这一“功夫（工夫）”哲学理论。与之略有不同的地方在于，这一“功夫论”的具体意涵固然可以如倪培民一样概括为“功力”“工夫”和“功法”三个主要方面，但笔者认为采用“本体”“工夫”“境界”的概括形式，应该更能体现儒家哲学的传统进路，也更适合于《论语》中概念范畴的系统诠释，故本文采用把“功夫论”含义具体展开为“本体”“工夫”“境界”的形式，来对《论语》中的“知”进行解读。

②美国学者郝大维和安乐哲认为，《论语》中的“知”并没有“知（to know）”与“智（wisdom）”这种理论与实践的区分，他们把“知”理解为涵盖了“知（to know）”与“智（wisdom）”两义的整体范畴，并在考虑其述行性的基础上将“知”统一译为“to realize”。（参见郝大维、安乐哲：《通过孔子而思》，何金俐译，北京：北京大学出版社，2005年，第54-61页。）本文对《论语》“知”含义的理解同样采用这种方式，而文中“知（to know）”与“智（wisdom）”仅是在当今语言环境下因表达而做的不得已的形式区分，并不代表这是两个在“知”范畴下可以截然分开来理解的概念。

一、“知”的本体——“仁”

在“功夫论”中，“本体”并不是在西方哲学语境下的实然性的存有概念，在儒家道德哲学语境下，它是儒家理想人格的德性依据，并由此成为引导修养工夫的先验而非超验的基本原则，具有一个应然的面向。对孔子而言，“仁是孔子思想中一切为人境界中最后的判准，亦可谓仁即其体系性思维中的最高概念范畴”[①]，并且“作为价值系统，‘仁’不但是个人德性（virtues）之首，而且也‘统摄诸德’（蔡元培语）”[②]，正因此，“仁者之德是标准和规范，它们影响社会且永远成为敬意的焦点、效仿的根源”[③]。所以，“‘仁’在《论语》中具有本体的意义”[④]，它为个人德性的修养工夫提供引导，同时也为现实世界的未来发展指明方向。在《论语》中，“知”自然是最高范畴“仁”所统摄的一环，故“仁”对于“知”而言也具有引导修养工夫的本体意义。

在《论语》中，指涉“知”的修养工夫的主要概念有：知人、知礼、知德、知言，它们共同说明了“知”的修养工夫以“尽人事”为核心，而这正是在本体“仁”统摄下的引导方向。

> 樊迟问仁。子曰：“爱人。”问知。子曰：“知人。”樊迟未达。子曰：“举直错诸枉，能使枉者直。”樊迟退，见子夏曰：“乡也，吾见与夫子而问知，子曰：‘举直错诸枉，能使枉者直。’何谓也？”子夏曰：“富哉言夫！舜有天下，选于众，举皋陶，不仁者远矣。汤有天下，选于

①杜保瑞：《功夫理论与境界哲学》，北京：华文出版社，1999年，第112页。

②余英时：《论天人之际——中国古代思想起源试探》，北京：中华书局，2014年，第89页。

③[美]郝大维、安乐哲著，何金俐译：《通过孔子而思》，北京：北京大学出版社，2005年，第58页。

④宁新昌、龚建平：《儒家之学重在工夫》，《深圳大学学报》，2012年第5期。

众，举伊尹，不仁者远矣。”（《论语·颜渊》）

孔子言“知人”便是引导樊迟要做“尽人事”的修养工夫，故孔子在另一次答“樊迟问知”时更加明确地指出了“尽人事”的含义——“务民之义，敬鬼神而远之，可谓知矣”。（《论语·雍也》）“正义曰：‘务’犹事也。‘民之义’者，《礼运》曰：‘何谓人义？父慈，子孝，兄良，弟弟，夫义，妇听，长惠，幼顺，君仁，臣忠，十者谓之人义。’是也。‘敬鬼神而远之’者，谓以礼敬事鬼神也。”[①]在孔子看来，“知人”所引导的现实行为应当是专注于人事礼仪的学习与协调，亦即“尽人事”之道。在《论语》中“知人”围绕着“尽人事”有具体的展开——“知礼”“知德”“知言”，这些在逻辑上构成了能“举直错诸枉，能使枉者直”的发展前提。

子入太庙，每事问。或曰：“孰谓鄹人之子知礼乎？入太庙，每事问。”子闻之：“是礼也。”（《论语·八佾》）

皇侃《论语义疏》云：“所以云‘是礼’者，宗庙事重，不可轻脱，愈知愈问，是敬慎之礼也。”[②]美国学者郝大维与安乐哲认为，与西方哲学中的“知道”不同，对《论语》“知”的诠释还需要考虑其述行性，这是“知”在中国“知行合一”的传统观念中所秉承的意涵。[③]所以，所谓“知礼”并不只是在知性层面上认识到具有命题性质的礼仪原则，在现实的述行力量中，它更是一种消化了意志与情感，在“知情意”合一的状态下伴随着身体参与且发自内心的对人事礼仪的敬重，故孔子言：“礼，与其奢也，宁俭；丧，与其易也，宁戚。”（《论语·八佾》）此乃真正的“尽人事”之道，也是《论语》“知礼”教导的一贯之处。与“知礼”一样，“知德”“知言”也都在现实层面上体现出“尽人事”的内涵。子曰：“由！知德者鲜矣。”（《论

①刘宝楠：《论语正义》，北京：中华书局，1990年，第236页。

②皇侃：《论语义疏》，北京：中华书局，2013年，第65页。

③[美]郝大维、安乐哲著，何金俐译：《通过孔子而思》，北京：北京大学出版社，2005年，第54-61页。

语·卫灵公》）在季康子向孔子问政时，孔子曰："子欲善而民善矣。君子之德风，小人之德草。草上之风，必偃。"（《论语·颜渊》）故"知德"便是修养自己的德性而以德化民，此乃教导季康子"尽人事"之言也。在谈及"知言"时，孔子曰："不知言，无以知人也。"（《论语·尧曰》）江熙云："不知言则不能当言，不能当言则不能量彼，犹短绠不可测于深井，故无以知人。"①从"知言"到"当言"再到"知人"铺开了一条"尽人事"之道。至此，"尽人事"突显出了内圣与外王两个层面的含义：在内圣层面，孔子通过"知礼""知德""知言"教导我们反求诸已，修德成仁；在外王层面，"知人"通过内圣的修炼而能"举直错诸枉""举尔所知"之贤才（《论语·子路》），而"能使枉者直"。在内圣与外王的连续统一中，"知人"通过"知礼""知德""知言""尽人事"之道的展开，勾勒了一条走向最高人格理想的成仁之路。在《论语》中，孔子在答"颜渊问仁"时，言"克己复礼为仁"；答"仲弓问仁"时，言"己所不欲，勿施于人"；答"司马牛问仁"时，言"仁者，其言也　"（《论语·颜渊》）；三次答"樊迟问仁"时，分别言"仁者，先难而后获"（《论语·雍也》），"居处恭，执事敬，与人忠。虽之夷狄，不可弃也"（《论语·子路》）和"爱人"。此皆体现了作为本体的"仁"对于"尽人事"的统摄性引导，而"尽人事"又乃"知"的修养工夫的核心，故在"功夫论"的语境中"知"的本体便是"仁"。

子曰："不患人之不己知，患不知人也。"（《论语·学而》）

钱穆先生言："君子求其在我，故不患人之不己知。非孔子，则不知尧舜之当祖述。非孟子，则不知孔子之圣，为生民以来所未有。此知人之所以可贵，而我之不知人所以为可患。"②在此意义上，"知人（尽人事）"还意味着发掘并承接前圣所创造的文明，而真正能做到这一点的只有成仁成圣如孔孟

①皇侃：《论语义疏》，北京：中华书局，2013年，第525页。

②钱穆：《论语新解》，北京：九州出版社，2011年，第23页。

之人；另一方面，相对于积淀了前圣智慧的文明成果而言，每一个有责任感的人都应当自觉地对此怀有忧患意识[1]，并在其驱动下做“知人（尽人事）”的修养工夫。结合前一方面来看，这个工夫过程相对个人而言在现实中即表现为向理想人格靠拢的过程，而这个理想人格则以孔孟为典范、以仁圣为本体性内容。由此可见，在儒家理想人格、仁圣的本体性规定下，“仁”成为“知人（尽人事）”的终极追求。它引导着涵盖了“知礼”“知德”“知言”等具体内容的“知人（尽人事）”工夫，成为“知”的工夫本体。

综上，在几个指涉“知”的修养工夫的主要概念中，“知人”可具体展开为“知礼”“知德”“知言”，它们共同说明了《论语》“知”的修养工夫以“尽人事”为核心；另一方面，具有统摄性的“仁”具有本体含义，它引导着主体人在“尽人事”的修养工夫下不断走向成仁成圣的理想人格，故我们说“知”的本体是仁。不过，在“功夫论”的语境中，本体方要有工夫的真正落实才能得以证成，正如黄宗羲所言：“工夫所至，即其本体”[2]。所以，“仁”作为“知”的本体要真正成立，方要待“知”的“尽人事”修养工夫在《论语》中获得现实的操作形式。“好仁不好学，其蔽也愚”（《论语·阳货》），在这个意义上，“知”的工夫便落实成为孔子所极为重视的“学”。

二、“知”的工夫——“学”

在《论语》中，孔子特别强调了“学”对于“知”的作用。就现实层面而言，“学”实现了“知”的整个过程。

孔子曰：“生而知之者上也，学而知之者次也，困而学之，又其次

①有关“忧患意识”的论述请参看徐复观：《中国人性论史·先秦篇》，北京：九州出版社，2014年，第14-31页；牟宗三：《中国哲学的特质》，长春：吉林出版集团有限责任公司，2010年，第11-14页。

②黄宗羲：《黄梨洲先生原序》，《明儒学案》，北京：中华书局，1985年，第9页。

也。困而不学，民斯为下矣。”（《论语·季氏》）

对于此语的意思，学界存有很多误解。包括方立天、任继愈在内的多位前辈，根据“生而知之”一语认为，孔子在认识论上是唯心主义先验论者。[①]笔者认为，这是对《论语》的词句做了脱离语用的考察所得出的结果，是对此语的误读。倪培民教授认为，对儒学的“功夫解读意味着儒家经典中的许多言语需要从语用的角度去解读，而不是只看字面的意思”[②]。《论语》中的绝大多数语言都是在师徒对话的语言背景中被使用着的，其“语言的功能决不仅仅是描述现实，甚至也不仅仅是给予指导。它可以被用来鼓励、提醒、安慰、期许、承诺，等等。它本身就可以是功夫的运用”[③]。从这个“功夫论”的角度来诠释《论语》，就要求我们能够正确理解其语言使用中的修辞手法。在笔者看来，“生而知之”一语应如萧萐父和李锦全先生所言“只能为虚悬一格”，是孔子为了更加突出强调“学而知之”所做的修辞考虑[④]，所以，孔子从不认为自己是“生而知之”（《论语·述而》）的圣人。他身体力行地告诉学者要在其面前保持凡人心态与敬畏意识，踏实努力地“学而知之”，故皇侃在《论语义疏》中言：“此章劝学也，故先从圣人始也。”[⑤]在整句话中，“上也”“次也”“又其次也”与“民斯为下矣”等词语都是带有激将色彩的修辞用语，其语用目的就是“劝学”，而整句话的语言内容突出的正是“学”对于“知”的作用。

诚如上文所言，《论语》中的“知”不同于西方哲学认识论意义上的“知道（to know）”。它所注重的不是主体如何认识客体，而是主体如何在现实

①马贤伟：《孔子的“生而知之”辩议》，《贵州教育学院学报》，2002年第3期。

②倪培民：《什么是对儒家学说进行功夫的诠释？》，《哲学分析》，2013年第2期。

③同上。

④转引自马贤伟：《孔子的“生而知之”辩议》，《贵州教育学院学报》，2002年第3期。

⑤皇侃：《论语义疏》，北京：中华书局，2013年，第433页。

的述行过程中获得一种身心统一并伴随有道德应当性的实践能力。[①]这种能力的获取过程表现为整个人的自我转化与提升，这在现实中依赖于主体学习行为的展开。正是基于这一点，孔子在《论语》中特别以“学而知之”一语突出“学”对于“知”的作用，其深刻的现实意涵正是要教导学生以“学”来实现“知”的整个过程。

在《论语》的观念中，“学”既然作为“知”的现实过程，涉及主体自身的转化提升与能力的获取，它就必然要在主体身上落实为工夫。

（一）“学”作为工夫意味着主体真实生命的实现与完成

在工夫的现实修养过程中，主体人的潜力、品格、能力以及此类意义上的本质等将获得全面的开化，这些真实生命的内在力量将实现于生活的方方面面，使主体的真实生命在实现中走向完成。

子曰：“古之学者为己，今之学者为人。”（《论语·宪问》）

“孔子的‘为己’是真正实现自己，成就自己的意思。”[②]“学而为己”就是要把“学”落实为工夫，实现并完成主体自身的真实生命。荀子曾说：“古之学者为己，今之学者为人。君子之学也，以美其身；小人之学也，以为禽犊。”（《荀子·劝学》）在荀子看来，孔子所倡导的“学而为己”是一种与“小人之学（学而为人）”相对的“君子之学”，其现实过程“入乎耳，箸乎心，布乎四体，形乎动静”（《荀子·劝学》），涉及主体人身心统一的整体转化。在这个“美其身”的工夫过程中，主体将所学“入乎耳，箸乎心”，

①《论语》中的很多对话都是在教导、评价、鼓励等语境中进行的，这就使得“知”的动词短语具有了某种道德期许的含义。它在伦理学上对主体的行为有种“应当”的要求，并且要求这种“应当”的行为还不仅只是一时的表现，而是需要内化为一种身心统一的能力，使主体在任何情况下都能根据这种能力做出伦理学上适当的行为。如《论语》中所言的“知礼”，它不仅表达了对弟子或历史人物应当要能做出符合“礼”的行为举动的道德期许，还要求主体把其化为一种源于内心真实情感并且在任何情境中都能全身心自然表达的能力。

②苟小泉：《从“道德”到“自得”——中国哲学本体论主体性维度的存在、展开与完成》，《华南师范大学学报》，2009年第4期。

使其自身的潜力、品格、能力以及类意义上的本质等获得内在的全面开化；而另一方面，与身体相联系，主体人进一步将所学“布乎四体，形乎动静”，使这些真实生命的内在力量彰显出外在的现实品格——“端而言，蠕而动，一可以为法则”（《荀子·劝学》）。正是在这种状态下，主体人的真实生命有了真正意义上的完成。

在《论语》中，真实生命的完成落实为主体在“学”之工夫中“自觉地求实现”[①]的过程：

子夏曰：“贤贤易色；事父母，能竭其力；事君，能致其身；与朋友交，言而有信。虽曰未学，吾必谓之学矣。”（《论语·学而》）

一方面，与荀子所见相一致，《论语》中的“‘学’是一项个体必须从精神到肉体、从认识到经验全身心投入的事业”[②]。“学”不停留在口耳章句之间，它需要主体在工夫过程中落实于生活的方方面面，唯有此，主体自身的潜力、品格、能力以及类意义上的本质等才能真正获得开化并自觉地实现于生活。另一方面，《论语》将真实生命的实现指向了“尽人事”的道德之域。作为儒学的创始人，孔子一开始就从文化道德的角度来理解人的真实生命，因此，“学”之工夫也必须以“尽人事（知人）”为核心，方能彰显出主体真实生命的内在力量。孔子在反对樊迟学稼学圃时，同样将主体真实生命的实现指向了“尽人事”：“上好礼，则民莫敢不敬。上好义，则民莫敢不服。上好信，则民莫不敢不用情。夫如事，则四方之民襁负其子而至矣。”（《论语·子路》）“对孔子来说，‘学’不是谋生的手段，它是生命本身的目的，

①唐君毅先生语。唐君毅先生认为中国文化的根本精神是“自觉地求实现”，而西方文化的根本精神是“自觉地求表现”。有关这两个概念的具体区分及其详细论述，请参见唐君毅：《中国文化之精神价值》，桂林：广西师范大学出版社，2005年，第361页；牟宗三：《中国哲学的特质》，长春：吉林出版集团有限责任公司，2010年，第82-84页。

②[美]郝大维、安乐哲著，何金俐译：《通过孔子而思》，北京：北京大学出版社，2005年，第48页。

是生命的存在方式。”[①]以“尽人事”的修养为核心，真实生命通过“学”之工夫成为主体的现实存在，并在主体“自觉地求实现”的不懈进程中从实现走向了完成。

（二）“学”作为工夫意味着主体在现实中的不懈努力

梁漱溟先生曾说：“所谓工夫，就是让他接连着如是，这就是不懈。”[②]中国哲学的工夫不只是要求人把一件件事情做好，还包含着主体在时间上不间断的努力。只有在不懈的工夫进程中，主体的真实生命才有可能真正得以实现与完成。“孔子‘吾十有五志于学’，《中庸》《大学》之所谓‘戒惧’，宋明人之所谓工夫，就是这个学。”[③]

> 子曰：“譬如为山，未成一篑，止，吾止也。譬如平地，虽覆一篑，进，吾往也。”（《论语·子罕》）

钱穆先生言：“本章言学者当自强不息，则积久而终成。若半途而废，则前功尽弃。”[④]“学”作为工夫不允许丝毫的懈怠，它要求主体于时间上不间断地进行反复修炼，故需“学而时习之”（《论语·学而》），“温故而知新”（《论语·为政》）；好学之人亦当“日知其所亡，月无忘其所能”（《论语·子张》），其学“当日进而无疆”[⑤]。所以，作为好学典范的颜渊，孔子夸赞他说：“语之而不惰者，其回也与！”“吾见其进也，未见其止也。”（《论语·子罕》）作为颜渊的老师，孔子亦将其一生投入在学而不懈的工夫中，他“十有五而志于学”（《论语·为政》），终生“学而不厌”，

---

①[美]郝大维、安乐哲著，何金俐译：《通过孔子而思》，北京：北京大学出版社，2005年，第49页。

②梁漱溟口述，李渊庭、阎秉华整理：《梁漱溟先生讲孔孟》，上海：上海三联书店，2008年，第86页。

③同上。

④钱穆：《论语新解》，北京：九州出版社，2011年，第270页。

⑤钱穆：《论语新解》，北京：九州出版社，2011年，第561页。

“在齐闻《韶》，三月不知肉味”（《论语·述而》）；“学鼓琴师襄子，十日不进”（《史记·孔子世家》）；晚年“读《易》，韦编三绝”（《史记·孔子世家》）。

“学”作为不懈的工夫是一个持久的过程，它甚至在人有限的生命历程中都没有终点，而作为不懈的动力，“学而不厌”的学习热情在孔子那里也同样重要：

子曰：“十室之邑，必有忠信如丘焉，不如丘之好学也。”（《论语·公冶长》）

孙绰曰：“学而为人，未足称也，好之至者必钻仰不怠。”[①]“好学”的热情是“学”之工夫“钻仰不怠”的持久动力，“学有交劳而无交利，自非天然好乐者，则易为懈矣”[②]。进一步说，“好学”的热情包含着自觉自愿的原则，这是主体为学工夫的根本。故孔子十五岁“志”于学，“志者，在心之谓也”[③]，表现出孔子自觉自愿的向学热情。正是在这种学习热情的推动中，“学”实现为主体“日知其所亡，月无忘其所能”的不懈工夫，成为主体自我转化提升与能力获取的真实过程。

（三）“学”作为工夫意味着主体身体倾向性的获取，并最终指向“从心所欲不逾矩”的境界

诚如上文所言，中国哲学的“工夫”以真实生命的实现与完成为指向，在不懈的进程中包含着主体身心整体的参与，其过程在现实效用上表现为主体身体倾向性的获取。在“尽人事”的道德之域中，这种身体的倾向性涉及主体的身体状态，同时涉及主体在自主自由的前提下将行为实现得自然合理的能力。

子曰：“君子不重则不威，学则不固。”（《论语·学而》）

---

①皇侃：《论语义疏》，北京：中华书局，2013年，第123页。

②同上书，第198页。

③同上书，第25页。

“君子之体，不可轻薄也。”[①]“言君子不重，非唯无威，而学业亦不能坚固也。”[②]这里所论及的“学”与“体（身体状态）”的关系便表现为主体在“学”之工夫中身体倾向性的获取。在《论语》中，孔子所教导的“学礼”“学《诗》”等都绝不仅仅是让人熟记文本知识，更重要的是自主自由的主体在“学”之工夫中修炼出能自然合理实现行为的能力。“学习的目的在于培养一种能从他们的身体的倾向性出发，自然而然地做出恰当举动的人，而不只是那种只会理性思考选择的人。”[③]

既然涉及主体身体倾向性的获取，那么“学”和“知”一样就不只是思维的活动，而更是在“尽人事”的修养中学以致用的工夫实践。孔子说：“学而不思则罔。”（《论语·为政》）“夫学问之法，既得其文，又宜精思其义，若唯学旧文而不思其义，则临用行之时，惘惘然无所知也。”[④]孔子“所说的‘思’，既涉及脑，还涉及心。心是身体的一部分，但它被认作参与人的感知、理解、评价，从而将感知染上情感、将理解融入血液、使评价成为身体的倾向性，从而使思的过程变为包含身体在内的整个人的转化过程和学以致用的过程”[⑤]。在学的工夫中，如果说“思”是将思维的东西实现于身体，那么“省”则把表现于身体的东西（身体的状态、主体的行为等）在思维中重新加以批判性认知。曾子曰：“吾日三省吾身”（《论语·学而》），便体现出“省”的这一过程。作为“学”之工夫的重要环节，“思”与“省”构成了主体从思维到身体与从身体到思维的双向互动。子曰：“见贤思齐焉，见不贤而内自省也。”（《论语·里仁》）正是在这种互动过程中，主体通过“学”之工夫逐渐将所学转化并完善为身体的倾向性，同时也促使工夫进程指向了其特

①皇侃：《论语义疏》，北京：中华书局，2013年，第13页。

②同上书，第13页。

③倪培民著，李子华译：《孔子——人能弘道》，上海：上海人民出版社，2013年，第124页。

④皇侃：《论语义疏》，北京：中华书局，2013年，第35页。

⑤倪培民著，李子华译：《孔子——人能弘道》，上海：上海人民出版社，2013年，第123页。

有的境界之维。

孔子十五岁志于学，最终七十能“从心所欲不逾矩”（《论语·为政》）。若学者能终其一生的工夫将身体的倾向性渗透到“尽人事”的每一个细节，即其所有的行为都能在自由自主的前提下表现得自然合理，则其最终获得的就是这种“从心所欲不逾矩”的艺术人生的能力。由于这种能力所特有的超越性与美学性，故它构成了“学”之工夫的境界，成为一代代儒者修养工夫的永恒追求。

综上所述，“学”作为工夫以真实生命的实现与完成为导向，在主体人“尽人事”的不懈努力中，伴随着自我的转化提升与身体倾向性的获取，最终使主体走向了“从心所欲不逾矩”的生命境界。在这一过程中，“学”的行为就是“知”的行为，“学”的要求也就是“知”的要求，“学”在主体“尽人事”的努力中落实为“知”的具体工夫。子夏曰：“博学而笃志，切问而近思，仁在其中矣。”（《论语·子张》）博学、笃志、切问、近思都是“学”之工夫或说“知”之工夫的具体实现，在其过程中必定证成“知”的本体——“仁”，故说“仁在其中矣”。在本体证成的意义上，“学”作为“知”的工夫可以说就是一个“务本”的过程，故游酢认为“学而一章，大抵旨在务本”[①]，而此“本”正是直接关涉“知”之本体的“仁”之本。随着本体的证成，本体在生活中的发显也成为工夫过程的价值实现与评价标准，故孔子在评价好学的颜渊时说“不迁怒，不贰过”“其心三月不违仁”（《论语·雍也》），此皆是用“仁”的本体发显来肯定颜渊的好学工夫。由此可知，工夫证成本体，而本体的证成与发显又反过来肯定工夫。正是在这种本体与工夫的融贯前进中，“知”在“功夫论”的完整意义上最终走向了“智”的人格境界。

①朱熹：《四书章句集注》，北京：中华书局，1983年，第50页。

三、“知”的境界——“智”

在“功夫论”视域中，好仁好学的主体使得本体与工夫融一前进而走向了“愚”的反面，展现出“知”的境界之维——“智”。在古代，“知”与“智”曾互为异体字，可见二者在字义上原来并无差别，故“‘知’就是‘智’，知智合一”[①]。在《论语》中，只有“知”字而无“智”字，而“知”这一范畴却蕴含着一个境界维度，故本文所用的“智”字只是在现代汉语语境下对“知”境界意涵的表达，而不是在《论语》中可以独立于“知”来理解的概念。如果硬要将作为整体范畴的“知”在现代汉语语境中拆解为“本体工夫”义的“知”和“境界”义的“智”来理解，那么我们仍然可以发现由“知”而“智”的转化过程将又把二者融合为一个更加整体的范畴。

依据文字学的证据和对先哲们的相关言论的考察，我们发现中国传统文化中确实蕴含“知而获智”的智慧观。[②]孔子以“知人”答“樊迟问知”，便集中体现了《论语》中的这一观念。樊迟所问的“知”更多带有“智”的内容，孔子以“知人”这一“尽人事”的本体工夫意涵答之，便蕴含了“知”向“智”转化的思想。从境界与工夫的关系上说，“知人（尽人事）”刻画了“知”的工夫，其现实的具体形态便是“学”。诚如上文所言，“学”之工夫是在“尽人事”中实现与完成主体的真实生命，是一个主体全身心参与的、包含整个人转化提升的不懈努力，所以，主体由这个“知”的工夫过程所累积达到的状态也并不是囿限于理性的认知能力，而是一种在现实中能够展现自己“从心所欲不逾矩”的艺术人生能力的实践智慧（“智”）。从境界与本体的关系上说，作为“知”的工夫刻画，“知人（尽人事）”必然涵涉本

①廖小平：《道德认识：中国传统哲学中“知”的典型形式》，《社会科学战线》，1995年第1期。

②汪凤炎、郑红：《“知而获智”观：一种经典的中式智慧观》，《南京师大学报》，2009年第4期。

体“仁”。这也就意味着由“知”而“智”是一个具有本体维度的过程：一方面，作为境界的“智”具有超越性，它意味着主体要在本体“仁”的引导下，通过“学”的工夫不断超越“本然我”实现的“理想我”自我完善；另一方面，走向“智”的境界也可说是向本体“仁”的回归，它意味着本体“仁”在“尽人事”之域中得以真正实现。正如陈荣捷先生所言：“仁智是相辅相成的双翼，其一为体，另一为用。”[①]正是在“仁体智用”的真正落实中，由“知”而“智”的转化过程中，经由本体维度展现出其不可分割的现实性。

综上可知，通过本体与工夫的意涵，“知”展现出了与境界意涵“智”之间的转化关系，“智”无法离开“知”而存在。所以，本体、工夫、境界三者相互渗透、融贯统一，使得“知”与“智”融一而形成了不可分割的“功夫论”系统，构成了作为整体范畴“知”的完整内容。

在“知”作为“功夫论”的完整意义上，作为境界意涵的“智”必然蕴含着本体与工夫方面的要求，而这一关系在孔子对臧武仲的态度中有着更为深刻的体现：

> 子路问成人。子曰：“若臧武仲之知，公绰之不欲，卞庄子之勇，冉求之艺，文之以礼乐，亦可以为成人矣。”（《论语·宪问》）

“成人是成就作为类的人之所以为人的本性”[②]，这就要求主体从“本然我”向“理想我”的转化，而作为其理想规定之一的臧武仲之“知”也因此更多地指向了境界意涵的“智”。在孔子看来，“成人”的过程中需要如臧武仲一般达到“智”的境界。臧武仲是一个有名的智者，在《春秋左传》中记载的

①陈荣捷编著：《中国哲学文献选编》（上），台北：巨流图书有限公司，2005年，第76页。
②冷天吉：《孔子的知识论》，《河南师范大学学报》，2005年第2期。

很多事情都展现出了他过人的智慧，[①]但是，孔子对于“臧武仲之知”却有两面的态度：一方面，孔子认可臧武仲把智慧落实于“尽人事”之中，使“智”成为一种艺术人生能力的展现，故孔子以“臧武仲之知”来规定了成人之德；而另一方面，“臧武仲之知”并未达到真正的“智”，故成人之德仍需要“公绰之不欲”“卞庄子之勇”“冉求之艺”“礼乐”的协调弥补。

在孔子看来，臧武仲虽然有了境界之“智”的表面发显，但其中仍然缺乏本体之“仁”的根基。孔子在《左传·襄公二十三年》中对臧武仲的总结式评价便体现了这一态度：

仲尼曰：“知之难也。有臧武仲之知，而不容于鲁国，抑有由也。作不顺而施不恕也。《夏书》曰：‘念兹在兹。’顺事、恕施也。”

孔子认为臧武仲有着过人的智慧但仍然“不容于鲁国”[②]的原因正是在于：其“智”不顺事理，不顺恕道。“顺事理”即能“尽人事”，“顺恕道”即能“己所不欲，勿施于人”（《论语·卫灵公》），综括二者所言的内容便是“仁”。可以看出，臧武仲虽有境界之“智”的外在表现，但其“智”没有回归本体“仁”，故由此获得的实践智慧不可谓真正的境界之“智”。究其原因正是在于由“知（to know）”而“智（wisdom）”的转化过程存在着本体维度的缺失，这种缺失在实践层面则关乎工夫，亦即“学”作为“知”的工夫

①从《左传》的记载来看，臧武仲以“智”闻名当是事实。皇侃的《论语义疏》引《左传·襄公二十三年》中“臧武仲智弃齐侯田”一事以说明“臧武仲之知”：“齐侯将与臧纥田，臧孙闻之，见齐侯，与之言伐晋。对曰：‘多则多矣，抑君似鼠。夫鼠，昼伏夜动，不穴于寝庙，畏人故也。今君闻晋之乱而后作焉，宁将事之，非鼠如何？’乃弗与田。臧孙知齐侯将败，不欲受其邑，故以比鼠，欲使怒而止。”（皇侃：《论语义疏》，北京：中华书局，2013年，第358页。）杨树达在《论语疏证》中除引了此事之外，还引了《左传·襄公二十二年》与《左传·襄公二十三年》中更多关于臧武仲的记载，以说明“臧武仲之知”。（参见杨树达：《论语疏证》，上海：上海古籍出版社，1986年，第342-343页。）

②根据《左传·襄公二十三年》记载，臧武仲曾用计使季武子废其长子季孙弥的继承权，而立其所爱的季孙悼为家族权力的继承人。此事不仅得罪了季孙弥，而且还得罪了与季孙弥交好的孟孙家族。于是，孟孙家族抓住机会两次向季武子诬告臧武仲将要阴谋叛乱，最终使得季武子怒而攻之，臧武仲只好被迫离开鲁国而逃往邾国。“不容于鲁国”当指此事。

未能完全落实而证成本体：

> 子曰：“臧武仲以防求为后于鲁，虽曰不要君，吾不信也。”（《论语·宪问》）

范祖禹认为：“要君者无上，罪之大者也。武仲之邑，受之于君。得罪出奔，则立后在君，非己所得专也。而据邑以请，由其好知而不好学也。”[①]“好知不好学，其蔽也荡”（《论语·阳货》），皇侃言：“武仲唯有求立后于鲁，而孔子所讥，此亦非智者。”[②]可见，作为境界的“智”不仅要有艺术人生式的外在表现，更重要的是在本体引导工夫与工夫证成本体的“学”与“仁”的双向作用中，修炼出身心统一的实践能力，从而使具有本体（仁）维度的实践智慧充分实现在“尽人事”的活动中。唯有如此，由“知（to know）”而“智（wisdom）”的转化过程才可谓在真正意义上完成了。

由上述孔子对臧武仲的态度可见，境界应是本体和工夫的圆融统一，是二者通由主体的身体倾向性真正在现实生活的实现。如此，作为整体范畴的“知”方能在实践中获得“功夫论”意义上的完整内容。在现实中，这一过程的难得之处可想而知，故孔子对“知”在“功夫论”意义上实践内容的缺失感叹道：“知之难也”。

作为“知”的境界意涵，“智”刻画了主体的境界状态。子曰：“知者不惑。”（《论语·子罕》）皇侃言：“智以照了为用，故于事无疑惑也。”[③]“不惑”是一种澄明无蔽的状态。在“尽人事”的现实生活中，主体人往往会面临很多困难的甚至是充满矛盾的现实处境：“爱之欲其生，恶之欲其死。既欲其生，又欲其死”，“一朝之忿，忘其身，以及其亲”（《论语·颜渊》），等等，而“知者”则意味着总是能够依据本体“仁”引导的方

---

①朱熹：《四书章句集注》，北京：中华书局，1983年，第152页。

②皇侃：《论语义疏》，北京：中华书局，2013年，第358页。

③同上书，第230页。

向合理处理这些困难与矛盾，甚至避免这种情况的发生。所以，真正澄明无蔽的主体将消除价值判断上的困惑而始终向着至善的方向，他超越现实的困难与矛盾并同时具有从身体倾向性出发的行为能力。这种澄明无蔽的状态是本体“仁”实现于主体、充盈于主体而展现出的实践智慧。在“仁体智用”的关系中，“学”之工夫从实践上连接了体用两端，故《中庸》在言及“不惑”之“入德之路”时言：“好学近乎知”（《中庸·第二十章》）。孔子自“十有五而志于学”，至四十而能“不惑”。此“不惑”的境界之路是主体在“学”之工夫中不断超越“本然我”而向“理想我”完善的过程。在孔子看来，相对于“理想我”而言，人生在任何时候都还有自我超越、自我完善的可能，所以“不惑”的境界之路在有限的人生中是无限的。这便要求主体在本体“仁”的引导下做不懈的工夫并且要在“不惑”的境界规定前保持凡人心态与敬畏意识，故孔子对于“不惑”的境界许之为“君子之道”，并言“我无能焉。”（《论语·宪问》）钱穆先生对此认为：“圣人自视常欿然，故曰：‘我无能焉。’此其所以日进不止也。”[①]在此意义上，我们可以认为，唯有像孔子一般明了“不惑”之不易而言“我无能焉”的人，方才是真正的“不惑”之人。“不惑”的境界状态在现实中就是主体朝向“不惑”的不懈工夫。

作为“知”的境界意涵，“智”不是一个静止的获得性状态，它的存在离不开现实的工夫活动，是主体在工夫过程中的本体发显。

> 子曰：“不仁者，不可以久处约，不可以长处乐。仁者安仁，知者利仁。”（《论语·里仁》）

“安仁”，“谓安居仁道中”[②]，不论处境约乐都能心一而安适。这里既有境界的刻画，也有工夫的要求，表现为主体在现实中以“仁”为本体引导不懈的工夫而将心之所属归于“仁”。“利仁”谓“知仁之可安，即知仁之为

①钱穆：《论语新解》，北京：九州出版社，2011年，第432页。

②同上书，第94页。

利”[①]，“吾人处困而学，安仁未可躐几，须先学知者利仁”[②]。“利仁”就是“安仁”的工夫，在现实中即表现为“学”。正是在此“学”之工夫中，本体“仁”实现于主体、安顿于主体，使主体成为仁者，同时主体也通过工夫对本体“仁”的力行实现，彰显出知者的境界。由此可见，作为知者境界的“智”并不是一个静止的获得性状态。它存在于主体的工夫活动中，是主体在“学”之工夫中发显本体而展现出的境界。所以，颜回唯有在“学”之工夫中实现“其心三月不违仁”，方能“不迁怒，不贰过”“一箪食，一瓢饮，在陋巷，人不堪其忧，回也不改其乐。”（《论语·雍也》）颜回的境界是在“尽人事”中展现出美学色彩，这种境界“美善合一”。从某种意义上说，这也是颜回在好学工夫中发显本体“仁”而展现出的“知”之境界——“智”。

作为“知”的境界，“智”随着工夫进程的深入与本体发显的光明将最终指向“天人合一”的状态。

> 子曰：“知者乐水，仁者乐山。知者动，仁者静。知者乐，仁者寿。”（《论语·雍也》）

钱穆先生在评此语时言：“道德本乎人性，人性出于自然，自然之美反映于人心，表而出之，则为艺术。……鸢飞戾天，鱼跃于渊，俯仰之间，而天人合一，亦合之于德性与艺术。此之谓美善合一，美善合一之谓圣。圣人之美与善，一本于其心之诚然，乃与天地合一，此之谓真善美合一，此乃中国古人所倡‘天人合一’之深旨。”[③]“智”的境界在真善美的统一中实现了“天人合一”，是主体艺术人生的充分展现。此“智”之“天人合一”的境界在“仁体智用”的关系中意味着本体“仁”于主体身上的充分实现与发显，“那些以行动智慧‘知’（实现）世界的人是具有创造性和能动性的人，将其比之于水，

①钱穆：《论语新解》，北京：九州出版社，2011年，第94页。

②程树德：《论语集解》，北京：中华书局，2014年，第298页。

③钱穆：《论语新解》，北京：九州出版社，2011年，第178页。

是因为水也是流动和源源不断的；而‘仁人’则作为价值和意义的维持者，像山一样巍然高耸、地久天长。”[①]主体唯有继承传统价值和意义而成为“仁人”，方能在“从心所欲不逾矩”的艺术人生能力的展现中，成为面向未来世界的创造者，而这种经由充分实现与发显本体“仁”而具有的创造性，正是主体彰显出“智”的境界而与“天”相合的方式。实际上，“智”在“天人合一”的境界中所实现的创造性，就是主体在工夫活动中所呈现的状态。子曰：“不怨天，不尤人，下学而上达。知我者其天乎！”（《论语·宪问》）“上达”的境界其实全在“下学”的工夫[②]，主体正是在“学”的工夫活动中继往开来，在“不惑”之后更与“天命”相知。“所谓知天命者，知只是一个通达，仿佛是通于天命，是与天命不二，与大的流行合一。”[③]境界是一种状态的刻画，其本质就是工夫。“知天命”就是主体人能像“天”一样流行生化，在自己的人生轨迹上孕育万物、创造价值，所谓“天不生仲尼，万古如长夜”[④]。这种生化万物、为万物赋予价值的创造性活动，其实就是主体一生的“学”之工夫。

在“学”之工夫中，主体因充分实现本体“仁”而获得了具有创造性的艺术人生能力。这种在工夫实现本体的进程中与“天”相知相合的“知”之境界（“智”）便是主体的圣人人格。郭店楚简中就有“不圣不智，不智不仁”[⑤]之言，而子贡也说过：“仁且智，夫子既圣矣乎”（《孟子·公孙丑上》）。

---

①郝大维、安乐哲著，何金俐译：《通过孔子而思》，北京：北京大学出版社，2005年，第58页。

②王阳明在《传习录》中答陆澄“问上达功夫”时亦表明此观点：“如木之栽培灌溉，是下学也；至于日夜之所息，条达畅茂，乃是上达，人安能预其力哉？故凡可用功可告语者皆下学，上达只在下学里。”（王守仁：《王阳明全集（上）》，吴光、钱明等编校，上海：上海古籍出版社，1992年，第13页。）此语深刻揭示境界依存于工夫的关系。

③梁漱溟口述，李渊庭、阎秉华整理：《梁漱溟先生讲孔孟》，上海：上海三联书店，2008年，第91页。

④唐庚：《唐子西文录》，续修四库全书（第1713册），上海：上海古籍出版社，2002年，第405-406页。

⑤魏启鹏：《简帛文献〈五行〉笺证》，北京：中华书局，2005年，第17页。

“‘仁且智’既是说生命既能表现仁，又能里外明澈，毫无幽暗。”[①]孔子的一生便是在学而践仁的工夫中使他的人格光明磊落，在继承传统、开创价值的创造性活动（“学”）中“天人合一”，成为中华文明的圣人。但是，孔子自己却说“若圣与仁，则吾岂敢？”（《论语·述而》）面对圣人人格的境界规定，孔子保持着一种凡人心态与敬畏意识，使“仁且智”的境界成为自己在“学”之工夫中的永恒追求。这样，在“知（to know）”意义上的本体工夫过程就面向未来无限敞开，而“智（wisdom）”的境界则在主体踏实的本体工夫进程中获得了实现人格状态的无限可能。于是，“知（to know）”与“智（wisdom）”就在“知”的完整意义上实现着主体的真实生命、艺术人生，并最终在无限可能的生命境界中指向“天人合一”，成为历代儒者的价值典范！

综上所述，《论语》中的“知”是一套本体（“仁”）、工夫（“学”）、境界（“智”）融合而一的“功夫论”系统。它通过语言的述行性教导着古往今来千千万万的儒家学者在本体“仁”的引导下，通过落实“学”的不懈工夫而走向“智”的人生境界。在这一过程中，主体将自己的生命历程融入“学”之工夫，在真实生命的实现与完善中发显本体“仁”，并从身体倾向性出发获得了“从心所欲不逾矩”的艺术人生能力；于是，主体便在工夫进程中朗润出“不惑”的状态，甚至在“天人合一”的境界里成为面向未来世界的创造力量。由此可见，《论语》中的“知”有着比西方传统认识论更加深远的意义，简单依赖西方哲学的研究方法很难深入发掘其思想的全部意涵。在一定意义上，本文对《论语》“知”的诠释代表了笔者对中国哲学研究的一种态度：对中国哲学许多概念范畴的思想发掘，不能简单移植西方哲学的研究方法，一定要在中国哲学特有的某个问题意识下相互关联地综合分析这些概念范畴，武断割裂概念范畴之间的联系或者脱离问题意

①牟宗三：《中国哲学的特质》，长春：吉林出版集团有限责任公司，2010年，第31页。

识的简单分析，都将使得这些概念范畴的意涵散乱甚至被误读。本文对《论语》“知”的诠释正是围绕“功夫论”这一中国哲学特有的问题意识，通过与“仁”“学”“思”“省”等概念范畴相联系而结合文本进行综合分析，力求充分发掘这一概念系统的特点与价值。当然，本文也是将“功夫论”作为一个具有普遍意义的哲学取向的理论尝试。笔者认为对“功夫论”的研究能使中国哲学充分显示出自己的姿态。如此，中国哲学与西方哲学的对话就能产生新的火花，成为促进世界哲学发展的新生力量。

孟子治道论析
——孟子平治思想的价值定位与路径选择

肖俏波

所谓治道[①]，扼要地说，就是政治哲人（诸如圣人、圣君贤相与士人精英等）体察道原、讲求治道、审度时势，以治国平天下；展开来说，就是政治哲人致力于洞察大道的本原，了解政治的治乱因果，根据自己所面临的政治处境和形成的时代感受，适宜地运用某种政治思想理论，以期有效地解决其所遭遇的政治难题和完成其时代之政治任务或目标。通过对孟子治道理论的探析，我们发现，思想体系成熟而完善的政治思想家，其政治思想的价值定位往往会决定其政治实践的路径选择，同时，其政治实践的路径选择也往往会反过来强化其政治思想的价值定位，换言之，政治思想的价值定位与政治实践的路径选择其实是一体相关的。

---

①“治道就字面讲，就是治理天下之道，或处理人间共同事务之道。”（牟宗三：《政道与治道》，载《牟宗三先生全集》第10册，台北：联经出版事业公司，2003年，第29-30页）牟先生还认为，汉末魏初刘劭《人物志·材理》“法制正事，事之理也”的“事之理”（“事理”），即“政治制度与政治措施之理”，“还是横的、静态的，等于今语的政治哲学”，因其缺乏从纵的、动态的一面去观看事理，所以缺乏历史哲学一面。如果能从纵的、动态的方面去看刘劭的“事理”，这样的学问便不是政治哲学，而是历史哲学了。（参见牟宗三：《宋明儒学综述》，载《牟宗三先生全集》第30册，第3页）而我们认为，中国传统语境中的“治道”（如以孔子、孟子与荀子为代表的先秦儒家的治道），往往是兼顾横的、静态的与纵的、动态的两方面，即兼顾政治哲学与历史哲学两面。

一、前论

自平王东迁至秦统一中国，在这550年间的春秋战国时期里，周室衰微，而诸侯坐大。起初，虽然“政由五伯”（《史记 · 十二诸侯年表》），“礼乐征伐自诸侯出”（《论语 · 季氏》），但是无论如何，表面上诸侯还打着“尊王攘夷”的旗号，承认周天子为天下共主，天下只有一个最高政权或只存在一个权力中心，这就是所谓的王或王权。然而，自三家分晋、田和代齐以后，诸侯已经开始毫无顾忌地“僭越称王”，天下呈现出了多个政权或权力中心并存的政治现实。换言之，周代政权已经“去中心化”，其礼乐制度已经“崩坏”，政治旧秩序已经“失范”（anomie）。因此，如何变乱为治，化分为合，重建一个统一而稳定的政治新秩序和政权中心，易天下无道为天下有道，这是摆在先秦哲人面前的政治难题和时代课题。这也是众多后世学者对于先秦政治与历史所得出的一个回溯性的、粗线条式的基本共识。

但是，研究中国政治思想史或思想史的学者，往往有“横看成岭侧成峰，远近高低各不同”的体会，觉得研究者的立足点或视角的不同，对同一个研究对象可能会产生不同的认识，而身处“历史进程当中”和“历史进程之外（之前或之后）”尤其如此。身处“历史进程之前”的学者，对未来历史只能做前瞻性的预测，因此，总感到十分强烈的不确定性；身处“历史进程之后”的学者，对过往历史可以“潜心积虑，优游餍饫于其间”[①]，因此，对确定性的把握，总显得信心十足；而身处“历史进程当中”的学者，则介于二者之间，因其“只缘身在此山中”，往往“不识庐山真面目”，但也正是这种身临其境的切身的时代感受，促成和印证了其对当下和过往历史进程的交互式把握和认识。这种把握和认识于真实客观之中，常常也因学者自身的独特性而带有学者主观的烙印与特质。先秦诸子如此，孟子也不例外。

①朱熹：《四书章句集注》，北京：中华书局，1983年，第292页。

在孟子的政治和历史观念中，他认为“五百年必有王者兴”（《孟子·公孙丑下》，下引《孟子》，只书篇名），同时，他还相信，“天下之生久矣，一治一乱”（《滕文公下》），圣王在位主政则天下平治，圣王不作而暴君执政则天下大乱。可惜的是，“由周而来，七百有余岁矣”（《公孙丑下》），圣王却仍然“不在场或未出场”（absence）——“无有乎尔”（《尽心下》）。孟子认为他所处的时代，正是“王者之不作，未有疏于此时者也；民之憔悴于虐政，未有甚于此时者也”（《公孙丑下》）的时代。一言以蔽之，在孟子看来，他所处的时代，是一个圣王不作、诸侯放恣、争权夺利、战争频仍、暴政虐民、邪说盛行、仁义充塞的“天下无道”的时代。这是孟子的时代感受，同时，也是他所遭遇的政治难题。

基于自身对时代和政治难题的感受，天下“一治一乱”交替出现的政治治乱模式，以及对大禹、周公与孔子三位圣人完成其各自时代之政治任务——“禹抑洪水而天下平，周公兼夷狄驱猛兽而百姓宁，孔子成《春秋》而乱臣贼子惧”（《滕文公下》）——的理解，孟子在政治方面，以“平治天下，当今之世，舍我其谁”（《公孙丑下》）的豪杰气概，与“居天下之广居，立天下之正位，行天下之大道”（《滕文公下》）的大丈夫之道游说诸侯以施行王道仁政，以期实现天下“定于一”（《梁惠王上》）的政治目标；在教化方面，出于对“圣王不作，诸侯放恣，处士横议，杨朱、墨翟之言盈天下”（《滕文公下》）而导致“无父无君”与“邪说诬民，充塞仁义”（《滕文公下》），即伦理道德沦丧殆尽的担忧，孟子努力捍卫和弘扬“先圣之道”（或“孔子之道”），“欲正人心，息邪说，距诐行，放淫辞”（《滕文公下》），以期继大禹、周公与孔子之后，完成其时代之政治任务。

二、本论

究竟采取何种政治策略、政治措施和治道理论，才能有效地使一个已经长期存在的大国吞并小国、小国畏惧大国、以强凌弱、以众暴寡、弱肉强食而演变至“敌国相征”[①]的“战争状态”的天下（或政治秩序），从多元化权力（或权力中心多元化，即礼乐征伐的权力自诸侯出）下诸国你死我活的冲突对抗走向一元化权力（或权力中心一元化，即礼乐征伐的权力统摄于一位新共主——圣王）下诸国“交邻国有道”（《梁惠王下》）的和平共处，全面重建政治新秩序，渐次实现其平治天下的宏伟目标。这是孟子平治思想的价值定位与路径选择的核心内容，同时也是孟子治道的全体大用之所在。

于孟子治道，天下如要实现平治，其前提条件是圣人执政而王天下。然而，正如孟子所说，由周而来七百多年过去了，圣王却依旧未出场。这该如何是好？这需要重新理解孟子的圣王观。

在孟子的眼中，“圣人”和“圣王”是既有联系，又有区别的。尧、舜、禹、汤、文、武、周公、孔子、伯夷、伊尹、柳下惠等人都是圣人，只不过尧、舜、禹、汤、文、武等人因为禅继（即有天子荐之或继世以有天下）而被称为圣王，其他人没有王天下而只能被称为圣人。两者的最大区别在于圣人是否执掌天下大权，[②]或套用孔子的话来说，有德（“德为圣人”）有位（“尊为天子，富有四海之内”）者是圣王，有德无位者是圣人（《礼记·中庸》）。

何谓圣人？首先，孟子认为，圣人是“人伦之至”，只要朝廷上的君臣能效法尧舜治民事君的政治行为，“为君尽君道”“为臣尽臣道”（《离娄上》），践行仁道，那就是尧舜般之圣人。同时，圣人也是“百世之师”（《尽心下》），能使人闻风兴起，奋发有为，就像伯夷和柳下惠那样。其次，“尧舜与人同”“圣人与我同类”，虽然圣人比同类先了解和践行了人类共同的“理义”，但是，只要坚持肯效法“尧舜之道”，则“人皆可以

①孟子曰：“春秋无义战。彼善于此，则有之矣。征者上伐下也，敌国不相征也。”（《尽心下》）

②参见《万章上》《万章下》。

为尧舜”。[1]再次，舜是“东夷之人”，文王是“西夷之人”，虽然“地之相去也，千有余里；世之相后也，千有余岁”（《离娄下》），但是，治理中国，行道于天下，他们却是无分先圣后圣，若合符节。最后，“大而化之之谓圣”，圣人是“善、信、美、大、圣、神”（《尽心下》）诸德性修为境界等级序列中的一种境界等级（有如佛教用语之“果位”）。圣人与圣人之间又不尽相同，比如，孟子认为，“伯夷，圣之清者也；伊尹，圣之任者也；柳下惠，圣之和者也；孔子，圣之时者也”（《万章下》），而孔子更是其中之集大成者。他还以为，“出于其类，拔乎其萃，自生民以来，未有盛于孔子也”（《公孙丑上》），所以，孟子愿“学孔子”。

然则，孟子是圣人吗？公孙丑曾经以此请问孟子，孟子引用子贡和孔子的对话进行回答。他说，以前，子贡请问孔子“夫子圣矣乎”（即问孔子是否已经达到圣人境界或成圣了？）并且也最终断言孔子“既圣矣”（即已经达到圣人境界或成圣了），但是，孔子却始终避让“不居”。孔子尚且如此，我又岂敢承担此问！孟子亦“学孔子”而“不居”圣位。（《公孙丑上》）但是，正如子贡承认孔子已经成圣，我们也肯定孟子是圣人。这不仅仅是因为子贡“智足以知圣人”（《公孙丑上》）和孟子亦以孔子为圣之集大成者而愿学孔子，我们便说孟子是圣人，而是因为孟子的言行确实符合“先圣之道”（或“尧舜之道”“孔子之道”），我们才说孟子是圣人。另外，由孟子欲“承三圣”（《滕文公下》）以平治天下的自任情怀，“非尧舜之道，不敢以陈于王前”（《公孙丑下》）而小“管仲、晏子之功”（《公孙丑上》）的王道理想，不安于“伯夷隘，柳下惠不恭”（《公孙丑上》）而汲汲于“如舜”（《离娄下》）和“学孔子”的成圣志向，以及“诚者，天之道也；思诚者，人之道也”（《离娄上》），“原泉混混，不舍昼夜。盈科而后进，放乎四海，有本者如是”（《离娄下》）和“君子深造之以道，欲其自得之也”（《离娄

①参见《离娄下》《告子上》《告子下》。

下》）之洞察道原（或“默契道妙”[1]）的贴切妙语，再结合前面孟子对圣人的论述和理解，我们断言：孟子是圣人。而后世将孟子称为“亚圣”，亦不是“阿其所好”（《公孙丑上》）的溢美之词。

虽然孟子是圣人，但是，他有德无位，无法通过“内圣外王”[2]的传统路径去实现他王天下、平治天下的愿望。那么，他又是如何应对他所遭遇的理论困境和现实困境的呢？理论上，孟子通过研究和诠释唐、虞、三代的政治和历史，认为圣人之得位与否，存乎天命（孟子说：“莫之为而为者，天也；莫之致而至者，命也。”（《万章上》）），不可强求，所以孔子、周公与伊尹等圣人“不有天下”，意即“内圣外王”的传统路径非人力所能强求；然而，孟子还发现，舜相尧、禹相舜、伊尹相汤与周公相武王，都使其君实现了王天下与平治天下的目标，尤其是伊尹，“乐尧舜之道”（《万章上》），身处夏桀无道之乱世，思致其君为“尧舜之君”，使其民为“尧舜之民”，“故就汤而说之以伐夏救民”（《万章上》），最终确实也实现了王天下与平治天下的目标。这种路径，我们称之为“致君尧舜”。它与“内圣外王”的路径都可以在唐、虞、三代的政治和历史中找到理论根据和现实支撑。虽然在形式上，“内圣外王”是圣人（孟子）自己王天下与平治天下，而“致君尧舜”是圣人（孟子）为相，辅助国君王天下与平治天下，但是两者在实质上是相同的，都需要君相共同践行尧舜治民事君之道，才能王天下与平治天下。或者说，从孟子治道的逻辑起点（圣人）和终点（王天下与平治天下）来看，“致君尧舜”与

①转引自牟宗三《宋明理学演讲录》：“从周濂溪开始讲儒家的学问，是‘默契道妙’。‘默契道妙’是元朝理学家吴草庐称赞周濂溪的一句话。”（见《牟宗三先生全集》（第30册），台湾：联经出版社，1970年，第43页）

②虽然《庄子》的作者推崇古代“配神明，醇天地，育万物，和天下，泽及百姓，明于本数，系于末度”这样一种“六通四辟，小大精粗，其运无乎不在”的“内圣外王之道”（《庄子·天下》），但身处乱世的《庄子》作者总体上反映出来的是一种“无所用天下为”与“游乎四海之外”（《庄子·逍遥游》）的避世思想与精神追求。《庄子》作者这种明确区分学术理解的客观描述性与政治追求的主观选择性的特点，值得研究。

“内圣外王”也是相同的，因此也可并入“内圣外王”的范式（paradigm）。换言之，在理论层面上，两者大同小异。但是，从孟子有德无位与身处乱世的处境，以及他在困顿之时以舜、傅说、胶鬲、管夷吾、孙叔敖、百里奚等王霸辅相的事迹自明心志的话[①]来看，显然，对于现实困境中的孟子来说，可供选择的路径仅有“致君尧舜”而无“内圣外王”。

然而，夏商末世，天子（桀纣）暴虐，“致君尧舜”是圣人劝说诸侯诛伐“残贼一夫”（《梁惠王下》）之天子；但是，东周以来，周室微弱，天子失权，而诸侯强大，政由方伯，暴虐的是列国诸侯。现实如此，“致君尧舜”该如何施展？其合法性何在？一方面，理论上，孟子认为，人皆有恻隐、羞恶、辞让、是非之心（即仁义礼智之四端），“苟能充之，足以保四海”（《公孙丑上》），即可以成为天子（天子保四海）。所以，在现实之中，虽然列国诸侯“放其良心”，暴虐而“违禽兽不远”，但是孟子坚信，他们身上仍然存有“仁义之心”，只要存养得法，他们的“仁义之心”依旧可以生发或呈现出来（《告子上》），以此行政，则是仁政。另一方面，实践上，孟子服膺伊尹之志向，以“天民之先觉者”自任，“将以斯道觉斯民”，认为天下的老百姓如果不能生活在尧舜王道仁政之下，就是自己没有尽责所致（《万章上》，又见《万章下》，孟子两次引述伊尹此话。）。所以，在此“不忍人之心”的不容已之下，孟子不因诸侯之暴虐，便轻易采取避世之态度，而是相信“虽有恶人，齐（斋）戒沐浴，则可以祀上帝”（《离娄下》），视天下“无不可为之时”[②]。于是，对于“不仁”之梁惠王、“望之不似人君”之梁襄王、“好

①详见《告子下》。孟子此时的话，与孔子厄于陈蔡之时所说“昔晋公子重耳霸心生于曹，越王句践霸心生于会稽，齐桓公小白霸心生于莒。……安知吾不得之桑落之下”（《荀子·宥坐》），以及司马迁遭李陵之祸之后所说“昔西伯拘羑里，演《周易》；孔子厄陈、蔡，作《春秋》；屈原放逐，著《离骚》；左丘失明，厥有《国语》；孙子膑脚，而论兵法；不韦迁蜀，世传《吕览》；韩非囚秦，《说难》《孤愤》；《诗》三百篇，大抵贤圣发愤之所为作也”（《史记·太史公自序》），意思相同，都是发愤立志之语。

②朱熹：《四书章句集注》，北京：中华书局，1983年，第158页。

勇、好色、好货”之齐宣王，[1]孟子皆未曾放弃劝说他们以行王政的机会。在诸侯掌权的战国时代，孟子尤其明了君主是政治权力之运行中心，也是政治社会治乱之关键所在。“君仁莫不仁，君义莫不义，君正莫不正”“不仁而在高位，是播其恶于众也”“惟大人为能格君心之非”“一正君而国定矣”。（《离娄上》）是以，“孟子三见宣王不言事。门人曰：‘曷为三遇齐王而不言事？’孟子曰：‘吾先攻其邪心。’”（《荀子·大略》）这是因为，“邪一中于人心，而贤者惑焉，理之不顺，势不足以有行，而世变亟矣”。[2]因此，孟子说：“生于其心，害于其政；发于其政，害于其事。”（《公孙丑上》，又见《滕文公下》，文字稍异。）孟子坚信自己“能格君心之非”，使时君世主反求诸己，认识自己固有之“良心”或“本心”（《告子上》），“发政施仁”（《梁惠王上》，又见《梁惠王下》），从而完成其“致君尧舜”以及平治天下之政治目标。

“孟子所以劝时君者，实行王政也。”[3]所谓王政，亦称仁政，《孟子》书中，屡屡称道文王之政。文王治理政事，发政施仁，采取“耕者九一，仕者世禄，关市讥而不征，泽梁无禁，罪人不孥”（《梁惠王下》）的政治制度、政策和措施，优先照顾鳏寡孤独、无依无靠的弱势群体，又“善养老者”，使国家“无冻馁之老者”（《尽心上》），注重养民和保民，深得民心，所以，文王以百里之国“行仁政而王”（《公孙丑上》），为武王伐纣而得天下，奠定翦商大业之基础。因此，孟子认为，在“今夫天下之人牧，未有不嗜杀人者也”而使民不聊生的时代，如果诸侯能“制民之产”“使民养生丧死无憾”“善养老者”“谨庠序之教，申之以孝悌之义”，则“民归之，由

①参见《尽心下》《梁惠王上》《梁惠王下》。

②王夫之：《宋论》，北京：中华书局，1964年，第76页。

③胡宏：《胡宏集》，北京：中华书局，1987年，第326页。

（犹）水之就下”，诸侯“虽欲无王，不可得已”。[①]这也就是为什么孟子说“诸侯有行文王之政者，七年之内（大国五年，小国七年），必为政于天下矣”（《离娄上》，孟子两次强调此意，文字稍异。）的原因，也就是说，“国君好仁，天下无敌”（《离娄上》，又见《尽心下》）。当然，“制民之产”“使民养生丧死无憾”，只是“王道之始”（《梁惠王上》），孟子认为，要想“为政于天下”和平治天下，一方面，国君不单要采取一系列的政治制度、政治措施和政治安排，诸如正经界，均井地，平谷禄，“省刑罚”“不得罪于巨室”“尊贤使能，俊杰在位”“市廛而不征，法而不廛”“关讥而不征”“耕者助而不税”“廛无夫里之布”，等等，使“天下之士皆悦而愿立于其朝”“天下之商皆悦而愿藏于其市”“天下之旅皆悦而愿出于其路”“天下之农皆悦而愿耕于其野”“天下之民皆悦而愿为之氓”“人伦明于上，小民亲于下”“邻国之民仰之若父母”；[②]另一方面，还要注重劳心与劳力之政治分工，“急亲贤”“率由旧章”（即遵守先王行之有效的法律法规或规章制度），迅速革除“非义”之政治行为或政治制度，“交邻国有道”，等等，使国家上有道揆、下有法守，朝信道、工信度，以及国家富强与民用充足，固守则国家能因“得道者多助”而“天下顺之”，进取则国家能以“天吏”者的角色与职责去征伐“陷溺其民”的诸侯，“救民于水火之中”，“无敌于天下”，实现王天下与平治天下的政治目标。[③]孟子的王政思想，涉及政治、经济、道德教化、战争与外交等方方面面的论述，思想（或方略）未必全载于文本，谋划（或论述）亦未必面面俱到，但是已经显示出规模宏大而又详略有致、理想崇高而又知所当务的特点。身处2300年之后的学者，都难以一一讲求

①参见《梁惠王上》《离娄上》《尽心上》。其中，《梁惠王上》两次强调要“申之以孝悌之义”或“申之以孝悌之养”“养（養）”与“义（義）”形近，或为“义（義）”之误。

②参见《梁惠王上》《公孙丑上》《滕文公上》《离娄上》。

③参见《梁惠王上》《梁惠王下》《公孙丑上》《公孙丑下》《滕文公上》《滕文公下》《离娄上》《尽心上》。

清楚。孟子以为，圣人主政，当遵行“先王之道（或先王之法）”，“既竭心思焉，继之以不忍人之政”，使“仁覆天下”，使民“被其泽”，使“可法于后世”，（《离娄上》）即关键是要确保仁政落到实处，因为“尧舜之道，不以仁政，不能平治天下”[①]，换言之，王道通过仁政以实现王天下与平治天下，这是孟子治道之主旨精义。

对于古今治道，孟子曾经总结道：“三代之得天下也以仁，其失天下也以不仁。国之所以废兴存亡者亦然”（《离娄上》），“不仁而得国者，有之矣；不仁而得天下，未之有也”[②]。此即孟子引孔子所说之“道二：仁与不仁而已矣”（《离娄上》）。但从王道政治来说，则“天下之本在国，国之本在家，家之本在身”（《离娄上》），君子“修其身而天下平”（《尽心下》），而谓“吾身不能居仁由义，谓之自弃也”（《离娄上》），此即孟子所谓“夫道一而已矣”（《滕文公上》）。也就是说，仁义（或仁，仁义统言之曰仁，仁分言之曰仁义）是“人心”与“人路”，也是治政之“正路”。[③]此即孟子所谓“先王有不忍人之心，斯有不忍人之政矣。以不忍人之心，行不忍人之政，治天下可运之掌上”（《公孙丑上》）。不忍人之心，即是仁义之心（仁心）、固有之良心或本心，以仁心行仁政，毋庸置疑，是孟子平治思想的价值定位，是孟子平治思想之拔本塞源之论。

孟子积极游说列国（尤其是当时的强国齐与魏）诸侯之盛况，有人以“后车数十乘，从者数百人，以传食于诸侯”（《滕文公下》）来形容，具有很明

---

①《离娄上》。在《孟子》中，“尧舜之道”（出现10次）有时亦称“先王之道”（出现5次）或“王道”（出现1次），其在政治上之运用与实现，叫做“仁政”（出现10次）、“王政”（出现5次）、“不忍人之政”（出现3次）、“圣人之政”（出现1次）或“文王之政”（出现1次），其实施过程，叫做“行仁政”（出现7次）、“行王政”（出现4次）、“发政施仁”（出现2次）或“行不忍人之政”（出现1次）。

②《尽心下》。孟子此意，荀子发挥得淋漓尽致。他说：“可以有夺人国，不可以有夺人天下；可以有窃国，不可以有窃天下也。……国者，小人可以有之，然而未必不亡也；天下者，至大也，非圣人莫之能有也。”（《荀子·正论》）

③参见《告子上》《离娄上》。

显的集团性质。与当时活跃于“国际”政治舞台上的“长于权变”地以利害耸动或诱惑列国诸侯接纳其“从衡”之道“以取尊荣”、而被太史公称为“倾危之士”的纵横家不同[①]，孟子对于齐威王、齐宣王、梁惠王、梁襄王、邹穆公、鲁平公、滕文公，无论其国之大小，人之贤愚，始终一视同仁地以“尧舜之道”劝说他们“行仁政”，不仅欲使“齐民安”，而且欲使“天下之民举安”（《公孙丑下》）。然而，在逐利成习与仁义缺失的战国时世，孟子却仍然坚持以“唐、虞、三代之德”游说诸侯，不肯枉道以从诸侯，“是以所如者不合”（《史记·孟子荀卿列传》），没能从诸侯那里获得相权，以施展其“致君尧舜”之道和实现平治天下的宏愿。由此，我们能否判断孟子治道“脱离实际”，没有现实可行性和合理性呢？我们认为，这种不考虑时世而只以结果之功效去判定孟子治道的做法不值得提倡。商纣无道，“文王犹方百里起”，周公相武王，“行仁政而王”（《公孙丑上》）；战国无道，滕文公实践孟子治道，“行仁政”，许行与“其徒数十人”“自楚之滕”，愿意成为滕国之氓，“陈良之徒陈相与其弟辛，负耒耜而自宋之滕”“愿为圣人氓”（《滕文公上》）。于无道乱世行仁政，其功效也如此。诚如孟子所言，“且王者之不作，未有疏于此时者也；民之憔悴于虐政，未有甚于此时者也。……当今之时，万乘之国行仁政，民之悦之，犹解倒悬也。故事半古之人，功必倍之，惟此时为然。”（《公孙丑上》）然而，战国时世之强国大国如齐魏者无一行仁政，弱国小国如宋滕者行仁政而恐不免于灭亡，时世如此，无力回天，亦无可奈何矣！“难得而易失者，时也，……已去而不可追者，亦时也，……知时以审势，因势而求合于理，岂可以概论哉？”[②]“彼一时，此一时也。”（《公孙丑下》）孟子治道没有实际施展开来，其功效如何，不可确知，阙如可也。然而，战国纷争，秦灭六国，“仁义不施”（《史记·秦始

①参见《史记》之《苏秦列传》《张仪列传》。

②王夫之：《宋论》，第106页。

皇本纪》），二世而亡，列国诸侯始于“利吾国”而终于亡其国；而其时之“善战者”“连诸侯者”“辟草莱、任土地者”如庞涓、苏秦与商鞅者或亦不得善终。孟子说：“由今之道，无变今之俗，虽与之天下，不能一朝居也。”（《告子下》）又说：“天子不仁，不保四海；诸侯不仁，不保社稷；卿大夫不仁，不保宗庙；士庶人不仁，不保四体。”（《离娄上》）岂是虚言？固然，“病万变，药亦万变”（《吕氏春秋·察今》），医师药方的效果有待于以疾病患者的康复情况来检验，然而，如果患者不去主动寻求和接受医师的诊断和治疗，或者以“七年之病求三年之艾”（《离娄上》），即使有再高明的医师和药方，其结果必如孟子所说——“厥疾不瘳”（《滕文公上》），即患者疾病不能治愈。“今天下溺矣”，孟子提供的药方是“天下溺，援之以道”（《离娄上》），并且他也相信自己能够医治战国时世之无道。可惜他有德无位，诸侯不用，民众亦不来，孟子再高明，又岂能拯溺扶危、平治天下？

孟子治道没能在当时列国的政治生活中得到全面展开，因此，后人难以从政治实践层面去探究和评估其治道在当时的政绩或功效，这是不争的事实。但是，根据现存的《孟子》文本与相关典籍，尽量如实地还原与进入孟子的生存境域与思维世界，从政治理论层面去总结孟子治道的主旨精义，分析与推测其理论合理性与功效，以及思考如何能够创造性地运用孟子治道来为现实服务，这是学者能力所及的事情。

三、余论

孟子认为，平治天下首先需要圣人当王。圣人是“人伦之至”与“百世之师”，同时，“圣人与我同类”（《告子上》），“人皆可以为尧舜”，圣人又只不过是人类之中道德修养达到圣境的出类拔萃者。在《告子下》中，孟子还认为，舜是“东夷之人”，文王是“西夷之人”，生活的地域相差千里，年代相差千年，而治理天下之道若合符节。伯夷是圣之清者，伊尹是圣之任者，柳下惠是圣之和者，孔子是圣之时者，同是圣人的他们，伯夷、伊尹与柳下惠在事君方面，“三子者不同道，其趋一也。一者何也？曰：仁也”，即方式不同，而立心相同，同归于仁（《告子下》）。伯夷、伊尹与孔子在出仕方面，虽然也“不同道”，但是如果他们“得百里之地而君之，皆能以朝诸侯有天下。行一不义、杀一不辜而得天下，皆不为也。是则同”（《公孙丑上》），即虽然对出仕时机的考虑和选择不同，但是如果能成为百里之地的国君，他们都能够王天下，而且，不会为了得天下而滥杀无辜。这也就是说，圣人之所以是圣人，虽然未必完全相同，但是，在道德修养境界方面，都是达到圣境的，在出仕事君或治理天下的用心方面，都是仁义的，都是“人伦之至”与“百世之师”，即成为圣人是有一定的标准、要求和范式的。同时，成为圣人的资格、机会又是开放和平等的——“人皆可以为尧舜”（《告子下》），不受时间和空间的限制，即无论何时、何地，任何人都有成为圣人的可能性。一言以蔽之，圣人唯道德是从。孟子的这种圣人观，我们姑且称之为“圣人道德论”。而圣人向圣王之转变，首先需要圣人得天子之位（即“有天下”），而天子之位能否得到，孟子则认为，亦有天命在，非人之所能为也。尧、舜为圣王，其子皆不肖，尧荐舜于天，舜荐禹于天，天受之，民受之，舜、禹“然后之中国，践天子位”，而尧、舜之子不有天下；舜、禹为圣王，舜子商均不肖，禹子启贤，舜不荐商均而荐禹于天，禹不荐启而荐益于天，结果禹与启有天下，而商均与益不有天下。因此，孟子说，这是天命：“天与贤，则与贤；天与子，则与子。”（《万章上》）也就是说，天子之位是唯一的，圣人践天子位、王天下而成为圣王，在一时或一世，也是唯一的。孟子的这种圣王观，我们姑且称之为“圣王天命论”。

“圣人道德论”可以看作是孟子尝试从“多”的维度去探讨平治天下的理论。《孟子》说：“伯夷、伊尹与孔子皆古圣人也，吾未能有行焉；乃所愿，则学孔子也。”（《公孙丑上》）“颜渊曰：‘舜何人也？予何人也？有为者亦若是。’公明仪曰：‘文王我师也，周公岂欺我哉？’”（《滕文公上》）

“舜人也，我亦人也。舜为法于天下，可传于后世，我由（犹）未免为乡人也，是则可忧也。忧之如何？如舜而已矣。”（《离娄下》）诸如此类，莫不是“孟子道性善，言必称尧舜”（《滕文公上》），倡行“人皆可以为尧舜”（《告子下》）的理论。而且，孟子“能近取譬”（《论语·雍也》），指出“尧舜之道，孝弟而已矣”（《告子下》），“道在尔（古通迩）而求诸远，事在易而求之难。人人亲其亲、长其长而天下平”（《离娄上》）。尤其是，孟子游历列国，遇君为相则以“致君尧舜”之道，“格君心之非”，施行王政，其目的也在致其君为“尧舜之君”，使其民为“尧舜之民”，不遇为师则“守先王之道，以待后之学者”（《滕文公下》），讲明“尧舜之道”（或“先王之道”“孔子之道”），以正人心、息邪说、距诐行、放淫辞、距杨墨、“恶乡原”（《滕文公下》），其目的亦在使“庶民兴”“无邪慝”，然后“可与入尧舜之道”（《尽心下》）。[①]人人皆为尧舜，或人人皆可与入尧舜之道，则“治天下可运之掌上”（《公孙丑上》）。

“圣王天命论”则可以看作是孟子尝试从“一”的维度去探讨平治天下的理论。孟子认为：“匹夫而有天下者，德必若舜禹，而又有天子荐之者，故仲尼不有天下。继世以有天下，天之所废，必若桀纣者也，故益、伊尹、周公不有天下……孔子曰：‘唐虞禅，夏后、殷、周继，其义一也。’”（《万章上》）即或禅或继而有天下，都有天命在其中。因此，圣人是否有天下而为圣王，不可强求，亦不必强求。由此，在天命的依归或名义之下，孟子化解了圣人之“多”（人皆可以为尧舜，存在像尧、舜、禹并世出现的情况）与圣王之“一”（天子之位唯一，决定了天子位上之圣王在一时或一世也只能是唯一）的冲突，回答了天下（政治秩序）何以应当而且可以“定于一”的重大现实理论问题。也就是说，圣人之德与位可以同时兼得，也可以不同时兼得。圣人可

---

①孟子遇君为相则“致君尧舜”以平治天下，与不遇为师则“守先王之道，以待后之学者”之深意。学者熟读《孟子》，了解孟子的生存境域与思维世界之后，反复体味《孟子》首章与最后两章，便可察知。

以有天下，为王（如尧舜禹）而平治天下，也可以不有天下，为相（如伊尹周公）而平治天下。“内圣外王”与“致君尧舜”这两种路径，对于圣人来说，都可以达到平治天下的目标，都是平治天下的“正路”。天命所归，则走“内圣外王”路径，天命未归，则走“致君尧舜”路径，换言之，居于第一位的是“平治天下”而不是“有天下”。这样，一方面，把“有天下”与否，寄托于天命，淡化或遏止对“有天下”的欲求，提高自身的道德境界，减少或杜绝参与对“有天下”的争夺而引发的冲突或战争；另一方面，把“平治天下”视为圣人之己任，要求圣人坚定“平治天下”之志向，强化圣人“平治天下”的责任意识与道德意识。此即孟子所说：“求则得之，舍则失之，是求有益于得也，求在我者也。求之有道，得之有命，是求无益于得也，求在外者也。”（《尽心上》）由此，孟子实现了对“有天下”之外在欲求（即“利”）向“平治天下”之内在道德（即“仁义”）的转变，同时也诠释了“王何必曰利？亦有仁义而已矣”（《梁惠王上》）之精髓。桀纣之初，也曾有天下，天命亦不能说没有，所以商纣曾说：“我生不有命在天？”（《尚书·西伯戡黎》）但是，他们“不务德而武伤百姓”（《史记·夏天本纪》），失民心而“失天下”（《离娄上》），非但没有成为圣王，反而成为贼害仁义的“残贼一夫”（《梁惠王下》），最终为天所废。也就是说，在孟子眼中，天命固然存在，然而“有天下”者不可有恃无恐，更加不可践踏仁义道德，沦为桀纣，否则，必为“天之所废”（《万章上》），即“虽与之天下，不能一朝居也”（《告子下》）。到此，孟子在“有天下”与“平治天下”“利”与“仁义”“天命”与“道德”三对范畴中的每一对范畴之间，都确立了后者对于前者的绝对优先地位。

于是，在《孟子》中，我们便能理解，孟子为什么会经常抬高道德而贬低天下。比如，他说：“视天下悦而归己，犹草芥也，惟舜为然”（《离娄上》）；“君子有三乐，而王天下不与存焉”；“广土众民，君子欲之，所乐不存焉。中天下而立，定四海之民，君子乐之，所性不存焉。君子所性，虽大行不加焉，虽穷居不损焉，分定故也。君子所性，仁义礼智根于心”（《尽心上》）。在孟子眼中，“天下”是“天”的，是公共的，“有天下”者不私有天下，也不能据“天位”“天职”与“天禄”为己有，而是应当与天下贤人共享之（《万章下》）。而且，孟子还区分了“天爵”（“仁义忠信，乐善不倦”）与“人爵”（“公卿大夫”），赞同“古之人修其天爵，而人爵从之”的做法，反对“今之人修其天爵，以要人爵；既得人爵，而弃其天爵”的做法（《告子上》）。由此，对于孟子“不尊周天子”（认为周天子“有天下”，而孟子不当劝诸侯行仁政，王天下）的质疑与责备——如“当时尚有周天子，何必纷纷说魏齐”[1]之类，虽然胡五峰先生从“周室微弱，威令不能行于家人，天命已去矣”的角度进行过反驳，认为是“昧于时变”的“腐儒之论”[2]，但是，我们认为，如果从孟子“平治天下”优先于“有天下”以及天下不私有的角度进行回应，或许更符合孟子原意。

同样地，我们也就更能理解，孟子为什么会反对滥用武力争夺天下的工具理性而赞赏“行仁政而王”的价值理性。比如，他说：“君不行仁政而富之，皆弃于孔子者也。况于为之强战？……此所谓率土地而食人肉，罪不容于死。故善战者服上刑，连诸侯者次之，辟草莱、任土地者次之”（《离娄上》）；“今之事君者曰：‘我能为君约与国，战必克。’今之所谓良臣，古之所谓民贼也。君不乡道，不志于仁，而求为之强战，是辅桀也”（《告子下》）；“天下不心服而王者，未之有也”（《离娄下》）。因此，当诸侯不遵守礼制而想召见孟子的时候，孟子便以“不召之臣”自居，不与相见，因为他认为：“天下有达尊三：爵一，齿一，德一。朝廷莫如爵，乡党莫如齿，辅世长民莫如德。恶得有其一，以慢其二哉？故将大有为之君，必有所不召之臣。欲有谋焉，则就之。其尊德乐道，不如是不足与有为也。”（《公孙丑下》）诸侯不

①潘永因编：《宋稗类钞》，北京：书目文献出版社，1985年，第538页。

②胡宏：《胡宏集》，北京：中华书局，1987年，第326页。

以礼召见孟子，想与孟子相见尚且不可以，而对于不行仁政的诸侯，即使孟子一见他们，“大则以王，小则以霸”，但却想要舍其所学以从彼、甚或“枉道而从彼”的时候，孟子当然会采取断然拒绝而不与合作的态度了。因为他认为：“枉尺而直寻者，以利言也。如以利，则枉寻直尺而利，亦可为与？……枉己者，未有能直人者也。”（《滕文公下》）身处仁义充塞之时世当中的孟子，“是以所如者不合”，无法实现其平治天下的宏愿，也就在情理之中了。

尧舜之时，有尧舜之道，尧舜之后，有禹、汤、文、武、周公、孔子之道，而孟子认为，这些都是尧舜之道（或圣人之道）：“夫道一而已矣”（《滕文公上》）；“先圣后圣，其揆一也”（《离娄下》）。孟子之时，孟子自愿也自信继承了尧舜之道，虽然我们可以称之为“孟子之道”，但是，按照孟子的观念，“孟子之道”也是“尧舜之道”，一脉相承而无分彼此。孟子试图用此尧舜之道，通过仁政，施行于战国时代，实现王天下与平治天下（即全面重建一个和谐安定的政治新秩序）的政治目标，这就是孟子治道（平治思想）。

2300年前，先秦时代的孟子已经明确提出了“人皆可以为尧舜”（《告子下》）、“先圣后圣，其揆一也”（《离娄下》）与“尧舜之道，不以仁政，不能平治天下”（《离娄上》）的精辟观点。他认为无论何时、何地与何人，只要扩充四端，存养不懈，使道德达至圣境，便能成为尧舜（圣人）。而且，圣人不论年代之先后，地域之远近，平治天下之道无不相同，即圣人执掌国政，必须将其自本自根的仁义之心与尧舜之道通过仁政实施于现实政治当中，否则，不能使天下“定于一”，不能实现平治天下的政治目标。站在2300年后的今天，来看孟子的仁政思想，虽然其中诸如“五亩之宅”“百亩之田”“正经界，均井地，平谷禄”“耕者九一，仕者世禄”的政治措施或政治制度，以及君臣关系、国家观和天下观等方面的某些理论观点，因为时代的推移已经明显不能适用于今天了，已经“过时”了，然而，“制民之产”、使民富足、与民同乐、注重民生、重视民心与国家向心力的思想，选贤任能、参与政治、

“率由旧章”（遵守成宪）、革除“非义”之政治行为或政治制度，在位则当尽其“官守言责”（《公孙丑下》），使国家上有道揆，下有法守，谨记实施“徒善不足以为政，徒法不能以自行”（《离娄上》）的德法并用的思想以及“交邻国有道”、积极参与“国际政治”、维护天下秩序、“以德服人”（《公孙丑上》）的王道天下观与外交思想等等，在今天看来，依然适用，未曾“过时”。参究古今政治与治道之成败兴亡，孟子总结出了“三代之得天下也以仁，其失天下也以不仁。国之所以废兴存亡者亦然”（《离娄上》）、“不仁而得国者，有之矣；不仁而得天下，未之有也”（《尽心下》）、“天下之本在国，国之本在家，家之本在身”（《离娄上》）、“居仁由义”、“以不忍人之心，行不忍人之政，治天下可运之掌上”（《公孙丑上》）的修齐治平理论，从根本上指出了仁义与仁政（即以不忍人之心行不忍人之政）是政治的唯一正路。换言之，孟子平治思想的价值定位和路径选择，如果套用《周易·贲卦·彖辞》“文明以止，人文也……观乎人文，以化成天下”的话来说，就是人类政治文明止于仁义与仁政，而孟子的“圣人道德论”与“圣王天命论”更是为世界各国发政施仁，和平共处，从而全面建设与生活在一个共同的政治新秩序之中提供了理论启示。这是孟子治道为人类政治文明提供的最伟大、最杰出的贡献所在！这也是我们通过孟子治道来研究中华民族之人文精神与文明特性，而在政治文明研究层面上，所得出的最重要的理论成果。

（本研究系2016年度国家社科基金重大项目“中国政治伦理思想通史”（16ZDA104）与2015年度天津市哲学社会科学规划项目“中国传统政治思想资源与推进国家治理现代化的关系研究”（TJZZ15-010）的阶段性成果）

从“知者动，仁者静”看周濂溪“无欲故静”说之偏颇

严思

子曰：“知者乐水，仁者乐山；知者动，仁者静；知者乐，仁者寿”。（《论语·雍也》）

朱子注曰：“知者达于事理而周流无滞，有似于水，故乐水；仁者安于义理而厚重不迁，有似于山，故乐山。动静以体言，乐寿以效言也；动而不括故乐，静而有常故寿。”①

《易纬·乾凿度》：“能消者息，必专者败。”其含义与通常所谓“生命在于运动”“流水不腐，户枢不蠹”意思比较接近。但孔子说：“知者动，仁者静；知者乐，仁者寿。”（《论语·雍也》）知者动而乐，仁者静且寿，研读此章如停留在字面意思上，则不禁要问：既然生命在于运动，仁者静何以能寿？仁者之静非如槁木死灰，而是静穆厚重中有生机勃发。仁者之“静”与知者之“动”以及动、静之间的关系非常值得考察一下。

王弼说：“凡动息则静，静非对动者也”；“语息则默，默非对语者也”②。仁者必知，如子曰：“未‘知’，焉得‘仁’？”（《论语·公冶长》）而知者未必仁，如子曰：“知及之，仁不能守之，虽得之，必失之。”（《论语·卫灵公》）既然“仁”作为德性之全体涵摄“知”，那么仁者之

①朱熹：《四书章句集注》，北京：中华书局，2012年，第90页。

②孔颖达：《周易正义》，杭州：浙江古籍出版社，2017年，第173页。

“静”自然也涵摄知者之“动”。所谓仁者静，此“静”如王弼所言，“动息则静，静非对动者也”。

《太极图说》云：“圣人定之以中正仁义而主静，立人极焉。”周濂溪自注曰：“无欲故静。”孟子主张“养心莫善于寡欲”（《孟子·尽心下》），而周濂溪对寡欲养心说不完全赞同。

周濂溪曰：“予谓养心不止于寡焉而存耳，盖寡焉以至于无，无则诚立、明通。诚立，贤也；明通，圣也。是圣贤非性生，必养心而至之。”（《近思录·卷五》）

周濂溪把“欲”字完全说坏，以至于对孟子寡欲养心说心生不满，主张寡之又寡进而灭绝人欲，才能做到诚立、明通而为圣贤。但孟子曰：“可欲之谓善”（《孟子·尽心下》），“欲”为性之端也，可与不可在内不在外，从良知本心萌发的念头一定是善的，所谓性善。且孔子曰：“七十而从心所欲不逾矩”（《论语·为政》），从心所欲乃“不勉而中，不思而得，从容中道”（《中庸》）的自由境界。此“欲”与心性完全合一，如何能灭绝？寡欲说与无欲说，犹如朱子与象山展开的太极、无极之辩，其间的差别不仅是数量上的，关键是在修德养性过程中如何对待“欲”，这涉及儒家义理之根本。

再看“情”字，佛道两家也视“情”为洪水猛兽。一般以火与烟来比喻性与情，“人之所以为圣人者，性也；人之所以惑其性者，情也”（《复性书》）。犹如火苗燃烧起来，烟自然不会生起，浓烟滚滚，则火苗熄灭。而儒家却能正面地看待“情”，此“情”大且正，“情”即“性”。通读《论语》，便知孔子是一位性情中人。

“子于是日哭，则不歌”（《论语·述而》）；“子在齐闻《韶》，三月不知肉味，曰：‘不图为乐之至于斯也’”（《论语·述而》）；“子之武城，闻弦歌之声。夫子莞尔而笑，曰：‘割鸡焉用牛刀’”（《论语·阳货》）；“颜渊死，子哭之恸”（《论语·先进》）；“颜渊死，子曰：‘噫！天丧予！天丧予’”（《论语·先进》）；“夫子怃然曰：‘鸟兽不可与同群，吾非斯人之徒与而谁与？天下有道，丘不与易也'”（《论语·微子》）。

孔子悲天悯人，有大性情，有真性情。所谓情真意切，情若真切，情即性；意若笃实，意即心。舍“情”何以尽“性”，舍“意”何以正“心”？佛道两家却不明此理。

据何劭《王弼传》记载：“何晏以为圣人无喜、怒、哀、乐，其论甚精，钟会等述之。弼与不同，以为圣人茂于人者神明也，同于人者五情也。神明茂，故能体冲和以通无。五情同，故不能无哀乐以应物，然则圣人之情，应物而无累于物者也。今以其无累，便谓不复应物，失之多矣。”

圣人是否有喜怒哀乐之情，王弼与何晏、钟会等人对这一问题的看法不同。何晏、王弼同为魏晋玄学的开创者，且都主张“贵无”。但何、王二人所理解的“无”，其内涵与境界是不同的。王弼曰：“万物万形，其归一也，何由致一？由于无也。由无乃一，一可谓无。”[①]

孟子曰：“乃若其情，则可以为善矣，乃所谓善也。若夫为不善，非才之罪也。”（《孟子·告子上》）情者，实也，真也，现代汉语中“事情”“实情”“情况”中的“情”字还有“真”这层含义。《中庸》曰：“夫微之显。诚之不可掩如此夫。”情生发时不能掩盖，而是要“诚之”，让情顺着人之本性自然生发流露，在当下发见处用功夫，再进一步密密用功让“情”越来越真挚，进而无限趋向于真诚。而“诚”即是“性”，《中庸》所谓“唯天下至诚，为能尽其性”。在《中庸》这部经典中，“中”“诚”“性”三者是相通的。

若把“情”与“欲”字说坏，必然鼓吹“太上忘情”“无欲则刚”，必欲除之而后快。在儒家看来，“情”与“欲”只有偏正、公私、大小、顺逆之分，故不能予以绝对地排斥禁绝。如孔子七十而从心所欲，此“欲”顺而正，

①楼宇烈：《老子道德经注校释》，北京：中华书局，2008年，第117页。

且大而公，故随心所欲即是率性之道。

“情”与“欲”，深究其本质，都是发端于内在心性之动，只能“诚之”而不可“掩之”，“掩”则抑制生机。孟子曰：“禹之行水也，行其所无事也。如智者亦行其所无事，则智亦大矣。”（《孟子·离娄下》）

孟子说：“养心莫善于寡欲。”寡者，少也，寡欲从“心”上说则是清净、简约、专一。去得一分人欲，复得一分天理，寡欲其实接近于孟子所谓集义。欲越寡则心越正、越大，能寡欲则能由博反约、求其放心，以至于反身而诚，为善去恶自然包含在其中。孟子曰“可欲之谓善”，此“欲”为本心之发端，良知之流行，是从始位上说性善。“养心莫善于寡欲”，则是从终位上说积善成德。

周濂溪主“无欲故静”，把情、欲与心、性辟为两截，此无欲之“静”非王弼所谓“动息则静”。“无欲故静”一说不能契合儒家义理，不是顺着情与欲而实现原始反终，而是回溯到源头上泯灭掉情欲之动，是内而非外，虚说光景，弊端很大，真可谓差之毫厘，谬以千里。

仁者静，仁不可虚说，须由“知”而实现“仁”，积“学”（格物）而求“仁”，其中需有多少功夫积累？既然仁者与天地万物为一体，那么此“静”字也意蕴无穷。《系辞》曰：“天下之动，贞夫一者也。”仁者之静，实乃“吾道一以贯之”之所谓“一”，或者以“中”与“极”字训之。“无欲故静”，“无欲”二字空洞无物，排斥过程、排斥外物，轻飘飘地似无心、无意、无根基。

欲，乃心之端，因为心为一身之主，即使是物质层次的欲望，也是要走心的。无欲，即无意、无心，进而无物、无知乃至无我、无欲、无情，与佛家“无我”一样，看似无比圣洁、慈悲与高明，实则是自欺欺人，误己误人。为什么不愿意直面当下这个自私褊狭的小我，然后真切笃实去用“毋意，毋必，毋固，毋我”之克己功夫？当下不能直面肯定自私之小我与缺憾之世界，就不会有克己之否定，更不会有“克己复礼，天下归仁”之圆满。空喊无物无我，万法皆空，一念不起，一丝不挂，此乃天下之大伪，率天下之人而贼仁义之道。

儒家修养心性的目标是成就“大我”，绝不说“无我”，由小到大，破私立公，循序渐进。阳明先生曰：“人须有为己之心，方能克己；能克己，方能成己。”（《传习录》）一个“无我”，涤荡一切，看似不著一物，不落边见，内外通达，其实是虚说光景，一切俱不着实，空误一生，可悲也。

论周敦颐之人性论对其“理学开山”地位确立的影响
——兼与李翱《复性书》之比较

李丽珠

在朱熹所列的儒家道统谱系之中，周敦颐被奉为孟子之后接续儒家道统的第一人，其理学开山的地位由此确立。关于周敦颐学术地位确立的研究存在多种进路，如朱汉民的《周敦颐〈易〉学的宋学精神》，是从哲学角度考察周敦颐的思想，探讨其被尊为道学宗主的思想依据[①]；再如粟品孝的《从普通士人到“道学宗主”——周敦颐学术史地位的建构历程》，则是从史学角度按时间顺序考察周敦颐学术地位的具体确立过程[②]。从哲学思想角度考察此问题的学者，多强调周敦颐在汉唐经学向宋明理学过渡转型过程中所发挥的承上启下作用。汉唐时期，经学兴盛，这一时期儒家心性义理之学不彰，但仍有一些关于人性的相关讨论，占主流的是性三品说。到北宋时期，“人人皆可体现此诚体而达至成圣之境界，此义在孔子并不显，至孟子始建立。宋儒起无有不继承此义而立言者”。[③]这一时期的主流心性理论主要是继承孟子“性善论”而立意。被视为理学开山的周敦颐从《中庸》《周易》入手，在天道性命相贯通的理论框架之下，以诚为本，确立人人皆可成圣的人生价值期许，从而扭转了汉

①朱汉民：《周敦颐〈易〉学的宋学精神》，《北京大学学报》，2006年第4期，第43-47页。

②粟品孝：《从普通士人到“道学宗主”——周敦颐学术史地位的建构历程》，《十至十三世纪中国的政治、文化与社会学术研讨会暨岭南宋史研究会第三届年会论文集》（未刊稿），2012年，第214-232页。

③牟宗三：《心体与性体》（上），上海：上海古籍出版社，1999年，第285页。

唐性三品说，重新接续了孟子的心性论。

从汉唐性三品说到两宋人人皆可体诚达圣的人性论，这种转变不是从周敦颐才开始的。唐末学者李翱吸收《中庸》中“诚”“天命之谓性”的概念，在《复性书》中提出人性皆善、人凭此性以成圣的观点。唐君毅在《中国哲学原论·原性篇》中说：“李文三篇，在中国思想史上，亦可说有前承汉儒，后启宋儒之价值。”[①]李翱《复性书》中的人性论已明显不同于性三品说，他吸收《中庸》之“诚”，提出人性本善，其思想和周敦颐以诚为本的理论体系颇有相似之处。一些学者进一步确认了李翱思想上承汉唐、下启宋明之价值。台湾学者刘振维在《论李翱“复性”说蕴义暨其与朱熹“性本善”的理论关联》一文中，强调了李翱“复性”说对朱熹“性本善”的人性论的重要影响[②]。李翱性本善人性论的提出以及其承上启下价值的确认，是否削弱了周敦颐理学开山的学术地位呢？笔者以为不然，一方面，周敦颐将《中庸》之“诚”与《周易》结合，使天道性命贯通的理论体系更加系统；另一方面，对李翱无法解决的情何由生的问题，周敦颐引入阴阳五行之气，开其后理学天命之性、气质之性分野的开端；最后，相比于李翱释老气息浓厚的复性之方，周敦颐提出一系列修养工夫以达到人生应然价值期许。以下笔者将详细分疏濂溪思想，旁及与李翱人性论之同异比较，以考察周敦颐人性论在汉唐性三品说转向两宋体诚达圣说过程中的重要价值（这也是周敦颐道学宗主地位得以确立的重要思想依据之一）。

一

心性论是儒家哲学的重要组成部分，人性问题得到了儒家学者的普遍关

---

①唐君毅：《中国哲学原论·原性篇》，台北：台湾学生书局，1989年，第326页。

②刘振维：《论李翱“复性”说之蕴义暨其与朱熹“性本善”的理论关联》，《哲学与文化》，2005年第7期，第43-58页。

注。孔子曾在《论语·阳货》中言："性相近也，习相远也。"开启了儒家对心性问题的研究。孟子以人之异于禽兽者为性，故而人性善；荀子以生而完具为性，故而人性恶。汉唐时期，为解释现实人生中人性之复杂状况，性三品说占主流。东汉王充曾言："人性有善有恶，犹人才有高有下也，高不可下，下不可高。谓性无善恶，是谓人才无高下也。……余固以孟轲言人性善者，中人以上者也；孙卿言人性恶者，中人以下者也；扬雄言人性善恶混者，中人也。"[①]王充主张人性有善有恶，可分为善、恶、中三种，而且高下不可转化。韩愈发展了性三品说，曰："性之品有上中下三。上焉者，善焉而已矣；中焉者，可导而上下也；下焉者，恶焉而已矣。"[②]教化的对象是中人，中人之性才可导而上下。与韩愈亦师亦友的李翱却并不同意性三品说，他在《复性书》中探讨人性本善。"人之性，本皆善而邪情昏焉。"（《复性书》中篇）[③]这个本善之性是圣人与百姓一同的，进一步引入《中庸》之"诚"，以诚释性，"是故诚者，圣人性之也"。（《复性书》上篇）关于性的来源问题，李翱吸收《中庸》思想将性上接于天，"人生而静，天之性也；性者，天之命也"（《复性书》中篇）。诚然，李翱提出的新的人性理论以及他对《中庸》的重视对后世理学心性论有启发之功，但在《复性书》中仅有两次提到"性"与"天命"，且皆是对《中庸》"天命之谓性"思想的转述，天道性命如何贯通的问题并未得到解答。李翱的人性论并未形成完整的理论体系，关于人性论的讨论仍然是集中于现实心性修养层面而缺乏本体论的支撑。这样的人性论一方面无法动摇释道高深的学理思辨而复兴儒学，另一方面导致缺乏本体根据的本善之性容易被推翻，所以到了北宋中期，出现了欧阳修的"性不必究善恶论"。与李翱不同，周敦颐整合《中庸》《周易》，吸收道家

---

①王充著、黄晖撰：《论衡校释》，北京：中华书局，1990年，第142-143页。

②韩愈：《韩昌黎全集》，北京：中国书店，1991年，第175-176页。

③本文所引《复性书》皆出自《四库全书》第1078册，《李文公集》卷二，上海：上海古籍出版社，1987年。

思想，描绘宇宙生成过程，以诚贯通天道性命。心性理论有了宇宙本体的支撑，才更好地扭转了性三品说，重新接续并进一步发展了孟子的性善论。

自先秦时代起，儒家思想中就内含着一种天人之学的框架。《周易》以其深厚的天人之学内涵以及开放的言说方式成为儒学天人之学品格的学理性根基，儒家学者尤其是两宋理学家多从《易》学入手展开自己的理学体系。作为理学开山的周敦颐，从《易》入手，会通《中庸》之“诚”。《中庸》以“诚”为核心观念，“诚者，天之道也；诚之者，人之道也。诚者不勉而中，不思而得，从容中道，圣人也。诚之者，择善而固执之者也。”又如：“唯天下至诚，为能尽其性；能尽其性，则尽人之性；能尽人之性，则能尽物之性；能尽物之性，则可以赞天地之化育；可以赞天地之化育，则可以与天地参矣。”再如：“诚者自成也，而道自道也。诚者物之终始，不诚无物。是故君子诚之为贵。”《中庸》对“诚”相当重视，以诚贯通天道人道，达到“至诚”才可尽人之性，尽物之性进而与天地参。周敦颐整合《周易》《中庸》的天人之学，以诚为本，描绘了自己特有的一幅宏大的宇宙图景。

周敦颐在《太极图说》中阐述了自己的宇宙生成论：“无极而太极。太极动而生阳，动极而静；静而生阴，静极复动。一动一静，互为其根。分阴分阳，两仪立焉。阳变阴合，而生水火木金土。五气顺布，四时行焉。五行，一阴阳也；阴阳，一太极也；太极，本无极也。五行之生也，各一其性。无极之真，二五之精，妙合而凝。‘乾道成男，坤道成女’，二气交感，化生万物。万物生生，而变化无穷焉。惟人也得其秀而最灵。”这是宇宙万物生化的整体过程。无形无相之太极动静生阴阳二气，阴阳二气的交感变化生化出五行之气，这为纷繁复杂的万物的形成提供了可能。五行之气按一定顺序交替出现，从而形成了四时更替，二气五行交感和合生化万事万物，万物生化日新变化无穷，整体宇宙呈现出盎然生机。周敦颐描绘了太极到万物的宇宙生化过程，并在宇宙生化框架中加入“诚”，以诚贯通天人物我一体的宏大宇宙。

对于周子之“诚”，黄宗羲曾言：“周子之学，以诚为本。从寂然不动处握诚之本，故曰主静立极。本立而道出，千变万化皆从此出。化吉凶悔吝之途而反复其不善之动，是主静真得力处。静始于动，动即是静。无动无静，神也，一之至也，天之道也。千载不传之秘，故在是矣。”（《宋元学案·濂溪学案下》）黄宗羲此语简述周子学之内容，可谓切中要害。周子之《通书》通篇环绕“诚”而展开，“周子之学以诚为本”实不虚妄。周子之“诚”源自《中庸》。“天地之道可一言而尽也：其为物不二，则其生物不测。”（《中庸》）“不二”，即专一至真，“诚”之本意是形容词，即真实无妄之意。《中庸》将诚深化为一个极具天人之学内涵的哲学范畴，周敦颐吸收《中庸》之诚，结合《易传》，继续将诚贯通于天人一体的整体宇宙。《通书·诚上第一》说：“‘大哉乾元，万物资始’，诚之源也。”乾元出自《周易》，乾，天也；元，初始之意。本始之天是宇宙万有的创生者，万物自此以为始。乾元为万物之源，亦为诚之源，诚自此而始。“‘乾道变化，各正性命’，诚斯立焉。”（《通书·诚上第一》）天道将诚下贯到创生的事事物物（包括人）本然性命之中，万物皆具性命本然之诚。由此，万物本然之性命即诚的性命，诚在由万事万物构成的整体大宇宙中得以确立。

在宇宙大化过程中，天道至诚的下贯使万物具有了终极之善的支撑。具体到人来说，天道至诚落实到每个人的本然性命之中，这使得人人具有了成就圣贤的可能。《通书·圣学第二十》说：“‘圣可学乎？’曰：‘可。’”周敦颐这一“圣可学”的结论大大激励了普通人成就圣贤的信心。周敦颐消解了圣贤与普通人之间不可逾越的差距，找到了人成圣成贤的根基根据。他以诚贯通天道性命，人以本然性命内涵的诚作为成圣成贤的价值根基，生而非圣贤的普通人凭借后天修养工夫圆满展现出诚即可接通天人达圣体诚。本然之诚使每一个人生来即是价值自足的主体，只不过诚体被现实社会中的物欲私欲蒙蔽，需要人做工夫祛除私欲复见诚体。所以，人应该树立充分的自信，人是价值自足的生命存在。周敦颐扭转了性三品说，重新接续了孟子的性善论，并进一步以诚释性，将现实人性提升到本体论高度加以诠释。

二

周敦颐不但以诚贯通天道性命，为儒家心性论找到宇宙本体的支撑，而且引入阴阳五行之气，解决了李翱所未能解决的现实人性中恶从何处来的问题。传统看法认为李翱的人性论属于“性善情恶”论，虽然《复性书》中有“情有善有不善，而性无不善”的论断，但李翱讲“情”多是从不善处讲。

情者，性之邪也。（《复性书》中篇）

人之所以为圣人者，性也；人之所以惑其性者，情也。（《复性书》上篇）

现实中人性有不善是因为情之邪动，那邪妄之情因何而生呢？李翱对这个问题的回答是：“情者，妄也，邪也，邪与妄则无所因矣。”（《复性书》中篇）邪妄之情不知因何而生，李翱对人性问题没有做出充分的解释。周敦颐则引入阴阳之气以解释现实人性有善有恶的问题。

周敦颐在为弘扬儒家心性之学而开创的理学体系中，特别强调了天道诚体在人本然性命中的落实，诚处处通过人来彰显。在周子看来，一方面人处于宇宙之中，因天道诚体的下贯而使本性内含至善之诚，大宇宙中人人皆具性命本然之诚。另一方面，“性者，刚柔善恶中而已矣”（《通书·师第七》）。这个性显然不是本然至诚之性，而是后来理学家们所称的气质之性。为何本性至诚之人会有不同的善恶之表现，这是由阴阳五行气禀的差异造成的。就像上文已经提到过的，周敦颐在《太极图说》中描绘了万物包括人的生成过程。太极动静生阴阳二气，阴阳二气的交感变化生化出五行之气，二气五行交感和合生化万事万物包括人，“形既生矣，神发知矣，五性感动而善恶分，万事出矣”（《太极图说》）。从宇宙生成论的角度来看，在太极生人的过程中，人禀受阴阳五行之气以成形，禀气而生之人具“刚柔善恶中”五性。周敦颐此观点颇受阴阳五行说的影响。春秋战国时期，阴阳五行之说盛行。首先，阴阳五行家以阴阳五行说明宇宙自然中的种种现象。《左传·昭公元年》说："天有六气，降生五味，发为五色，征为五声，淫生六疾。六气曰阴阳风雨晦明也。分为四时，序为五节，过则为灾。"《礼记·月令》记载：春时"盛德在木"，夏时"盛德在火"，秋时"盛德在金"，冬时"盛德在水"。《管子·四时》则曰："东方曰星，其时曰春，其气曰风，风生木与骨……南方曰日，其时曰夏，其气曰阳，阳生火与气……中央曰土，土德实辅四时入出，以风雨节，土益力。土生皮肌肤……西方曰辰，其时曰秋，其气曰阴，阴生金与甲。"而且更进一步地将阴阳贯穿于自然与社会之中，邹衍的五德终始说："凡帝王之将兴也，天必先见祥乎下民。黄帝之时……土气胜，故其色尚黄。"《管子·四时》则曰："是故阴阳者，天地之大理也；四时者，阴阳之大经也；刑德者，四时之合也。刑德合于时则生福，诡则生祸。"到了汉代，董仲舒以阴阳五行解释天人一体。《春秋繁露·天副人数》说："天地之符，阴阳之副，常设于身，身犹天也，数与之相参，故命与之相连也。天以终岁之数，成人之身，故小节三百六十分，副日数也；大节十二分，副月数也；内有五脏，副五行数也；外有四肢，副四说数也。"阴阳五行家还揭示了阴阳之气禀正是造成人性善恶的原因。《春秋繁露·深察名号》说："天两，有阴阳之施；身亦两，有贪、仁之性。"人自天所禀受的阴阳五行的差异造成了人之善恶的不同。虽然周敦颐接续阴阳五行之说并加以改造，人禀阴阳之气以成形，气禀的差异使人具"刚柔善恶中"不同之性。周敦颐未明确提出"天命之性""气质之性"这两个概念，但可以说他的至善之诚开启了后来理学的"天命之性"，他的刚柔善恶中五性则开启了"气质之性"的概念。尤其是"气质之性"的概念，朱熹在《朱子语类》中多次将其发端归功于濂溪："盖自濂溪《太极》言阴阳、五行有不齐处，二程因其说推出气质之性来。使程子生在周子之前，未必能发明到此。"（《朱子语类》第四册）濂溪引入阴阳五行之气以解释现实人性善恶之别，并为现实不善之性向天命之性的复归提出了一系列修养工夫。

李翱在《复性书》中也提出过复性之方，人之所以为不善皆因其情，所以李翱提出的复性之方即“妄情灭息，本性清明”（《复性书》中篇）。李翱的这种动静皆离、去情复性之方被指颇类佛老，故而备受诟病。[①]而且，李翱并未提出系统的修养工夫，周敦颐则在《通书》中具体展开了对人生应然之道和修养工夫的探讨。

周敦颐肯定了普通人可达到圣贤境界，并对他心中的圣贤境界进行了描绘。“寻孔颜乐处”是理学的重要问题之一。据《二程集》记载，周敦颐作为二程之师，经常向二人发问：“昔受学于周茂叔，每令寻颜子、仲尼乐处，所乐何事。”[②]周敦颐以“寻孔颜乐处”作为修养为圣的入手处。《通书·颜子第二十三》说：“颜子，一箪食，一瓢饮，在陋巷，人不堪其忧，而不改其乐。夫富贵，人所爱也，颜子不爱不求，而乐乎贫者，独何心哉？天地间有至贵至富、可爱可求而异乎彼者，见其大而忘其小焉尔！见其大则心泰，心泰则无不足，无不足则富贵贫贱，处之一也。处之一，则能化而齐，故颜子亚圣。”世俗人生以富贵为乐，颜子所乐之处绝不是世俗的功名利禄。《通书·师友上第二十四》说：“天地间，至尊者道，至贵者德而已矣。至难得者人，人而至难得者，道德有于身而已矣。”此道此德才是天地之间最为尊贵的，是源于天道至诚的人之为人之所以然，是人与草木禽兽所异之处。人接通宇宙，将本然之诚圆满彰显为道德，这样的人是最为难得的。周敦颐极为推崇颜子，颜子处在贫困环境中而不以为意，他不追求世俗富贵，他所追求的是孟子所说的“天爵”。《孟子·告子上》说：“有天爵者，有人爵者。仁义忠信，乐善不倦，此天爵也；公卿大夫，此人爵也。古之人修其天爵，而人爵从之。”此道此德是天爵，是人生应然之追求，圣人所求不是富贵功名，因为这不是真正持久的快乐。孔颜所乐是道德有于身而与天地为一，不受世俗贫贱富

---

①朱熹曾言：“李翱灭情之论，乃释老之言。”见《朱子语类》第四册，北京：中华书局，1986年，第1381页。

②程颢、程颐：《二程集·遗书》，北京：中华书局，2004年，第16页。

贵拘束的真正自由、持久快乐的人生境界。周敦颐以“寻孔颜乐处”为通向圣贤境界的入手处，此后“孔颜乐处”成为儒家理想人格的表征。这种不受世俗牵累而富有意义的人生境界，吸引着众人去追求实现。

从“寻孔颜乐处”入手后，周敦颐提出了人在诚所贯通的大宇宙之中所应具有的人生价值期许，即应然人格。他说：“圣希天，贤希圣，士希贤。伊尹、颜渊，大贤也。伊尹耻其君不为尧、舜，一夫不得其所，若挞于市；颜渊不迁怒，不贰过，三月不违仁。志伊尹之所志，学颜子之所学，过则圣，及则贤，不及则亦不失于令名。”（《通书·志学第十》）在周子看来，“志伊尹之所志，学颜子之所学”是儒家的价值理想，是人生之应然。伊尹是商朝贤相，辅佐商汤王代夏而立，建立商朝，作为帝王之师，以尧舜之道要汤，以万民之所安为己任，这是儒家所推崇的外王型的理想人格。颜渊不迁怒于人，犯过的错绝不再犯，长时间地践行仁，这是内圣型的理想人格。学者为学，第一天就要树立如伊尹一般的天下意识，以家国天下为担当；同时也要以颜子之为学进路要己，树立德性根基。内圣外王是自孔子起确立的儒家的理想人格，后成为儒者一贯的人生追求。周敦颐对人生价值的追求也是兼具这两个方面的，学颜子之所学，引领人内圣成德、挺立德性自我，以此为成就外王事功的基础。同时，周子强调“圣希天，贤希圣，士希贤”，即人应该不断进取，不断地确立价值目标并去实现它，人生境界的提升是无止境的过程。这为普通人成就圣贤境界提供了一条渐进之路，使不同资质之人的成圣之路变得切实可期。普通人应该确立价值追求，向圣人学习，如能学得精髓超过他们自己就可成圣，赶上他们就可成为贤人，即使达不到圣贤境界也不失其美名。至此，周敦颐确立了他的人生境界追求和价值期许。

在宇宙生化过程中，阴阳五行气禀的差异造成了感性个体的不同。因此，人生价值期许的实现有两种不同的进路。“元亨，诚之通；利贞，诚之复。”（《通书·诚上第一》）“性焉安焉之谓圣，复焉执焉之谓贤。”（《通书·诚几德第三》）不需修养工夫，自然圆满展现性命本然之诚，安于本性即可成为圣人；囿于感性生命不能使诚体顺畅发用，需择善固执之，才能复见其诚体，实现理想人格，此是常人之进路。在周子看来，普通人为达成成圣成贤的目标，需要切实做一系列的修养工夫。

首先是思的功夫。本性内含天道至诚的人需要确立高度的价值自觉，即自觉向本性之诚复归。《通书·思第九》说："《洪范》曰：'思曰睿，睿作圣。'无思，本也；思通，用也。几动于彼，诚动于此。无思而无不通为圣人，不思则不能通微，不睿则不能无不通。是则无不通生于通微，通微生于思。故思者，圣功之本，而吉凶之几也。《易》曰：'君子见几而作，不俟终日。'又曰：'知几，其神乎！'"思的性质是睿，思的工夫是成就圣功的根本。孟子尝言："心之官则思，思则得之，不思则不得也。"（《孟子·告子上》）心的官能是思考，用心思考就能从其至善本心而行。周敦颐与孟子有相似之处，思凸显了高度的价值自觉，最终的目的是要至圣体诚。无思而能无所不通的是圣人，一般人要想成就圣功必须时刻做思的工夫。思的对象是几，"诚无为，几善恶。"诚体寂然不动，感于物而动时善恶之几方动，思就是于动之微处见微知著，及时对几作为善去恶之实功。如此以避免诚体发动之偏，使诚体顺畅发用，圆满展现为人身上的道与德。思的功夫需要高度的价值自觉，周敦颐强调君子必须要"见几而作，不俟终日"。

其次，在周敦颐看来，无欲主静是成就圣贤的关键。《太极图说》："形既生矣，神发知矣，五性感动而善恶分，万事出矣。圣人定之以中正仁义，而主静，（自注云：无欲故静。）立人极焉。"人禀宇宙之灵气生成之后，受外物所感而生成善恶之种种行为，只有主静践行中正仁义之道才可成圣。《通书·圣学第二十》说："'圣可学乎？'曰：'可。'曰：'有要乎？'曰：'有。''请问焉。'曰：'一为要。一者，无欲也。'"现实人生中充满种种的感性欲望，人被这些物欲所困而与至善之诚体相离，无法体诚达圣。在周子看来，成就圣学的关键就是要专一、纯一，即无欲。周子主静，在讲诚之体与用时，曾言："静无而动有，至正而明达也。"（《通书·诚下第二》）讲无欲时又说：“无欲，则静虚动直。静虚则明，明则通；动直则公，公则溥。明通公溥。庶矣乎！”（《通书·圣学第二十》）在静无之诚体遇事而动的过程中，应始终保持心灵虚静状态，纯心专一而已矣。周子讲无欲即是对诚体发用的引申，像诚体发用保持专一、纯一一样。现实人生中，普通人日用常行之中也应节制感性欲望，即纯一无欲。在周子看来，圣人一贵贱所以为圣，声色臭味的感性欲望不是君子所求，天地间至尊至贵之道德才是人应追求的。“君子以道充为贵，身安为富，故常泰无不足。而铢视轩冕，尘视金玉，其重无加焉尔！”（《通书·富贵第三十三》）现实个体消除感性肉体生发的种种欲望，专一主静，这是成圣成贤的关键所在。

再次，慎动，以上两种修养工夫中都内含着慎动的要求。首先，思的工夫于善恶之几处做，所谓几即诚体发用，“动而未形，有无之间”者。诚体至善，遇事发用之几则有善有恶，所以君子不可不慎动。“动而正曰道，用而和曰德。匪仁，匪义，匪礼，匪智、匪信，悉邪也！邪动，辱也。甚焉，害也。故君子慎动。”（《通书·慎动第五》）其次，人应该保持心灵虚静状态，节制感性欲望。面对声色臭味的感性欲望，君子应慎动，明白至尊至贵之道德才是人应追求的。若有不善之动，则应该积极行动。“诚心，复其不善之动而已矣。不善之动，妄也；妄复则无妄矣，无妄则诚矣。”（《通书·家人睽复无妄第三十二》）以至诚之心复其不善之动。

周子所讲的修养工夫的核心是明诚。“诚，五常之本，百行之原也。静无而动有，至正而明达也。五常百行，非诚非也，邪暗塞也，故诚则无事矣。”（《通书·诚下第二》）“德，爱曰仁，宜曰义，理曰礼，通曰智，守曰信。”（《通书·诚几德第三》）性命本然之诚为体，仁义礼智信五常是诚的展现实现方式，为用，人生日用常行以本然之诚为根基、根据。离开了性命本然之诚，人生中的一切就失去了根据，人生价值更无从谈起。所以，彰显出性命本然之诚是修养工夫的关键。为了明诚，修养工夫要落实到人的日用常行之中，人的一言一行都应该践行修养工夫以立其诚。圣人可以于日用常行中顺畅实现诚，普通人因不能顺畅实现则需自觉地在日用常行中通过各种修养工夫复归诚。“动而正曰道，用而和曰德。匪仁，匪义，匪礼，匪智，匪信，悉邪也！”（《通书·慎动第五》）人于日用常行中，行为须合乎道、合于度。《易·乾·文言》说：“庸言之信，庸行之谨；闲邪存其诚，善世而不伐，德博而化。”[①]一个人做到常言信实，常行谨慎，自能心存至诚而德化天下，这是知易行难之事。周子知晓这一点，所以详列以上修养之功，望常人在内心价值自觉的指导之下于日用常行间体诚达圣。

三

宋明理学可说是孔孟之后儒学发展的第二高峰，汉唐时期经学兴盛，其官方化、统一化限制了儒学义理的发展。被后世奉为理学开山的周敦颐对儒学发展到第二高峰——关注心性义理的理学，有破暗之功。他扭转汉唐性三品说，以诚释性，将性上接天道，接续并发展了孟子的性善论。在周敦颐之前，唐末学者李翱就已经吸收《中庸》中“诚”“天命之谓性”的思想，提出人性本善的主张，但这丝毫没有动摇周敦颐上承汉唐、下启宋明的理学开山地位。这是因为相比于李翱的人性理论，周敦颐的理论更加系统与完整。一方面，对于李翱《复性书》中未详论的天道性命如何贯通的问题，周敦颐吸收《中庸》之诚贯通天道性命，天道将本然之诚下贯到人性命本然，人的本然之善性拥有了天道诚体的支撑。另一方面，对于李翱未解决的恶从何处来的问题，周敦颐引入阴阳五行之气的差异以解释刚柔善恶中五性的不同，开后世理学谈“气质之性”之端。最后，相比于李翱释老气息浓厚的复性之方，周敦颐提出一系列修养工夫以达至人生应然之道。综上，周敦颐被封为道学宗主、理学开山可谓持之有故。

①黄寿祺、张善文撰：《周易译注》，上海：上海古籍出版社，2004年，第11页。

阳明学“诚意”说析论

段重阳

在围绕《大学》展开的宋明理学工夫论叙述系统中，对“诚意”的论说占据了重要的位置。这种重要性首先是因为在“正心”工夫的虚置下，“诚意”作为“格物”“致知”工夫的“目标”从而获得了核心意义，也使得“格物”“致知”工夫与“心体”相联结而实有其功。朱子对“正心”与“诚意”的区分就体现了这点：“心无形影，教人如何撑住。须是从心之所发处下手，先须去了许多恶根”；“诚意最是一段中紧要工夫，下面一节轻一节”。（《朱子语类 · 经下》）阳明也以心体无不正，及其意念之发始有不正，遂有为善去恶之诚意工夫，故以古本《大学》为教，由强调诚意入手与朱子学对垒。因此，亦可以诚意工夫之内涵来区别朱子学与阳明学。阳明殁后，王门诸子各言良知，除恪守阳明教法如绪山、南野等外，其用功处皆在“先天之学”，即以为善去恶之工夫为念起念灭之地而终无扫清之时，于是用功于良知心体，有学者称之为“第一义工夫”[①]。其中，有发挥阳明晚年精义而自成系统之龙溪，有分良知为体用从而“致中以致和”之江右王门双江与念庵，多方于义理辨析处颇有发明，“诚意”说亦表现出了不同于以前的新内容。而后东林学者目睹阳明后学之流弊，顾泾阳、高景逸、孙淇澳相继而起，刘蕺山总其

①林月惠：《良知学的转折：聂双江与罗念庵思想之研究》附录二《本体与工夫合一——阳明学的展开与转折》，台北：台湾大学出版中心，2005年。

成而为理学殿军。蕺山之学“中操功于慎独，晚归本于诚意”，又言“意根最微、诚体本天”，以诚意说摄一切教法。因此，“诚意”说历经诸儒阐发，精义尽出，不可不辨。

一

在讨论王阳明的“诚意”说之前，有必要对朱子的“诚意”说进行一番审视。朱子于《大学章句》中释“所谓诚其意者，毋自欺也，如恶恶臭，如好好色，此之谓自谦，故君子必慎其独也”曰：

> 诚其意者，自修之首也。毋者，禁止之辞。自欺云者，知为善以去恶，而心之所发有未实也。谦，快也，足也。独者，人所不知而己所独知之地也。言欲自修者知为善以去其恶，则当实用其力，而禁止其自欺。使其恶恶则如恶恶臭，好善则如好好色，皆务决去，而求必得之，以自快足于己，不可徒苟且以殉外而为人也。然其实与不实，盖有他人所不及知而己独知之者，故必谨之于此以审其几焉。（《四书章句集注》）

可以看到，在《大学》中围绕“诚意”有四方面内容：“毋自欺”“如好好色，如恶恶臭”“自谦”以及“慎独”。根据朱子的解释，“毋自欺”属于“诚意”的内容；“如好好色，如恶恶臭”和“自谦”属于“诚意”工夫的样态与效验；“慎独”则属于“诚意”的用力之处。此外，“诚意”亦与“格物”“致知”相联系，而“诚意”之关键在于“审几”。这些构成了“诚意”说的展开面向，不论是朱子抑或阳明，乃至阳明后学和蕺山，都在此系统内展开自己的论说，虽然在不同的学者那里每个概念所要描述的并非一致。

对于朱子来说，诚意工夫就是不自欺。自欺意味着，我知道应该去为善去恶，但却未能做到。因而，这里“自欺”的前提就是“知为善以去恶”，也即知道何为善、何为恶。换言之，诚意工夫的前提就是“格物”“致知”——“致吾之知，在即物而穷其理也”。所得之理即“当然之则”和“所以然之故”。唐君毅先生以“所以然之故”即“当然之则所以为当然之理由”，进而言之，“其当然、所以然之理，则由吾人之心之知之。吾人之心知此理，即理之昭显于心之知之中”，得知此理后吾人心中升起一“应该做某事”之“吾人应物之理”，即唐先生所言“于此外物之实然之理（按：即朱子所谓当然之则和所以然之理）之知，恒连于吾人所以待物之当然之理之知；而由对此当然之理之知，又必当继之以力行之事”。[①]唐先生之言可分三层疏解，以明朱子为学之工夫次序。首先，每一物（事）各有其“当然之则”和“所以然之理”，统而言之为“理”，因而需要“格物”。其次，吾人须明白每一事物之“理”。此“理”换言之即“何者当行（善）、何者不当行（恶）”，也即“致知”。最后，依所得之“理”而力行之，即“诚意”。若以知行言之，“格物者知之始，诚意者行之始”（《语类卷十五》），即“格物致知”属“知”，“诚意”属“行”，“知先行后，知轻行重”。心之所知即理，心之所发为意，心之所发未能依理而行便有自欺，因而需要诚意。这就是诚意工夫成立的前提。

而诚意工夫的用力之处和关键在“慎独”与“审几”。当自己的意念发动之时，此意念之善恶唯有自己才能知道，此时即“人所不知而己独知之地”。意念发动之初便有善恶之显现，此之谓“几”。濂溪《通书》言：“诚，无为；几，善恶。”朱子解曰：“几者，动之微，善恶之所由分也。盖动于人心之微，则天理固当发见，而人欲亦已萌乎其间矣。”[②]诚意工夫就是在这个独己知之意念发动之初是善还是恶处用力，善者行之，恶者去之。“如好好色，如恶恶臭”，朱子在这里的理解是，“诚意”须如此这般“务决去”，即类似吾人面对“好色”“恶臭”时坚定不移之态度。至于“自谦”，朱子理解为“诚意”乃“为己之学”，即“自慊者，外面如此，中心也是如此，表里一

①唐君毅：《中国哲学原论·原教篇》第11章，北京：中国社会科学出版社，2006年。

②周敦颐著：《周敦颐集》卷二，陈克明点校，北京：中华书局，1990年，第16页。

般。自欺者，外面如此做，中心其实有些子不愿，外面且要人道好”（《语类卷十六》），与“殉外而为人”相对。而“谦”之“快、足”之意所显示的“自然而然”未得到重视，这是后来阳明所强调的。

之后的“正心”工夫只是一“密察”，“盖意诚则真无恶而实有善矣，所以能存是心以检其身”（《大学章句》），既然心之发动处（意）能为善，于是存此心以检查其全部发用之处，使其皆为善。此只是一扩展、保任之工夫，因而“诚意最是一段中紧要工夫”，而通贯“格致诚正”之工夫则为“敬”。统而言之，朱子之“诚意”工夫是用心中所得之理来检视心之所发之意，因而阳明评之曰“分心与理为二”。

二

阳明于正德十三年（1518年）刻《大学》古本并为之作序以驳斥朱子，突破口便是“诚意”，直言“大学之要，诚意而已矣”（《大学古本原序》）[①]。与朱子将“格物”“致知”“诚意”“正心”分层疏解而显工夫次第不同，阳明收摄“格物”“致知”“正心”于“诚意”，工夫只是一事。首先，与朱子以“正心”为“存心密察”工夫不同，在阳明这里，严格说来并无“正心”工夫：“是故至善也者，心之本体也；动而后有不善。”（《大学古本原序》）心之动即“意”，若谈“正心”，须就心之发动处用力，也就是“诚意”，即以“诚意”取消了“正心”工夫，这与阳明和朱子对“心”之理解差异有关。阳明认为，本心即良知，其灵明昭觉而遇事自有其条理自知其当

①王阳明所作《大学古本原序》现收于《全集》补录（上海古籍出版社2011年），系正德十三年（1518年）原作，《全集》文录四所收《大学古本序》系嘉靖二年（1523年）改作，其重点已从“诚意”变为“致知”。而《全集》补录所收《大学古本傍释》亦非最后定本，其理路以“诚意”为重。（据邓国元：《王阳明〈大学古本旁释〉献疑与辨证——以“初本”和“定本”为中心的考察》，载《中国哲学史》，2014年第1期。）本文不刻意区分阳明思想的不同阶段，因为这些阶段是同质的深入而非异质的断裂。

为，“理”从“心”当下而出，非“求诸外而明诸内”（唐君毅先生语），而朱子“与陆王之分别，唯在朱子于心之虚灵知觉，与其中之性理之内容，必分别说。故心之虚灵知觉本身，不即是性理”[①]，此即“心即理”与“性即理”之别。所以在朱子看来，心之知觉虚灵需要用“理”来检点与宰制，否则便“有所不存”，“诚意”后须有此段工夫。而阳明以心体无不正，及其发动才有不正，所以工夫全在“诚意”处，《大学古本傍释》言：“修身工夫只是诚意。就诚意中体当自己心体，常令廓然大公，便是正心”，《大学问》言：“故欲正其心者，必就其意念之所发而正之”，故而“正心”即“正心之所发”，也就是“诚意”。

与朱子以“毋自欺”“审几”为“诚意”内容和关键不同，阳明以“格物”为“诚意”之内容，“诚意实下手处惟格物”（《大学古本傍释》），“诚意之功，格物而已矣”（《大学古本原序》）。阳明解“物”为“事”，朱子亦有此言，但二人对“物”“事”之存在样态的理解不同。朱子认为，虽“人人有一太极，物物有一太极”，又言“心具众理”，但此“理”有待“心”而知。所谓“求诸外而明于内”，即《大学章句》所言“人心之灵莫不有知，而天下之物莫不有理”。此“物”“事”乃在“心”外，有其“客观”之“理气”结构。阳明虽不否认此“客观”之“物”，但其思考之重心不在于此“物”之存在及其根据（在朱子那里，这种“根据”就是作为“应当”之“理”），而在于此“物”之存在如何显现，故有所谓“心之所发为意，意之所在为物”。尽管我们可以谈论离开意识而存在之“物”，但此谈论已经预设了“物”在意识之中的显现，否则我们无法谈论它。阳明就在这种最初的显现之中，进行他的工夫论叙述。《传习录》言：“意在于事亲，事亲便是一物”，“理一而已，以其明觉之感应而言则谓之物”，以此说明“物”之显现在于“意”中，而“理”与“物”一样，都于“明觉感应”中显现自身。

---

①唐君毅：《中国哲学原论·原教篇》，北京：九州出版社，2006年，第215-216页。

"明觉感应"以"心"言，故"心外无物"。但是，此"心"所发之"意"有私欲便不得其正，于此"意"中所显之"物"便不得其正。阳明训"格"为"正"，"格物"便是于"事"中"正其不正以归于正"。"事"由"意"显，故"诚意"即"格物""正事"。然而，若深究其意，则阳明之说实与朱子相通。甘泉批评阳明之说为"正念头"，但若依阳明之意，"念中自有事物在；家国天下虽大，亦并是人念虑之所及，而皆内在于一念之微中"[①]。"正念头"亦可描述阳明"诚意"之说，当然，如上文所言，也可以描述朱子之"诚意"说。换言之，无论是朱子还是阳明，"诚意"的关键在于检视意念之善恶，从而为善去恶，这是其相通之处。但是，如何"诚意"，或者说关于"诚意"之动力问题，朱子与阳明则有分歧。在朱子，"诚意"是吾人根据所得之"理"来检视意念，"理"与"意"有所分隔，其动力之保障在于"敬"。"敬"是常惺惺法，使心有主宰而一于理。而阳明直言："格致本于诚意，原无缺传可补，以诚意为主，而为致知格物之功，故不必增一敬字"（《年谱一》），其不言"敬"而以"致良知"为"诚意"之动力。朱子的"诚意"是用先在之"理"检视意念，而阳明的"诚意"工夫中"理"是当场呈现的心之明觉的自然条理，不需要"敬"的工夫使"理"呈现于意念中。

阳明于正德十六年（1521年）始提致良知之教，而后修改《大学古本序》，诠释重点由"诚意"转向"致知"。阳明晚年临征思州、田州，钱德洪（绪山）请录《大学问》，以为成熟定论，其亦言"致良知"与"诚意"。《大学古本序》所言"致知"如下：

> 然非即其事而格之，则亦无以致其知。故致知者，诚意之本也。格物者，致知之实也。

---

①唐君毅：《中国哲学原论·原教篇》，北京：九州出版社，2016年，第286页。

乃若致知，则存乎心悟；致知焉，尽矣。①

在这里阳明论述的重心滑向了“致知”，以“致知”来诠释“诚意”。阳明“致知”即“致良知”之简称，与朱子“致知”不同。朱子“致知”乃“欲其所知（之理）无不尽”之意，而“致良知”乃使良知于事事物物皆显现自身而完成自身，此一完成伴随着“事事物物皆得其正”，也就是要“即其事而格之”。事事物物于“意”中显现，而良知心体于此“意”中之“事”自知所当为而为之。譬如，吾人意欲温清、奉养，此为“意”，“温清”“奉养”为“事”，依良知而实行其温清、奉养，谓之“诚意”，谓之“致知”②。因而，在“致良知”的工夫中，“诚意”就是依据良知而行，“存乎心悟”。良知即知、即行而发用为“理”，不须用“敬”来使心有主宰而一于理。这意味着从“诚意”到“致知”的诠释重心的转换乃是一深层次的递进，问题意识转进至“怎样诚意”，即“诚意”的动力问题。“诚意”的要求是使得自已所发之意念为善，如何使得意念为善，即“致知”。良知当下即知善恶，致良知即为善去恶，“诚意”工夫收摄于“致良知”之工夫，因而“致知焉尽矣”。

然而，在“致良知”工夫中的“诚意”出现了不同于朱子与阳明早年教法之处。上文提到，二人于“诚意”工夫有相通处，即检视意念之善恶，而在“致良知”中，尽管此工夫仍旧保留了下来（如《大学问》之论述），但对于晚年臻入化境的阳明来说，已非究竟工夫。当吾人能完全依据良知而动，“开口即得本心”，心之所发即良知流行，那么，“检视意念之善恶”便成为无用

①《王阳明全集》（上海古籍出版社2011年）将此句断为“乃若致知，则存乎心；悟致知焉，尽矣”。据《明儒学案》浙中王门学案一载钱绪山“会语”，有“问：‘致知存乎心悟？’”一语。江右王门学案二载“南野论学书”，有“先师谓‘致知存乎心悟’”一语。此两者皆以良知之不学不虑、灵通妙觉为“心悟”，故《王阳明全集》标点有误。

②《传习录》卷中“答顾东桥书”对“诚意”与“致知”作了细微的区分，“诚意”指实行其温清、奉养之意而无自欺，“致知”指知如何温清、奉养而实行之，但两者于工夫处实无分别，因为此一“实行”便“诚意”“致知”一齐俱到，而缺失“知如何”之“致知”工夫便无所谓“诚意”。

之地，“为善去恶”亦显得不必要。这就是阳明说的：

为学工夫有浅深。初时若不着实用意去好善恶恶，如何能为善去恶？这着实用意便是诚意。然不知心之本体原无一物，一向着意去好善恶恶，便又多了这分意思，提便不是廓然大公。《书》所谓“无有作好作恶”，方是本体。所以说“有所忿懥、好乐，则不得其正”。正心只是诚意工夫里面体当自家心体，常要鉴空衡平，这便是“未发之中”。（《传习录》）

着实用意去好善恶恶、为善去恶，这就是与朱子相通之“检视意念之善恶”。但此工夫需要“向上一机”，于“诚意工夫里面体当自家心体”，即体会良知心体，从而“这一念不但是私念，便好的念头，亦着不得些子”（《传习录》），即“良知无是无非”。因此，阳明对“如好好色、如恶恶臭”的理解也与朱子不同，不再强调其“坚决”之意，而是阐发其“自然而发”之意。严格说来，此时已无“诚意”工夫，但阳明所揭示的此时“意”之状态成为其后学之目标，即“先天之学”，而围绕阳明晚年“四句教”之争论亦由此而起。

三

阳明后学以至蕺山，其为学工夫便是围绕阳明晚年指点之“体当自家心体”而来。阳明“四句教”第一句“无善无恶心之体”与后三句“有善有恶意之动、知善知恶是良知、为善去恶是格物”之区别，便暗含了这种工夫上的差别。我们可以将后三句视为在“致良知”下的“诚意”工夫，而第一句已经超出了“诚意”工夫。龙溪便明确拒绝了前一意义上的“诚意”：

正心，先天之学也；诚意，后天之学也。良知者，不学不虑，存体应用，周万物而不过其则，所谓“先天而天弗违，后天而奉天时”也。人心之体，本无不善，动于意始有不善，一切世情见解嗜欲，皆从意生。人之根器不同，功夫难易亦因以异。从先天立根，则动无不善，见解嗜欲自无所容，而致知之功易。从后天立根，则不免有世情之杂，生灭牵扰，未易消融，而致知之功难。势使然也。颜子不远复，才动即觉，才觉即化，便是先天之学。其余频失频复，失则吝，复则无咎，便是后天之学。难易之机，不可以不辨也。（《王畿集》卷十六陆五台赠言）

“正心”与“诚意”的对立似乎来源于其师“正心只是诚意工夫里面体当自家心体”一句。致良知工夫下的诚意即要求依据良知来检视意念之善恶[①]，良知当下就知道吾人一念之善恶，或者说，当下便知一念之善恶即良知，因而，良知之知与此一意念不同。此外，良知能够知此一念之善恶则意味着良知自知何为善恶，从而可以判断一念之善恶[②]，尽管这种判断是直接而当下的。所以，“诚意”工夫意味着已经有某种程度的“二念”。龙溪曾言：“人惟一心，心惟一念。念者心之用也。念有二义：今心为念，是为见在心，所谓正念也；二心为念，是为将迎心，所谓邪念也。”（《王畿集》卷十七念堂说）心有将迎，而生种种计较、算计，纷杂私意便随之而来，故为“二心”。与阳明以及绪山不同的是，龙溪从这个可以分别善恶的道德意识（良知）出发，要求回返到自知善恶的良知本身，从而依良知而行，而非依靠此良知去截断和消除这一恶的意念。[③]因为后者的工夫是要不断地检视意念之善恶，而这种检

①尽管朱子与阳明都把“诚意”理解为“检视意念之善恶”，但却有所不同。如果说朱子的“诚意”是一种在此意念之后的对象化反思-规范性的意识与行动的话，阳明在致良知工夫下的“诚意”则是与此意念相随附的对此意念善恶之知晓的直接意识与行动，相关论析可参看耿宁《人生第一等事——王阳明及其后学论“致良知”》（商务印书馆2014年）中对作为“对本己意向中的伦理价值的直接意识”的良知的论述。

②在这里需要区分两种善恶，一种是在判断中被给予的善恶，另一种是在伦常明察中被给予的善恶，前者唯有奠基于后者之上才是可能的，参见马克斯·舍勒《伦理学中的形式主义与质料的价值伦理学》（商务印书馆2011年）第四篇第1章相关讨论，这种区分可以帮助我们理解阳明学“无善无恶”与“至善”之间的关系。

③耿宁：《人生第一等事——王阳明及其后学论“致良知”》，北京：商务印书馆，2014年，第712页。

视的可能性就在于“有世情之杂”，并不能从根本上消除“见解嗜欲”。龙溪明言：“在意与事上遏制，虽极力扫除，终无廓清之功。”（《浙中王门学案二》）因而，龙溪是在一种拒绝的意义上使用“诚意”工夫的，但他也有过肯定表述，即以不欺一念灵明而谓之“诚意”。这种工夫即龙溪所说之“一念之微”，本诸良知当下一念，即知即行，而不在善恶意念交织之地做工夫。这种本于“一念之微”的“诚意”工夫即“知几”，而非朱子之“审几”。尽管朱子也以“不自欺”来解释“诚意”，但这种“不自欺”的前提是已经有一个具体的现成的道德要求被我所知，然后使我之行为符合这一要求。而龙溪所谓“不欺一念灵明”乃是保证此“良知”对具体道德要求的当下创化，即当下行为的道德性并不来源于对某种道德要求的符合，而是来源于此行为完全出自良知一念。

这种对“诚意”工夫的理解体现出的是阳明后学的普遍趋向，亦即认为在善恶的意念产生之后再施以为善去恶的工夫并不究竟[①]，但他们对什么是究竟工夫的理解并不相同。如果说龙溪提出的工夫是“致和以致中”的话，江右双江、念庵则体现了“致中以致和”的进路，而后者也表达了诸如彭山、东廓等的倾向，并上连于濂溪、延平、白沙，下启蕺山之学。换言之，王门后学的目标都是保证良知的自然流行而不是在意念产生后的善恶交织处用力；龙溪的方法是彻底依靠良知本身的力量，“以良知致良知”，在具体的事为中以“彻悟”；而彭山之“龙惕”、东廓之“戒惧”、双江念庵之“归寂”都是通过不同的工夫以保证此良知能够充分流行，所以龙溪常常说“信得良知及时”。

在这种背景下，如在龙溪那里表现出来的，“诚意”在阳明后学中具有两种意义：其一，依靠良知检视当下一念之善恶从而为善去恶，此处工夫在“意”上；其二，保存此良知心体流行发用而“意诚”，工夫不在“意”上。

---

①彭国翔：《良知学的展开：王龙溪与中晚明的阳明学》（增订版）第6章，北京：生活·读书·新知三联书店，2015年。

但这两者并非截然分别。钱绪山极力强调师门“诚意”之功，并录《大学问》以矫治“好为径超顿悟之说”，言“止至善也者，未尝离诚意而得”，要求初学者必须从“诚意”入手，“应感起悟而好恶形焉，于是乎有精察克治之功”，但也说“诚意之功极，则体自极而应自顺”（《浙中王门学案一》），故以“诚意”工夫贯彻上下，应该说绪山是遵守了阳明在“天泉证道”时的教法。而南野同样强调第一种意义上的“诚意”工夫可以通达圣人之地，“苟能不欺其知，去其不善以归于善，勿以所恶于人者施之于人，则亦是致知诚意之功。即此一念，可以不异于圣人”（《江右王门学案二》）。而第二种意义上的“诚意”则否认了第一种意义上的“诚意”可以通达于圣人之地，刘师泉就取消了圣人与非圣人的工夫的一致性，“感应从心不从意，圣人之事也；未至于圣，则亦不可无诚意之功”（《江右王门学案四》）。因此，在良知心体上用工夫而直达圣人之地便成了普遍的追求。陈明水明确说道：“诚意之学，却在意上用不得工夫，直须良知全体洞彻，普照旁烛，无纤毫翳障，即百虑万几，皆从此出，方是知几其神，乃所谓诚其意也。若俟意之不善，倚一念之觉，即已非诚意，落第二义矣。”（《江右王门学案四》）不从“意”上做功夫就是排除人力而一任天然，也即“自然而然”之“诚者天之道”。所以双江说：“稍涉人为，便是作好作恶。一有所作，便是自欺，其去自慊远矣。故诚意之功，全在致知，致知云者，充极吾虚灵本体之知，而不以一毫意欲自蔽，是谓先天之画，未发之中，一毫人力不得与。一毫人力不与，是意而无意也。”（《江右王门学案二》）念庵言：“凡致知者，亦必即其（良知）所未泯，而益充其所未至，然后可以为诚意。”（《江右王门学案三》）。他们皆以归寂保任良知心体而后“意诚”，不在“意”中做功夫。这一意义上的“诚意”被当作已经得到的效验讲，而非工夫，即龙溪所说，“意统于心，心为之主，则意为诚意，非意象之纷纭矣”。（《王畿集》卷八意识解）

当然，在第二种意义上使用“诚意”，如龙溪，也在一定程度上保留了第一种意义上的诚意工夫，只不过使其更加精细和严密，即“一念之微”。“一念之微”若从第二种意义上的“诚意”来理解，意味着保存良知心体，“时时保守此一念，动静弗离，便是缉熙真脉路，更无巧法”（《王畿集》卷十六书查子警卷），这就是龙溪所说的“知几”。而龙溪也提到，此一念也有“欲念”之可能，于是需要“觉”此一念，反证本心。但是这并不说明龙溪返回到了绪山的立场，而是在区别“意”与“念”的基础上以“一念之微”统摄一切工夫。“意”指一个完整的意识活动，其中善恶已分，而“念”则指此意识活动初发之瞬间，善恶将萌而未萌而良知自知其为本念抑或欲念。在此“一念”之地用功，也就是龙溪所说之颜子“不远复”“才动即觉、才觉即化”之“庶几”。这种工夫并不是在“念”中为善去恶，而是“在这个直接的（非反思的）意识中纯粹地关注于“这个一念”，即是说，关注于这些从“天机”中产生的“善的”意向，并且首先不去理睬“欲望的意念”“恶的意向”[1]，因为此时在一念中“恶的意向”并未形成完整的恶的意识，所以才能够“不远而复”。可以说，龙溪以第二种意义上的“诚意”为根本，从而在“一念之微”的工夫上收摄了第一种意义上的“诚意”。

四

从阳明后学的整体倾向来看，一般意义上的“检视意念之善恶”的工夫是被拒绝的，因此也导致了蕺山所说“今天下争言良知也，及其弊也，猖狂者参之以情识，而一是皆良，超洁者荡之以玄虚，而夷良于贼，亦是用知之过也”。（《证学杂解》）蕺山学术归本“慎独”“诚意”，以救阳明学之弊，但其也接受了阳明后学的基本倾向。蕺山“诚意”说的基本前提就是区别“意”和“念”，“人若只在念起念灭上用工夫，一世合不上本体了，正所谓南辕而北辙也”（《阳明传信录》），而批评阳明“即用求体”和“致和以致

①耿宁：《人生第一等事——王阳明及其后学论“致良知”》，北京：商务印书馆，2014年，第712页。

中”之言。阳明“致良知”之说曾经被甘泉指认为“正念头”，即在念头发作之后而就正之，即于“事”中“正”之，因此阳明有“必有事焉”“事上磨炼”之言，又有“君子之于学也，因用以求其体”（《全集》卷四答汪石潭内翰）。后来龙溪也说：“工夫只在喜怒哀乐发处体当，致和正所以致中也。”[①]（《浙中王门学案二》）他认为良知无分体用和已发未发。但是蕺山继承了双江念庵的看法，认为虽然良知于本体上无已发未发之分，但于工夫处却不能在已发之念头处用功。当然，蕺山重新诠释了未发已发，认为“未发为动，已发为静”，但其说不出明道《定性书》、阳明《传习录》“未扣时原是惊天动地，既扣时也是寂天寞地”一贯之旨，只是突出了“喜怒哀乐一气流行”之性宗和“当喜怒自喜怒”之心宗。

因而，蕺山之“诚意”就需要从“喜怒哀乐一气流行”的角度来理解。喜怒哀乐如春夏秋冬自有其条理秩序，此从“性宗”说。其自然而然之流转即“流行”，此流转之有秩序即“主宰”，而“意”即此流行之主宰，此从“心宗”说。而“诚意”即以此“心宗”统摄“性宗”，使心体自有其条理和秩序。[②]换言之，蕺山之“诚意”即要求人能够切入此包含万物之一体的价值秩序中，或者说，使人能够明见此价值秩序并使得自身之意向契合此秩序。倘若阳明的良知说是要求良知能够当下而直接地给出一具体的“道德要求”的话，蕺山之“诚意”说就是指点出，“良知”能够给出一个具体的“道德要求”的原因在于，“良知”本身就在一个先天的价值秩序之中，“喜怒哀乐一气流行”便是此先天价值秩序，人顺着此秩序而活动，当喜则喜，当怒则怒。

现象学家马克斯·舍勒非常强调这一价值秩序在伦理生活中的重要作用，他的论述可以帮我们更加深入地理解蕺山的“诚意”说。在他看来，先天的价值等级秩序对应在每个人身上，这便是我们的爱的秩序。它作为个人一切行为

①《明儒学案》（修订本，中华书局2008年）将此句断为“工夫只在喜怒哀乐发处，体当致和，正所以致中也”，此处明显有误。于喜怒哀乐处体当良知心体，致和致中一齐俱到，此龙溪承阳明之意而来。

②高海波：《慎独与诚意——刘蕺山哲学思想研究》第6章，北京：生活读书新知三联书店，2016年。阐发此“秩序”义者，见陈畅：《自然与政教——刘宗周慎独哲学研究》导论，上海：上海人民出版社，2016年。

的根源，同时也是一个先天价值秩序的缩影。而爱的秩序有双重含义，即规范性含义和描述性含义。对于任何一个个体人格来说，它所具有的最根本的核心或结构恰如伦常的基本公式，它正是依据这一结构或公式而道德地去生活和实存。在此意义上，作为行为实体的人格的基本存在样式就体现为：依据描述的爱的秩序去生活或者去存在。[①]在舍勒那里的“先天价值等级秩序”，在蕺山这里意味着“喜怒哀乐春夏秋冬”之流行的自然秩序（主宰）。人自觉此流行之秩序而依据此秩序去活动，就是“诚意”，所谓“觉有主，是曰意”（《蕺山学案》）。舍勒所讲的“先天价值秩序”以及其对应于人身上的“爱的秩序”，也就是蕺山所讲的“喜怒哀乐春夏秋冬一气流行”之“性宗”，而人根据这个“爱的秩序”去生活存在也就是蕺山所讲的“好恶从主意而决”（《学言下》）之“心宗”。当然，舍勒所讲的“先天价值级序”和“爱的秩序”都是奠基于伦常明察之上的纯粹精神性的，而蕺山所代表的古典自然秩序则是包含所有存在者在内的，并没有一个纯粹精神性的领域独立于“春夏秋冬”等“物质性”之外。

于是，“意”与“念”的分别便更加明显。“意之好恶，与起念之好恶不同。意之好恶，一机而互现；念之好恶，两在而异情。”（《学言中》）意之好恶本身即是价值秩序之表现，而价值秩序就表现在对高级价值的追求和低级价值的排斥中，即一种稳定的价值感知之倾向。这也就是说，“意之好恶”本属一体，共同体现出了价值秩序本身，因为对高级价值的追求本身就蕴含了对低级价值的排斥，反之亦然。而“念”之好恶乃是奠基于此价值秩序之上的，对某一具体事物的“好”“恶”并不能够共存，尽管其体现了作为价值秩序的“意之好恶”。那么，若要我们能够在具体事务中真正地“好善恶恶”，就必须能够依据此价值秩序而活动，所以说“一诚意而天下之能事毕矣”（《年谱》）。

---

①[德]马克斯·舍勒：《伦理学中的形式主义与质料的价值伦理学》第六篇，北京：商务印书馆，2011年。以及张任之：《质料先天与人格生成——对舍勒现象学的质料价值伦理学的重构》第6章，北京：商务印书馆，2014年。

熊十力与吕澂关于“性寂”与“性觉”之争的重新诠释

杨超宇

当代新儒家开山祖师熊十力与佛学界的关系始终剥离不开。1943年，熊十力与欧阳竟无的得意弟子吕澂展开了一场争论。这场争论一共持续了4个月，成果体现在往返的17封信里。

关于这次论战的内容以及评价，学界已有了许多探讨。比较著名的有江灿腾、郭齐勇、李祥俊、傅新毅、秦淮、李宜静、张晓亮、袁宏禹、丁为祥等学者的讨论。有的学者甚至将这次论战称为“佛教史上的鹅湖之会”[①]。

但是在这些讨论中，比较一致的观点是论战体现了吕澂深厚的学术功底，而熊十力却招架不住，左右摇摆。甚至还有人越过学术的探讨，上升到了两位先生人格的高低比较。这些观点是有待商榷的，熊十力“毫无招架之力”[②]“顾左右而言他”[③]“招架无力”[④]等结论，还是得通过具体文本来分析。除此之外，似乎大家都普遍地将这场争论看作是由儒佛两派的不同立场导致的，称之为儒佛心性论的争论。[⑤]甚至林安梧将这些争论信稿改名为《辩儒

①袁宏禹：《吕澂唯识学思想研究》，北京：人民出版社，2015年，第151页。

②江灿腾：《吕澂与熊十力论学函稿评议》，萧萐父、郭齐勇编：《熊十力全集》附录卷上，武汉：湖北教育出版社，2001年，第428页。

③同上书，第478页。

④傅新毅：《试论吕澂佛学思想的后期变化—从吕澂与熊十力辩佛学根本问题说起》，《宗教学研究》，2001年第1期，第110页。

⑤参见袁宏禹：《吕澂唯识学思想研究》，北京：人民出版社，2015年，第230页。

佛根本问题》，从而收入到他的《现代儒佛之争》文集中。这种定性是否准确恰当呢？本文拟对此进行深入探讨。

一、论战过程及要点

（一）论战之缘起（1943年3月10日，熊与吕信）

吕澂先生是南京内学院欧阳竟无最著名的弟子，通晓多种语言，佛学造诣极深。这次论战始于1943年3月，时值欧阳先生逝世，熊十力去信悼念。在信尾，他附了《与梁漱溟论宜黄大师》一文，对欧阳先生一生学问有所褒贬。信里说："从闻熏而入者，虽发大心，而不如反在自心恻隐一机扩充去，无资外铄也。"[①]熊十力认为有宗的多闻熏习，依正教而作工夫，并非是真心呈现，源源不断地"转染成净"，有心与理二之嫌。心与理二，即是外铄。这句话是一条导火线，导致了吕澂的不满。一来欧阳师逝世，吕澂心中悲戚不已，而熊十力还附信说老师的不足；二来《新唯识论》对内学院的"叛出"，吕澂心中始终有着芥蒂。以前的论战他没有参加，这次熊十力的批评终于引发了他对熊说的回应。需要补充的是，熊十力在此信寄后几天，便又写信给吕澂，"十日一信，附上论及师座语，旋知僭妄，幸勿示人"[②]。借此说明自己之前举措的不妥，希望他能原谅，并且不要将信公开。

（二）吕澂的回应（1943年4月2日）

吕澂收信后回护师说。他认为："瑜伽论说净种习成，不过增上，大有异乎外烁。至于归趣，以般若为实相，本非外求，但唐贤传习，晦其真意

---

①熊十力：《熊十力全集》第八卷，武汉：湖北教育出版社，2001年，第422页。

②同上书，第423页。

耳。”[①]吕澂认为，唯识宗的正闻熏习净种生长仅仅是对无漏种增长起一个增上缘的作用，修行的依据还是在于无漏种本身，并不能算是没有根源的盲目学外。在信尾，吕澂并且指出熊说与中土“性觉”伪说是同一腔调，不可以来衡量佛法。

其次，吕澂点到，性觉的说法根本是错误的。

（三）熊信（1943年4月7日）

首先，熊十力认为：“必须识得实相，然后一切净习皆依自性发生，始非外铄。”[②]即须肯认本心，由此呈现发露之净习才是不容已之真机。这符合熊十力的哲学体系与他的修养实践。并且，他提到，净种如果是习成，那么便是后起，便不是从实相所生或所显。如此便导致实相与净习两不相干，难以会通。

其次，关于性觉性寂的说法，熊十力提出了自己的看法。他认为，性觉与性寂不能作分别对立的表达。“吾以为性觉、性寂，实不可分。言性觉，而寂在其中矣。言性寂，而觉在其中矣。性体原是真寂真觉，易言之，即觉即寂，即寂即觉。二亡，则不见性也。主性觉，而恶言性寂，是以乱识为自性也。主性寂，而恶言性觉，是以无明为自性也。即曰非无明，亦是枯寂之寂，堕断见也。”[③]

这一点很重要。因为两人的争论虽然由“熏习是否属于外铄”开始，但真正分歧的却是“性觉性寂”而已。熊十力不依傍经论，只谈自己的体会。他认为，所谓“性觉”与“性寂”，不过是性体呈现出来的特征之一而已。从性无昏乱，名之为寂；从性无迷暗，明之为觉。需要指出的是，在这里，熊十力对

①熊十力：《熊十力全集》第八卷，武汉：湖北教育出版社，2001年，第424页。

②同上书，第425页。

③同上书，第426页。

性觉的看法其实有两个向度，一是对“无明”的对翻，即性无迷暗的德性；二是对“枯寂”的对翻，即性体直通道体，从而呈现生生不已的德用。性的德性其实并不是两人交锋的重点。两人争论的实质即在于性体能否显现为生生不已的德用，或性体能否当下呈现、显现出自带法则的自律意志。这一点在后文会有详细讨论。按熊所说，性体呈现时，清明湛然，自然寂觉俱在，并非二元对待。

最后，熊十力指出：“从宇宙论的观点而谈法性，只见为空寂，而不知空寂即是生化者，是证到一分，未识性体之全也。”[①]这个观点在《新唯识论》里是比较典型的说法。因熊十力的本体论便是参照佛道的本体论而立说，或者说是通过遮诠佛道本体论“得其一偏”的方式来显示儒家的本体之全。空即无行相、无作意，寂即无昏乱、无迷暗。空寂是讲性体的德性。这是性体之法尔自然、普遍必然、万善具备、至善无恶的性质。佛道都有见到这一层。但如果滞于此境，以此为究竟，则得性体之偏，有耽空滞寂的流弊。这也是熊十力之所以舍佛归儒的原因之一。“佛氏谈空寂而不悟生化，要非识性德之全。然有不可不知者，惟实证空寂，乃为深知生化。性体无形无象故说为空，离诸惑染故说为寂，惟寂故蓄之深而生生不息，惟空故运而无所积，乃万化无穷。”[②]在这里可以看出，熊氏的说法与对吕澂的回复是一样的。正因为性体即空寂即生化，所以现实世界本身便有无限真实的意义，不需要通过“厌离”或“厌世”的方式来获得解脱与自在。所以，熊十力会说佛道本体只空寂而不生化了。

（四）吕连发两信（1943年，4月12日与13日）

需要注意的是，在吕澂的回信里，吕澂有些动气，对熊十力非难很多。

---

①熊十力：《熊十力全集》第八卷，武汉：湖北教育出版社，2001年，第426页。

②同上书，第125页。

“此可见足下反己工夫犹未免浮泛也。”[①]非难虽多，但两人实质的论争——“性觉”“性寂”之阐释，却并不多，主要在以下：

吕澂认为：“西方佛说与中土伪说根本不同之辨，一在根据自性涅槃，一在根据自性菩提。由前立论，乃重视所缘境界依；由后立论，乃重视因缘种子依。能所异位，功行全殊。一则革新，一则返本，故谓之相反也。……心性本净一义，为佛学本源，性寂乃心性本净之正解。性觉亦从心性本净来，而望文生义，圣教无征，讹传而已。……流毒所至，混同能所，致趋净而无门。不辨转依，遂终安于堕落。”[②]这里可以简单总结，心性本净乃印度佛学本源。它在中国的流传中有真伪两种流派，真者“性寂”，重视所缘境界依，乃革新之学；伪者“性觉”，重视因缘种子依，乃返本之学。这是他的主要观点，但并未表达完全。所以，他于第二日又发一信，补充论点。其所言如下：“唯其革新，故鹄悬法界，穷际追求。而一转折间，无住生涯，无穷开展。庶几位育，匪托空谈。……唯其返本，故才起具足于己之心，便已毕生委身情性，纵有安排，无非节文损益而已。等而下之，至禅悦飘零，暗滋鄙吝，则其道亦既穷矣。”[③]

吕澂认为，依“性寂”而起的工夫是创新不已，“性寂”只是修行的根据，仅是潜在的可能性，并非已经是修行的结果。在此基础下，他认为现实众生的生活是杂染习气等流不觉，染净随着修行的不同而有增减，众生并非已经觉悟。所以需要不断“转染成净”，唯识五位、十地修行，步步落实，这是一种渐修的修行方式。而依“返本”而起的工夫是无事于修。在这里吕澂对“性觉”的批评颇多。他认为所谓的“返本”，不过是情性的自以为足（才起具足于己之心，便已毕生委身情性），本性已净便无待于修行，不是消极颓废便是

①熊十力：《熊十力全集》第八卷，武汉：湖北教育出版社，2001年，第427页。

②同上书，第429页。

③同上书，第431页。

狂荡放肆。我们可以很清楚地看到，吕澂所说的“返本”之心，只是虚妄之心，即习心。他是不承认有贯彻上下通透内外的本心存在的，所以“返本”只不过是妄心自以为是的扩充而已。

（五）熊亦连回两信（1943年，4月17日与18日）

熊十力之后连回两信，皆有针对。

第一封信里提到，如果自性涅槃与自性清净非要分成两个，“如定要分作能所会去”[①]，那么意味着便有了两个自性。甚至能所的说法也会把自性当成外在的事物来对待。这是万万不容许的。依熊十力看来，自性涅槃形容自性中寂的一面，自性菩提形容自性中觉的一面。两者都是在说自性本身，不可强分能所。自性呈露的时候是自明自了的，是自己认识自己的，所以根本没有对待的存在。在这里可以看出，熊十力的回复还是依据新论“性智”的概念来说，也就是儒家常说的良知呈现之义。之后收到吕澂的第二封信后，熊十力便明白吕澂的意指所在。“今得此函，似已略识足下用心所在。”[②]

第二封信大体分为三部分。第一部分，主要是谈性寂的流弊。熊十力总结其流弊如下：

> 真性无外，而虚构一外境，乖真自误，其害一；追求之勇，生于外羡，无可讳言。外羡之情，犹存功利，恶根潜伏，知所极，其害二；返本则会物归己，位育功宏。外羡则对待情生，祸几且伏，如何位育？来教所云适得其反，其害三；外羡者，内不足，全恃追求之勇为其生命。来教所谓无住生涯，无穷开拓，虽说得好听，要知所谓开拓者，只恃外羡之情，以鼓其追求而已。毕竟虚其内而自绝真源，非真开拓，其害四。[③]

①熊十力：《熊十力全集》第八卷，武汉：湖北教育出版社，2001年，第438页。

②同上书，第440页。

③同上。

其实吕澂的真意并非如此，只是他表述出来的意思却很容易被这样理解。法界很容易被理解成为一种固定的静止的境界，我们不断修行就可以达到。这样来说的话，对法界的追求确实有功利的心思所在，因为是为了实现那个固定的高妙的境界。这样发起的修行，全凭法界的诱惑，没有内在源源不断的动力。这也是熊十力所诟病的地方。“靠有漏心来用工夫，虽发之为有漏善，终不能引发得本心出。”[①]唯有本心呈现、自体流行，真正的修养才说得通，而这也是“真正理想主义的自律道德”[②]。

第二部分，谈性觉与返本的真意。

首先， 熊十力从新论出发，直接引用新论观点“返本”的修行。本体显现为大用，即用便可识体。性体心体至善无染，然有形体之后，形体乘权（随躯壳起念）障蔽本心，使得本心不得显发，只能潜伏。所以虽然本心本性至善无染，但在经验世界里却有障蔽的实然存在，并非是徒恃性善便可不作修养，安享现成。因为本心的潜伏，所以才会有不足的感受，这个时候容易产生两种流弊。一种是向下的追求，如物欲；一种是向上的追求，如神帝与法界。上下虽然不一，但其实质都是向外追求。向外追求便是无本，哪怕是向上的追求，也是浮虚不实的。

其次，再谈新论或性觉的意思。形体虽然障蔽本性，但本性毕竟不会全被障蔽，如乌云蔽日，并不能让太阳消失，总会有日光透出。熊十力在这里的形容是“机芽”，机芽是内在本心的流露。我们在修行的过程中，只有识得这个“机芽”，肯认自有大本。才能凭借它来破除障蔽，才能使得本心“从隐至显”，本心的德用便源源不断地显发出来。这种显发，在人身上，便是破除障蔽而进行的不断的创新。创新即返本，且创新之所以可能，也是因为有本。创新不已，本体呈现的德用流露，也是无有穷极的。所以，“修为进进，即是本

①熊十力：《熊十力全集》第八卷，武汉：湖北教育出版社，2001年，第436页。

②牟宗三：《心体与性体》（上），长春：吉林出版集团有限责任公司，2010年，第99页。

体显发，无穷妙用”。[1]

第三部分，熊十力做了总结，返本之学“初则以人顺天而自强。久则即人而天。刚健复寂寂，寂寂复刚健。吾人以知本而创新，创新而返本。到得返本，恒是刚健寂寂，何至有陷身堕性之事乎？”[2]

（六）吕信（1943年4月22日）

吕澂回信比较简单，他只是解释法界非外。性寂与性觉只是对于本性清净的两种解释。只不过一真一妄罢了。这封信里吕澂“意气”有些重。这段时间欧阳先生刚刚去世，吕澂心里很不好受，所以当熊十力来信谈有宗的流弊与缺陷，并且提到欧阳先生的不足时，吕澂自然心有芥蒂。而熊十力则疏阔地未有发觉。

（七）熊信（1943年5月21日）

熊十力说：“我于佛学，始终作为一种参考。”[3]古今中外一切思想家，不过是道友彼此印证而已。这封信并未多言，只于信尾简单提及：性觉性寂何必分个真伪？

（八）吕信（1943年5月25日）

吕澂回信的要点如下：

> 要之，佛家有言，重在离染转依，而由虚妄实相，以着工夫。故立根本曰心性本净。净之云者，妄法本相，非一切言执所得扰乱，此即性寂之说也。六代以来，讹译惑人，离言法性自内觉证者，一错而为自己觉证，

---

①熊十力：《熊十力全集》第八卷，武汉：湖北教育出版社，2001年，第443页。

②同上书，第443页。

③牟宗三：《心体与性体》（上），长春：吉林出版集团有限责任公司，2010年，第445页。

再错而为来来觉证。……盖性寂就所知因性染位而言，而性觉错为能知果性已净。由性寂知妄染为妄染，得有离染去妄之功行。但由性觉，则误妄念为真净，极量扩充，乃愈益沉沦于染妄。……问题所在，乃是此流行染净真妄之辨，与相应功行革新、返本之殊耳。[①]

这是吕澂对于为何性寂为真、性觉为伪做出的新的解释。吕澂考据与义理兼通，所以对于六代翻译的错误他可以通过巴利文、梵文、藏文的对比看出问题。但凭借这个来判定性觉是错误的说法，是不太有说服力的。我们还是得看学说的实质，即是否合于真理。秦淮在《试论吕澂佛学思想的后期变化》[②]里便提出这点质疑。按吕澂所说，性寂是修养的根据，而不是修行的现实。“心性本净”是客观的真实存在，并非是主观的直接显现。在修行的时候，性寂不满足于杂染的状态而转染成净，而众生实际的境地又是杂染缠身，需要用功加以对治，所以“性寂”说可以使人踏实用功。但是性觉的话，便是把修行的根据当成了修行的现实，把客观的真实当作主观的具足，将当下杂染的心误解为一切具足的真心，所以修行扩充不已的也只是妄心而已。其实吕澂这里是有误解与义理不谛的地方的（至少对熊说而言），性觉的呈现即本心的呈现，性寂虽然是修行的根据，但它起作用的时候，毕竟还是通过心来作工夫。而转染成净的心，是何心？妄心不知妄，所以不须转；唯有真心呈现，才会主动地、积极地、不已地去做转染的工夫。这个性觉的真心、本心即性。甚至可以说，性觉是性寂（寂之体）的主体、呈现，心是性的主体、呈现；性寂是性觉的本质、内容，性是心的本质、内容。“识得大本”并非是无待于修养，安享现成，而是能够为修养提供源源不断的动力与更坚实的基础。否则杂染的心在修行中总是存在中断与外烁的可能。吕澂总是以为中土的佛家乃至熊十力所说的本心即性，只是一个杂染的妄心。而妄心与性根本不能合一，妄心与“心性清

①牟宗三：《心体与性体》（上），长春：吉林出版集团有限责任公司，2010年，第448页。

②秦淮：《试论吕澂佛学思想的后期变化》，《宗教学研究》，2001年第4期，第119页。

净”殊途甚远，由妄心而起的修行也只是虚妄不已，情识流荡。

（九）熊信（1943年6月3日）

熊十力此信已不想再辩论，因吕澂的态度确实比较恶劣。“足下既自视太高，吾自无如何。”①

(十)吕信（1943年6月12日）

吕澂这封信是这14封来往书信中态度最为恶劣的一封。但也有熊十力做事粗心马虎的原因，不能都怪吕澂。信中结尾气愤之情甚显：“嗟乎，子真！相识数十年，乃不能开诚相见，一至于斯耶？”

（十一）熊信（1943年6月21日）

这封信里熊十力终于忍受不住吕澂的指责，直接提出“竟师新逝，知足下悲苦中，故于来函之骄傲无理，一概避让，不愿针锋相对，冀足下稍悟也。矜心胜心，皆所谓杂染。潜玩玄文，而未离此杂染，乃何哀之甚也！……足下骄傲之气，溢于文墨而不自觉。”②

（十二）吕信（1943年7月2日）

经熊十力的提示，吕澂随即正视了自己的激愤情绪，做出改正。所以在这封信里，他们态度变好了许多。信首即言：“得复颇有所感。前寄各书有激切处，大抵出于孤愤之怀。”③

然后，吕澂从学术史或佛学史的角度，提出了熊十力的“十不可”之误。

①熊十力：《熊十力全集》第八卷，武汉：湖北教育出版社，2001年，第449页。
②同上书，第452页。
③同上书，第453页。

关于这方面的争论，熊十力隔了几个月之后才给回信。这些问题比较专业，必须对佛学史有细致的了解才行。江灿腾便是通过这封信来论定熊十力毫无招架之力，丢盔弃甲而逃。郭齐勇也说熊十力此信的回复“顾左右而言他”。[①]这样说对，也不对。如果从学术史及佛学史的角度来探讨性觉与性寂的真伪，那么这场探讨一开始就不会发生。熊十力自己在信里说读书不如吕澂多，对佛学史上的细节不较吕澂清楚，但是他是在真理的标准下来探讨两说的是非。如果说“性觉”是错，那么便要提出错的根据，不能仅仅因为“错译”就判它不对。并且吕澂对新论的批评，也是用他的这种“判教”理路来说。他既然这样说，那么熊十力自然也会来探讨两说的真实含义及真实是非。在争论中，仅仅是文献的排列与讲解，并不能令熊十力心服。因为他自己已经承认所读佛经比吕澂少，考据工夫也不是自己擅长的地方。所以，需要来从义理的层面来探讨两说的是非。也正是在这点上，熊十力才往返信件这么多，而非江灿腾所说的他与吕澂“无理取闹”“浅薄无知”。后来熊十力在《新唯识论语体文本》附录及1944年《哲学评论》杂志第八期，对这些讨论进行了整理与删改，但意义不大，不在本文讨论的范围之内。

在这封信里，吕澂总结了自己的观点：

> 惟予所确信者，一、性觉说由译家错解文义而成，天壤间真理绝无依于错解而能巧合者。二、道理整个不可分，性寂说如觉有一分是处，即应从其全盘组织，全盘承受，决不能尝鼎一脔，任情宰割。三、佛家根本，在实相证知，以外绝非神秘，应深心体认得之。[②]

这三点并未对“性寂”“性觉”之说进行更深层次的讨论，所以意义不大了。

---

①江灿腾：《吕澂与熊十力论学函稿评议》，萧萐父、郭齐勇编，《熊十力全集》附录卷上，武汉：湖北教育出版社，2001年，第478页。

②《熊十力全集》第八卷，武汉：湖北教育出版社，2001年，第456-457页。

（十三）熊信（1943年7月19日）

这封信熊十力心气已平，“七月二日惠函，真挚之情极感”[①]。对于吕澂的“十不可”之说，熊十力做出了自己的回答，但这与两人前后论争的焦点已经没多大关系。而这些细节性的讨论，熊十力虽然有自己的看法，但确实不如吕澂缜密。他最后在信尾说道：“我对于佛，根本不是完全相信的。因此，对于伪不伪的问题，都无所谓。我还是反在自身来找真理。”[②]

二、论战的余波及评价

在某种意义上，熊十力与吕澂可以算是同门师兄弟。只不过两人对佛学进行深入研究与切身体会后的选择却终归殊途。熊十力“由佛入儒”，经过对空有二宗的“强探力索”后归宗儒家，形成了自己的理论体系。这场论战对熊十力的影响并不大，所说也只是他对于“性体”“心体”以及“性智”的一贯看法。但对于吕澂来说，却是开启了他由考据向义理的转型之路，甚至如“性寂”“性觉”“革新”等词，都是在这次论战中首次使用。他之后的一系列著作，如《禅学述源》《中国佛学源流略讲》《探讨中国佛学有关心性问题的书札》，都在对这个问题进行深化。只不过其晚年的《中国佛学源流略讲》持论更加平和，不像这次论战，直接申斥“性觉”是伪说，而是阐明“性觉”是中国佛教的立足点，与印度佛教有所不同。并且吕澂之所以不断地阐述“性寂”的好处，也是有他非常强烈的现实关怀。他想借助改良的唯识学，对现实世界进行革新活动，以此来完成时代赋予学术的使命。

在这里，笔者将对吕澂与熊十力的观点进行一个溯源式的回首与总结，从而做出客观的评判。首先，我们需要看一下，吕澂对“性寂”的内涵到底是什

①《熊十力全集》第八卷，武汉：湖北教育出版社，2001年，第464页。

②同上书。

么看法？“性寂者即经云不生不灭本来寂静自性涅槃也。”[①]“故说性寂者，乃由果推因之谈，以能成佛，推其本来清净也。”[②]“性本净即本性净，自性净之义。与孟子所云之本性同。”[③]通过这些界定，我们可以看出，吕澂所认为的“性寂”类同于儒家的“性善”，是由果推因的逻辑设定，是众生修行成佛的根据，也就是本文所说的性之德性义。在这一点上，吕澂与熊十力其实是没有分歧的。其次，我们继续看一下吕澂对“性觉”与“性寂”的比较，“从性寂上说人心明净，只就其‘可能的’‘当然的’方面而言；至于从性觉上说来，则等同于‘现实的’‘已然的’一般。这一切都是中印佛学有关心性的思想所有的重要区别。”[④]“性寂”的根据义便不再多说，这里主要是看吕澂对“性觉”的批评。吕澂认为，“性觉”只会使众生以为心性已经圆满，不需要再进行艰苦的修行，安享现成就可以。从一身来说，会使得修行者懈怠并且骄堕；从社会来说，会有一种保守的妥协的态度，而不去主动改造社会。从“性觉”可能产生的流弊来看，吕澂对此十分警惕，也因此而批判不已。正如袁宏禹所说：“‘性觉’忽视了人的后天主观能动性；‘革新’是唯识学特有的转依、渐熏的含义。”[⑤]但吕澂这种批评是否合理与符合事实呢？恐怕未必。吕澂继承欧阳竟无的遗志，将大乘唯识学放在整个佛学的大背景下，回归到印度大乘瑜伽学，以唯识学来统摄一切世间法。这是内学院一系唯识学最明显的特色。吕澂在评判如来藏系统的中国佛学时，有些很深的成见。由于他是主张以唯识学来统摄一切佛家学派的，所以他评判的标准便是唯识义理。所以之后他又花了很大的工夫来对中土天台、华严、禅宗进行了料简与批判，并且将如来

①吕澂：《楞伽如来藏章讲义》，见《吕澂佛学论著选集》卷一，济南：齐鲁书社，1991年，第263页。

②同上书，第264页。

③吕澂：《辩中边论讲要》，见《吕澂佛学论著选集》卷二，济南：齐鲁书社，1991年，第871页。

④吕澂：《试论中国佛学有关心性的基本思想》，《吕澂集》，北京：中国社会科学出版社，1995年，第105页。

⑤袁宏禹：《吕澂唯识学思想研究》，北京：人民出版社，2015年，第280页。

藏系的经典全部归入了内学院瑜伽“五科”[①]之中。但这样的判教模式，也引起了一些僧侣与学者的不同看法，如巨赞与陈兵等。最后，吕澂孜孜不倦地进行这种判教，目的是什么呢？这一点学界的看法比较一致：“吕澂打着复兴印度纯粹佛学的旗帜，究其根本则是为了改变中国传统佛学理论所导致的种种实践上的弊端，而实现以佛教革新现实人生的积极目标，由此带来了振聋发聩的变革性意义。”[②]

吕澂的观点我们已经进行了回首与总结。那么熊十力为何要肯定“性觉”之说呢？首先在于，熊十力对唯识学修养工夫的不满。事实上，熊十力《新唯识论》的写作，便是在对唯识学理论的不断扬弃的过程中才写出的。在《佛家名相通释》中，熊十力曾对唯识学修养方式的不足做了细致的说明。“引义者，所谓有漏善为增上缘，由此引生无漏种，令起现行。及无漏加行，渐次折伏染种。至无漏增盛，而后染种始尽焉。《摄论》以正闻熏习为入手工夫，即是此意。世亲迄护法、窥基，一脉相承。余初亦不敢妄议也，继而潜玩群经，毕竟归诸自性自度。若不能反观自性，洞见本源；而徒仗托闻熏，从有漏善法模拟仿效，将冀引生无漏，是何异蒸沙而欲成饭耶？自性恒时昭明，曾不自识，乃欲于杂染法中引生清净，不思其源未澄，其流又焉得不浊耶。”[③]在这里，熊十力认为内在的本有的无漏种是无为法，不能发用，而必须由外在的闻熏引起的净种促成其成长，即内在的本体有而无为、不起作用，起决定作用的是外在的、后起的闻熏。[④]事实上，熊十力对唯识学是有很深入的了解的。他1923年版的《唯识学概论》即基本根据护法窥基的义理而成，甚至

①内学院教学模式仿照印度那烂陀寺的分科教学法，而吕澂的“五科”法也是在继承其师欧阳“四科”法的基础上而形成的。五科分别为毗昙、般若、瑜伽、涅槃、戒律。在此基础上，吕澂将《法华》《华严》判为涅槃学科，判《楞伽》为涅槃。

②参见袁宏禹：《吕澂唯识学思想研究》，北京：人民出版社，2015年，第121页、第126-156页。

③熊十力：《熊十力全集》第二卷，武汉：湖北教育出版社，2001年，第536页。

④参见李祥俊：《熊十力思想体系建构历程研究》，北京：北京师范大学出版社，2013年，第216页。

1937年的《佛家名相通释》到现在依旧是研究唯识学的重要著作。所以一些学者指出熊十力不懂“闻熏”的唯识要义而进行批评，这个论断是不符合实际的。[①]熊十力在这里指出唯识学修养工夫的漏洞是很深刻的。无漏种子本身不呈现，仅仅是平铺着做一个设定，哪怕它是修行的根据与理想，但是这样不自觉起作用的设定未免太过于无力。吕澂的“性寂”即有此病。并且，熊十力学问未成之前，便对欧阳竟无的“闻熏”义表示过不满。“先生言学，多主闻熏习……学生教人，一以读书为务。不知此理如何可拘在死名相中求？须令学者向自家经验之广大世界，自用耳目心思之力，会有入处。偏重读书，将令耳目心思悉为死名相所锢蔽隔碍。以此为学，虽宏博，毕竟不入真理。”[②]此时熊十力依旧以佛家徒自居，“性智”义还未提出，但已经隐约感觉到“闻熏”的修养方式很难与真理相契。所以，他在1943年的批评与争论，不过是其对1927年日记感慨的深入发展而已。此外，熊十力与马一浮也就此问题进行过探讨。“一日，先生偕熊子真先生暨颂天、以风放舟湖上。颂天闻辩惑工夫，子真先生曰：‘先识得个能辨的要紧。’次日，先生告以风曰：‘子真先生前日所说，直指本心，提示学者最为有力，昔象山、阳明教学者先识得本心便是这样。’”[③]“能辨的”便是我们的本心，也即良知。真正的道德修养，必然是由这一步而开始，逆觉体证，呈现良知。这是真正做修养工夫的根据。由此进行存养，才有下手处。否则如唯识学，闻熏善行引发净种增长，由有漏净种再慢慢引发无漏种子。这听起来倒是很顺畅，但正如马一浮所说，“以习破习，终去不尽，惟有见性，然后习除”[④]。只有性体心体的呈现，这一个纯粹不二

---

①参见李宜静：《“性寂”与“性觉”思想的提出——吕澂与熊十力“辩佛学根本问题”评议》，《华南师范大学学报》，2009年第5期，第104页。

②这条材料未编入《熊十力全集》，而是收录在2013年由李菲自北大图书馆找出的熊十力1927年日记原稿中。2月4日记。见李菲整理《熊十力病榻心痕录》。

③马一浮：《马一浮全集》第一册下，杭州：浙江古籍出版社，2013年，第746页。

④同上书，第730页。

自主自律的意志才能真正显现，存养不失，辅之以“闻熏”之义，才能慢慢进入化境，与天地合德，与日月合明。否则由有漏净种引发无漏种的理论，与煮沙成饭有什么区别呢？

所以，通过上述的分疏，我们可以看出两人真正的分歧在于“性觉”能否成立，而“性觉”能否成立便在于“性寂”之体能否呈现、自起作用。某种意义上，“性觉”可类比于宋明道学中的“本心”义，“性寂”可类比于“性体”义。“性体”作为根据，至善无染、遍在恒存，对这一点两人没有异议。所以两人的根本分歧便在于，“性寂”与“性觉”是否是一——心与性是否是一。这一点才是两人争论的真正分歧所在，而表面的儒佛之争只不过是一个泛说的外衣罢了。儒家里面学派众多，佛教里面也是如此。怎么可以简单以两人的立场便将这场争论的实质分歧模糊掉呢？事实上，关于这一点分歧，有些学者曾隐约地提及过。牟宗三说：“朱子与为实在是同一形态，故皆是彻底的渐教，纯是后天地展转对治，故亦是彻底的后天之学。”[①]“儒家之朱子盖与佛教世亲为同一心态也。”[②]朱子学的形态是“于《中庸》《易传》所讲之道体性体只收缩提炼而为一本体论的存有，即‘只存有而不活动’之理，于孔子之仁只视为理，于孟子之本心则转为实然的心气之心。因此，于工夫特重后天之涵养以及格物致知之认知的横摄，总之是‘心静理明’，工夫的落实处全在格物致知，此大体是‘顺取之路’”。[③]“心与性成为后天与先天、经验的与超越的、能知与所知的相对之二……实体性体只是存有论的理，而心与性不能一自此始。”[④]唯识宗的修养内容或许与朱子不同，但这种修养方式、思维模式却是大同小异。再有，李祥俊说：“程颐、朱熹的天理、性理并非形而下，但天理、性理显现却须待形而下的心的自觉，这和唯识学闻熏引发净种生起的

①牟宗三：《从陆象山到刘蕺山》，长春：吉林出版集团有限责任公司，2010年，第177页。

②牟宗三：《佛性与般若》上卷，长春：吉林出版集团有限责任公司，2010年，第258页。

③牟宗三：《心体与性体（上）》，长春：吉林出版集团有限责任公司，2010年，第44页。

④同上书，第41页。

修养途径有相似之处。而牟宗三本人所认同的……真正的因只能是本心、良知的自觉。熊十力的‘新唯识论’与旧唯识学在修养方法上的分歧在某种程度上与理学、心学在修养方法上的分歧有类同之处。”[①]李祥俊很敏锐地觉察到，熊十力对唯识学闻熏外铄的批评深刻地影响了牟宗三判朱子“别子为宗”的观点。这也可以反过来说，朱子作为“别子为宗”的思维模式，其实是与唯识宗的思维模式有着内在的一致性的。江海与张斌在《儒家思想发展史上的性寂与性觉之争》中，便参用了吕澂的说法，对朱陆进行了判别。并且作者也发现，在吕澂那里两相对立的说法，在儒家学者王阳明身上，竟有了很好的融合。他们认为，王阳明持“性觉”说，但最终归宿却还是回到了“性寂”上面。[②]这个说法还值得商榷。但朱陆对道体体会的不同以及由此而导致的不同的思维模式、修养方式，恰好便相应于“性寂”与“性觉”之争，这个观察是很有见地的。

经过对熊十力与吕澂两人争论的细致分疏，以及对他们两人观点的溯源与探究，我们可以得出一个结论：传统说法里的儒佛之争并不足以揭示这场论战的实质，两人的争论只在于“性觉”能否成立上面，也即心与性能否内在而本质的合一。所以，对两人论争的定性，与其说为儒佛之争，不如说为心性之争、“性觉”之争。这也是本文所费力想说明的观点。至于两者如何沟通的问题，吕澂认为两者根本是对立的，肯定“性寂”否定“性觉”。在熊十力看来，肯定“性寂”并不意味着要否定“性觉”，事实上“性寂”的充分实现仍需要“性觉”来做桥梁，性觉的实现有光明有准则还是要靠“性寂”来做保证。“性寂”与“性觉”是可以互相统一的。熊十力的弟子牟宗三很明显地继承了这一条理路，他在判朱子为“别子为宗”之后，仍旧主张“性觉”“性

①李祥俊：《熊十力思想体系建构历程研究》，北京：北京师范大学出版社，2013年，第216页。

②参见江海、张斌：《儒家思想发展史上的性寂与性觉之争》，《陕西行政学院学报》，2005年第4期，第27页。

寂”不二的观点，强调“最高综合形态是在以纵摄横，融横于纵”[1]。所以，熊十力的观点是可以来融摄吕澂观点的。但如何准确而合理地融合，还需要进一步的研究与探讨，这也是中国哲学今后如何实现自身突破的一个很好的路径。

③牟宗三：《心体与性体》（下），长春：吉林出版集团有限责任公司，2010年，第316页。

《大学》与《中庸》合论

严思

朱子认为读《四书》应“先读大学，以定其规模；次读论语，以立其根本；次读孟子，以观其发越；次读中庸，以求古人之微妙处”。从读《四书》之序上看，《大学》为“始”，《中庸》为“终”。从义理上看，《大学》阐述君子之学，君子之学为“金声也者，始条理也”；《中庸》发明圣人之道，圣人之道乃“玉振之也者，终条理也”。《大学》与《中庸》立论的层次虽有所不同，但于义理上相互印证，且殊途同归，两部经典又同出于《礼记》，相互参照着研读，可收到事半功倍的效果。

一

孔子与子贡论学，曰：“予一以贯之。”（《论语·卫灵公》）孔子点拨曾子曰：“吾道一以贯之。”（《论语·里仁》）至圣孔子既以“一贯”说“学”，也以“一贯”论“道”。宗圣曾子作《大学》，述圣子思子作《中庸》，两部经典均可看作是对“一以贯之”所做的阐发引申。

《大学》偏于从致广大这个角度切入，发明大人之学之意蕴。大学者，大人之学也，从格致诚正到修齐治平，其实是从“明明德”过渡到“明明德于天下”。格致诚正修为成己之学，齐治平为安人之学，但八个环节唯有一以贯之，才能成其大。从格物致知到修齐治平，此“学”本、末一贯，亦即“原始反终”，从而实现“学”之集大成。

《中庸》曰：“诚者物之终始，不诚无物”；“至诚无息，不息则久”。本、末一贯，则可致广大；始、终无间，则能尽精微。《中庸》兼致广大与尽精微，但更偏于阐幽显微，一贯之道体现为“庸”“时”与“久”。

阳明先生曰：“大人者，以天地万物为一体者也，其视天下犹一家，中国犹一人焉。”《大学》之“平天下”或“明明德于天下”，即成就大人之学。致广大自然极高明，大人之学如从极高明处言则是“止于至善”。至者，极也，如《中庸》云：“大哉圣人之道，洋洋乎，发育万物，峻极于天”。

致广大则能尽精微，“学”如能达到“具体而微”，其境界如《中庸》云“率性之谓道”。《大学》曰“至善”，《中庸》云“至诚”。“大学之道，在止于至善”，此心止于至善，即以至善尽其心，正如《中庸》云，“唯天下至诚，为能尽其性”。

二

《大学》曰：“物有本末，事有终始，知所先后，则近道矣。”《大学》从内外本末上区分“明明德”与“亲民”，从终始先后上分疏格致诚正与修齐治平，阐明了古人为学与修身之要，脉络清晰、次第分明。《大学》以三纲八目阐述学之义理，如朱子曰：“外有以极其规模之大，而内有以尽其节目之详者也”。

《大学》：“古之欲明明德于天下者，先治其国；欲治其国者，先齐其家”；“物格而后知至，知至而后意诚”。“欲……先……”以及“……而后……”的说法，正体现“知所先后”。然而这是优点同时也是不足，《大学》对修身次第进行分疏，为后世学者指示了初学入德之门，但若不善于领会三纲八目之义理，又容易陷入支离决裂，使得内外人我不能一以贯之。对照《中庸》来研读《大学》，学者在明了三纲八目的脉络层次后，同时能内外贯通，把身、心、意、知、物打成一片。

《中庸》为孔门传授心法，义理精微，功夫简易直接。《中庸》曰：“唯天下至诚，为能尽其性；能尽其性，则能尽人之性；能尽人之性，则能尽物之性……”“能……则能……”的说法，正体现功夫之一贯。学者研读《中庸》，往往被“率性之谓道”“诚者不勉而中，不思而得，从容中道”所吸引，而轻视“修道之谓教”“诚之者，择善而固执之者也”。好高骛远为后世学者之通病，如不沉潜为学、笃实力行，只去悬空想个本体，就背离了孔子“下学而上达”的训诫。

《中庸》全篇33章贯穿着“率性”与“修道”两条主线，其中“诚者”“至诚”与“生知安行”为率性之道，“诚之者”“致曲”与“学知利行”为修道而学。如以《大学》为参照来研读《中庸》，就会明白《中庸》点出“率性”与“至诚”，与佛家提倡明心见性、顿悟成佛截然不同。通过“学知利行”来领会“生知安行”，进而把率性境界落实在修道功夫上，可以避免沉空守寂。

其实，《中庸》区分“率性”与“修道”，不是要以“修道”功夫来反衬“率性”境界之高明。恰恰相反，《中庸》其实是要以“率性”为参照来阐述“修道”功夫。一方面，要把修心养性落到实处，杜绝凌空蹈虚。从始位上说功夫，则是“君子之道，辟如行远必自迩，辟如登高必自卑”；从终位上说境界，则体现为“极高明而道中庸”。另一方面，以“率性”来领会“修道”，以“生知安行”来说“学知利行”，与孟子道性善之旨相同，要为学问之道立一个大本，防止后世学者“义袭而取之”。

三

《中庸》曰：“修道之谓教”；“自明诚，谓之教”。《中庸》所谓“教”，非《学记》教学相长之教，从义理上等价于《大学》所谓“学”。

《中庸》第23章曰：“其次致曲，曲能有诚，诚则形，形则著，著则明，明则动，动则变，变则化，唯天下至诚为能化。”“其次致曲”以下诸环节，相当于《大学》八条目由格物致知过渡到治国平天下。

《大学》八条目以“正心”为界限，格致诚在正心之前，为全其心体之功夫，修齐治平在正心之后，为从心体起用。《中庸》云“教”，似乎不涉及弘道事业，而只是修道功夫。对应《中庸》第23章中，“其次致曲，曲能有诚”为修道功夫，“诚则形”以下为弘道事业。

《大学》曰：“诚意正心。”《中庸》曰：“明善诚身。”两部经典都点出“诚”，子思却不说诚意而说诚身，倒不是有意与《大学》区别开，或是从文辞上避免重复。

《大学》所谓诚其意，“诚”作为功夫落在“意”上，意即心，“心”为修道功夫之归宿。诚意而复其心体，然后把“心”作为修身与弘道的起点，由正心而说修齐治平。

《大学》曰“正心”，《中庸》说“中”不说“正”，论“性”不论“心”，又因为“中”即“性”，故只单说一个“中”或“性”。且率性之谓道，大本之中即达道之和，修道与弘道也是合一的。

既然《大学》所谓“心”与《中庸》所谓“性”对应，而且《中庸》之修道功夫在率性境界之下，《中庸》就不宜不落在“意”上而言修道，故只说“自明诚”。弘道事业或直接从“诚”开出，而不是把“心”作为弘道的起点，故曰：“诚则形，形则著，著则明……”；或把“诚”落在“身”上，以“诚身”为弘道的起点，由“顺乎亲”“信乎朋友”过渡到“获乎上”，进而实现“民可得而治矣”。

《中庸》全篇除了贯穿“率性”与“修道”两条主线以外，还有几处对“困知勉行”进行了阐述，更需要用心体会。

《中庸》第20章曰：“或生而知之，或学而知之，或困而知之，及其知之，一也；或安而行之，或利而行之，或勉强而行之，及其成功，一也。”生知安行，为率性境界。子曰："我非生而知之者，好古，敏以求之者也。"（《论语·述而》）学知利行为修道功夫，孔门之学难以企及，学须反求诸己，但只有把自家心性初步立起来，才能向内自反。学者一旦能达到"学"之境界，则此心能"恒"。子曰："善人，吾不得而见之矣，得见有恒者，斯可矣。"

学者慕道而学，如能做到困知勉行，也算是难能可贵了。子曰："有能一日用其力于仁矣乎？我未见力不足者。"（《论语·里仁》）可见，孔子非常欣赏困知勉行的精神。《中庸》所谓困知勉行，如孔子云："朝闻道，夕死可矣"，孟子则曰"夭寿不贰，修身以俟之，所以立命也"（《孟子·尽心上》）。

《中庸》曰："及其知之，一也。"既然学问之道的三个层次最后获得统一，那么，所谓"知之"只能取三者中境界最高的"生知"，而不可能是学知与困知。同理，"及其成功，一也"，所谓成功，只能是安而行之。但学者研读此段文字，更应该体会子思为什么要强调"及其知之，一也；及其成功，一也"。子思如此表达，用心良苦，目的是告诫后世学者："生知安行"须从"学知利行"做起；"学知利行"须从"困知勉行"做起。

《中庸》曰："有弗学，学之弗能弗措也；有弗问，问之弗知弗措也；有弗思，思之弗得弗措也；有弗辨，辨之弗明弗措也；有弗行，行之弗笃弗措也。"《中庸》又从博学、审问等五个方面来阐述"困知勉行"，并指出："人一能之己百之，人十能之己千之。果能此道矣，虽愚必明，虽柔必强。"

《中庸》第12章曰："夫妇之愚，可以与知焉，及其至也，虽圣人亦有所不知焉；夫妇之不肖，可以能行焉，及其至也，虽圣人亦有所不能焉。"以匹夫匹妇之愚与不肖，却可以与知、能行，圣人却有所不知、有所不能这同样是把阐述的重心落在"困知勉行"上，鼓励人们去"学"与"行"。为什么以夫妇之愚与不肖，却可以与知、能行？因为为仁由己，"道"就在自家心性中。《中庸》第4章曰："道之不行也，我知之矣，知者过之，愚者不及也；道之不明也，我知之矣，贤者过之，不肖者不及也。”愚者不及也，不肖者不及也，这是从现实性上论中庸之道难知难行。

四

《大学》曰：“物有本末，事有终始，知所先后，则近道矣。”而《中庸》不满足于“近道”，首章曰“道也者，不可须臾离也，可离非道也”，显然是针对《大学》“知所先后，则近道矣”一句而发。后世学者研读《大学》《中庸》，又须注意从义理与文辞上体会两部经典之间的区别。

《大学》分殊出三纲八目来阐述“学”，既然说“物有本末，事有终始”，所以要区分一下身、心、意、知、物，在功夫论上则有格致诚正到修齐治平的先后次第。《中庸》合外内之道，本末一贯，终始无息。《中庸》曰：“中也者，天下之大本也；和也者，天下之达道也。”又曰：“是故君子笃恭而天下平”；“唯天下至诚，为能尽其性；能尽其性，则能尽人之性”。《中庸》说得简略，《大学》之三纲八目，在《中庸》则一个“性”或“诚”字可明了。

《大学》曰：“物格而后知至，知至而后意诚。”《中庸》曰：“成物，知也。”又曰：“诚者物之终始，不诚无物。”“物”与“知”字在《大学》中义浅，《中庸》合心意知物而言“性”或“诚”，直接由“性”而言“知”，故此“知”不是修道功夫，而是弘道事业。《中庸》曰“成物”而不曰“格物”，格物为“始”，成物为“终”。所谓“不诚无物”，“诚”为“日新之谓盛德”，“物”乃“富有之谓大业”，修身、齐家、治国、平天下均涵摄在其中。

《大学》曰：“意诚而后心正，心正而后身修。”《中庸》曰：“诚者，天之道也”；“诚者自成也”；“唯天下至诚，为能尽其性”。“诚”字通“性”与“中”，高于《大学》“诚意”之“诚”。《大学》曰：“诚于中，形于外。”“中”与“外”相对，也可见“诚”字义浅。

《大学》曰：“所谓诚其意者，毋自欺也，如恶恶臭，如好好色，此之谓自谦。”诚意功夫只在于自慊于心，如孔子曰“夫内省不疚，夫何忧何惧”（《论语·颜渊》）。《中庸》曰：“唯天下至诚，为能尽其性。”《中庸》说得更高，不满足于自慊于心，而是要以至诚尽其性，“尽性”即孟子所谓“尽心知性”。

《大学》曰：“物有本末，事有终始。”《中庸》曰：“诚者物之终始。”两部经典均点出“终始”，且“终”在“始”前。《大学》把“终”“始”落在“事”上，而《中庸》以“诚”贯通“终”“始”。“诚”为物之“终”，也是物之“始”。诚者，实也，真也，不区分“终始”，“诚”就体现不出生生不息之创生义而落入虚寂。但《中庸》又曰：“至诚无息”，区分终、始又要实现终始不贰，唯有终始不贰，“诚”作为功夫才能入于精微。

《大学》曰：“是故君子有诸己而后求诸人，无诸己而后非诸人，所藏乎身不恕，而能喻诸人者，未之有也。”《大学》区分内外人我，“所恶于上，毋以使下；所恶于下，毋以事上……”《大学》所谓絜矩之道即忠恕之道，如孔子曰“己欲立而立人”（《论语·雍也》），“己所不欲，勿施于人”（《论语·颜渊》）。

《中庸》第13章曰：“忠恕违道不远，施诸己而不愿，亦勿施于人。”子思站在一贯之道的高度而言“忠恕违道不远”，对于忠恕既予以肯定，又略嫌其不足。《中庸》曰：“君子之中庸也，君子而时中”；“性之德也，合外内之道也，故时措之宜也”。君子时中或时措之宜也，才是一贯之道。

《大学》曰：“所谓修身在正其心者，身有所忿懥，则不得其正；有所恐惧，则不得其正；有所好乐，则不得其正；有所忧患，则不得其正。”身有所恐惧、有所忧患，则心不得其正。《大学》落在“身”上而言忿懥、恐惧等情绪，把身不得其修归结为心不得其正，才是“知本”。而《中庸》首章曰：

“是故君子戒慎乎其所不睹，恐惧乎其所不闻。”《中庸》把戒慎恐惧落在不睹不闻上，其实是复性或慎独功夫，目的是实现“道也者，不可须臾离也”。

《大学》曰：“心不在焉，视而不见，听而不闻，食而不知其味，此谓修身在正其心。”后世学者均把“心不在焉”理解反了，错会了“修身在正其心”章的义理。阳明先生曰：“正心只是诚意工夫里面，体当自家心体，常要鉴空衡平，这便是未发之中。”又曰：“修身是已发边，正心是未发边；心正则中，身修则和。”所谓“视而不见，听而不闻，食而不知其味”，正是求其心之“正”从而全其心体。向内反求诸己，“体当自家心体，常要鉴空衡平”，故不见、不闻、不知其味。

有《大学》“正心”章之“视而不见，听而不闻”，才有《中庸》首章之“戒慎乎其所不睹，恐惧乎其所不闻”。《中庸》第4章曰：“人莫不饮食也，鲜能知味也。”此不仅承接前文“知者过之，愚者不及也；贤者过之，不肖者不及也”，也指向《大学》“正心”章“食而不知其味”一句。《大学》要学者“食而不知其味”，此是正心功夫，孟子所谓“汤武反之”。而《中庸》却主张“知味”，“知味”即“知道”，此是“合外内之道也”的境界，孟子所谓“尧舜性之”。

《新唯识论》蔡序述记

杨少涵

（说明：近几年，我为华侨大学哲学系硕士生和高年级本科生开设熊十力《新唯识论》研读课，讲稿名称仿窥基大师《成唯识论述记》，美其名曰“新唯识论述记”。述记基本上以句为单位，采取纲目结构。原文为纲，字体加粗；述记为目，正文排印。版本以2001年湖北教育出版社《熊十力全集》本为主，参以1985年中华书局《熊十力论著集》本。本文为蔡元培序言部分）

蔡元培（1868–1940年）一生为熊十力（1885–1968年）写过两次序。第一次是1918年蔡为熊著《心书》写序，第二次就是1932年为《新唯识论》文言文本写的这个序。蔡元培在《〈心书〉序》中说：“丁戊之际，余创进德会于北京大学，熊子由远道贻书赞助，极声应气求之雅，余固已识熊子之志行所在矣。”[①]“丁戊之际”是指丁巳年（1917年）与戊午年（1918年）之际，蔡、熊两人的交往就是从这个时候开始的。1918年1月中旬，蔡元培任北京大学校长一年，为了整饬校风，他发起组织“进德会”。熊十力赠书相助，两人遂结文字之好。所以这一年熊十力的处女作《心书》自印出版时，蔡元培就应邀作序。1920年秋，熊十力在梁漱溟的推荐下到南京金陵刻经处佛学研究部（1922年7月改建为“支那内学院”）跟欧阳竟无研习唯识学。1922年秋，梁漱溟又

①蔡元培：《熊子真心书序》，见熊十力：《熊十力全集》第一卷，武汉：湖北教育出版社，2001年，第3页。

把熊十力请到北京大学任特约讲师，专授唯识学。经过十年打磨，四易其稿，1932年秋，熊十力《新唯识论》写成后，又请蔡元培写序。“蔡元培也应约为《新唯识论》（文言文本）写了一篇序，但不知何故，在出版时未能附上，以至于该序长久湮没不闻。一直到1985年，由高平叔编选的《蔡元培哲学论著》才首次收录和公布了这篇珍贵的文献。”①我们现在看到的中华书局1985年出版的《熊十力论著集》中，《新唯识论》前也没有附这篇序文，2001年出版的《熊十力全集》才收入了这篇序文。

我们先看最后的落款：

“中华民国二十一年八月三十一日，蔡元培。”

中华民国二十一年八月，即1932年8月。《新唯识论》文言文本是1932年10月由浙江省立图书馆出版。也就是说，蔡元培这篇序写于熊十力这本书出版的前一两个月。在这篇序中，蔡元培首先简要地回顾了佛教的传入及佛典的翻译：

佛法传入中国，二千余年。

我们知道，佛教产生于公元前6世纪。而佛教传入中国的时间有很多说法，有说在先秦，有说在秦代，有说在西汉。但比较可靠的说法是在西汉末年至东汉初年。这其中有两个记载：一是，在《三国志》裴松之的一个注中称，西汉哀帝元寿元年（2年）大月氏使者口授博士弟子以《浮屠经》；二是，在《后汉书》中记载了“明帝求法”的故事，东汉明帝永平七年（64年），明帝刘庄夜梦“金人”（佛像），于是遣使西域迎求佛法。这样就有了永平十年（67年）白马驼经东还的传说。洛阳白马寺就从这个传说而来。当然，这些是佛教传入中国时与政府发生正式关系的官方记载，至于佛教的非官方、非正式传入中国境内的时间，应该在公元前的西汉。所以说佛法传入中国已“二千余年”。

①景海峰：《熊十力哲学研究》，北京：北京大学出版社，2010年，第82页。

六朝隋唐，译经论至富，中国佛教徒所著论说注解语录，亦有汗牛充栋之观。

所谓“六朝”，即三国至隋唐在南京建都的南方六个朝代——东吴、东晋与南朝的宋、齐、梁、陈。“经论”是指经与论，佛陀所说为经，菩萨所著为论。“白马驼经”只不过是传说，更可能的事实是，白马一开始驼回来的并非是“经”，而是“金人”，亦即佛像。也就是说，最初传入内地的很可能不是经书而只是佛像。[①]佛教经籍的传入当是晚此之事。佛经开始译述的时间更是晚至汉末桓、灵二帝时代（147–188年），安息国僧人安世高译述小乘经，月支国僧人支娄迦谶译述大乘经。中国佛经的翻译大致可以分为三个时期：汉末至西晋是前期，东晋到南北朝是中期，隋至唐中叶是后期。其中，六朝、隋唐译经最丰。自后汉历曹魏孙吴以迄西晋250年中，共译出佛经700余部，共1400余卷。自东晋历南北朝200余年中，共译出佛经1080余部，共3100余卷。隋唐之世，共译出佛经360余部，共约3000卷。其中仅玄奘的译经团队在前后19年间共译出重要经论75部，共1335卷。由此可见六朝至隋唐时期佛教经论译述之盛。随着佛经译介的深入发展，中国人对佛经教义的理解也更加深刻，中国僧人的著述也越来越多。据统计，仅隋代至唐元和中期，撰述就有不下2000卷之多。[②]中国僧人著述方式有“论说”“注解”“语录”等。总之，从六朝到隋唐，中国译经与著述均达到鼎盛，所以蔡元培在这里用了“译经论至富”、著述“有汗牛充栋之观”两个判断。

在佛教徒之立足点，以信仰为主，与其他宗教家无异，对于经论，一字一句，皆视为神圣不可侵犯；其有互相矛盾之点，则以五时说教方便法门等调剂之而已。

佛教经论被译介过来以后，人们对于这些经论就有两种截然不同的立场。

---

①参见吕澂：《中国佛学源流略讲》，北京：中华书局，1979年，第20页。

②参见汤用彤：《隋唐佛教史稿》，北京：中华书局，1982年，第78—79页。

一是佛教徒，一是非佛教徒。佛教徒对于佛经的基本立场就是信仰，这一点也是一切宗教的共同特征。信仰的态度就是对于经论，一字一句，皆视为神圣不可侵犯。佛教经论中的一字一句都是不容置疑的，任何怀疑都是渎佛，都是对佛的亵渎。但是佛经在印度的来源就非常复杂，于是就有了部派佛学，先是分裂为上座部与大众部，最后更是分化为18部。这种分裂与分化既有各个教团对佛经的不同理解方面的因素，也有佛经中对同一哲学问题的不同回答方面的因素。[①]佛经译介入中国以后，从源头遗留下来的这些“互相矛盾之点”当然也不可避免。而佛法又不能总是这样互相矛盾，这时候就需要对之加以“调剂”。中国僧徒调剂这些“互相矛盾之点”的方法即所谓“五时说教”。“五时”是说释迦牟尼在45年里所说之法，由浅入深，可以分为五个时期、五个阶段。“说教”即佛所说的东西，佛所说的东西在心云法，法发于言为教，所以“说教”也称为“说法”“教法”。佛在不同时期针对不同的对象可以有不同的说法、说教，这叫“方便法门”。“方便”与“真如”相对，真如不可说，但为接引众生入于真如，又不得不根据众生的根器，运用种种方法进行宣示说教，这叫“方便”。所以方便是一些灵活巧妙的方法途径，大致相当于孔子所说的“因材施教”。“法门”中的“法”是佛之所说，“门”有门径、门类二义。门径是通入佛法的管道，门类以示差别，表示通入佛法的管道不一而足。所以，“法门”是指通达佛法的种种门径。佛法本不可说，但又不得不说。这不得不说之说教亦是佛法，只不过是种种方便法门。既然是“种种”，就会有差别，就会显出“互相矛盾之点”，但一旦真正通达真如，这种种差别、“互相矛盾之点”就荡然无存。按庄子的说法，这叫“道通为一”；按《中庸》的说法，这叫“及其成功，一也”。以上是说佛教徒对于佛教经论的态度。

其非佛教徒，而且斥佛教为异端者，则又有两种态度：

佛教徒以信仰为主，当然视佛书为神圣不可侵犯。非佛教徒则相反，视

①参见吕澂：《印度佛学源流略讲》，上海：上海人民出版社，2005年，第23—25页。

佛教为异端。我们知道，“异端”一词出于孔子之口：“攻乎异端，斯害也已。”（《论语·为政》）孔子说“异端”到底指的什么，现在已不得而知。后来宋明儒把先秦的杨墨称为异端，把汉唐以后的佛老称为异端。但这种立场也不是铁板一块，其中又有两种态度：

其一，并不读佛教之书，而以佛教徒之无人伦、无恒业为诟病，以焚其书、人其人、庐其居为对待方法，韩昌黎之徒是也。

第一种态度以韩愈为代表。韩愈（768—824年）终生反佛，不遗余力。唐宪宗元和十四年（819年）遣使抵凤翔迎佛骨入大内留三日，然后送京城各佛寺供奉。霎时香烟弥漫，信佛狂潮席卷京城。面对这种情况，已经52岁的韩愈上《论佛骨表》，切谏宪宗将佛骨“投诸水火，永绝根本，断天下之疑，绝后代之惑”。这让宪宗大光其火。韩愈差点被处以极刑。后来（824年）韩愈又写了一篇非常有名的文章《原道》，在这篇名文的最后，他说了一句反佛名言：“人其人，火其书，庐其居。”[①]这与上表中“投诸水火，永绝根本”的主张是一脉相承的。这一派之所以反佛，是因为他们认为佛教徒“无人伦、无恒业”。这句话出自孟子之口。孟子在反杨朱、墨子时说过：“杨氏为我，是无君也；墨氏兼爱，是无父也。无父无君，是禽兽也。”（《孟子·滕文公下》）孟子还说过：“有恒产者有恒心，无恒产者无恒心。苟无恒心，放辟邪侈，无不为已。”（《孟子·滕文公下》）佛教徒只认佛法僧，不认父母，这是“无人伦”；佛教徒化缘天下，不事稼穑，这是“无恒业”。“无人伦、无恒业”是这一派攻击佛教的原因，“焚其书、人其人、庐其居”是他们攻击佛教的方法。

其二，读佛家之书而好之，且引以说儒家之《大学》《中庸》《孟子》之义，而又以涉佛为讳，如程朱、陆王两派之宋明理学家是也。

非佛教徒的第二种态度以宋明理学家为代表。到了宋代，佛教并没有因为

①韩愈：《原道》，见《韩昌黎全集》卷十一，上海：世界书局，1935年，第174—175页。

韩愈等人的反对而“永绝根本”，反而得到了长足的发展，甚至出现了“嘉治平以前，濂、洛之说未盛，儒者沿唐代余风，大抵归心释教”[①]的局面。理学兴起，这种局面并未改观，宋明理学大家大都有“出入佛老，返求六经”的心路历程。从周濂溪、张横渠到程明道、程伊川是如此，朱子、象山、阳明也是如此。[②]这一派与上一派不一样，他们不但读佛书，而且还读而好之；不但读而好之，而且还好而用之，援引佛书来宣说儒家学说。当然，蔡元培在这里说的“以涉佛为讳”需要分疏。如果说伊川、朱子等理学家在表面上对佛学还有所忌讳，时不时会说一些抨击贬抑佛学的话头，明道、象山则并不讳谈禅说佛，到了王阳明，更是将儒禅相容推向了极致。所以，朱子老是攻击说象山之学是禅，阳明后学殿军刘蕺山也有“阳明禅”[③]的说法。

落款下面的这一段话，据蔡元培手稿的整理者介绍，是蔡元培在序文原稿撰就后，用毛笔加在序文后面的。[④]这段话一开始说“此等非佛教徒”，显然是承接第一段“其非佛教徒”以下的内容来说的。所以，我们这里可以把它上提到序文第一段话的最后来分析。

> 此等非佛教徒，完全以孔教徒自命，而又完全以佛家经论为纯粹宗教性质，故态度如此。

“此等非佛教徒”即“斥佛教为异端者”，亦即韩愈与程朱、陆王等宋明理学家。他们之所以斥佛教为异端，是因为他们“完全以孔教徒自命”。“完全以孔教徒自命”的“孔教徒”三字需要注意，与“孔教徒”对应的是“佛教

①纪昀、陆锡熊、孙士毅总纂：《钦定四库全书总目》（整理本）卷145，北京：中华书局，1997年，第1926页。

②关于宋明儒与佛教的关系，可参见麻天祥：《中国禅宗思想发展史》第九、十三章，长沙：湖南教育出版社，1997年。

③刘宗周：《答胡嵩高（岳）朱绵之（昌祚）张奠夫（应鳌）诸生》，见《刘宗周全集》第三册，杭州：浙江古籍出版社，2007年，第349页。

④高平叔：《〈新唯识论〉序》题注，见《蔡元培哲学论著》，石家庄：河北人民出版社，1985年，第414页。

徒”，那么与“佛教”对应的就是“孔教”。佛教是宗教，那么孔教也成了宗教。佛教的经论有其宗教性，也有其他方面的性质，比如哲学的、心理的、文化的等。但孔教徒只将它作为“纯粹宗教性质”来看待。宗教大都有强烈的排他性。孔教徒站在一种宗教的立场来看待佛教及佛教经论，“故态度如此”。这个态度就是上面所说的“又有两种态度”，即韩昌黎“焚其书、人其人、庐其居”的态度与宋明理学家“以涉佛为讳”的态度。

其实，佛典中宗教色彩固颇浓厚，而所含哲学成分，亦复不少。

孔教徒“完全以佛家经论为纯粹宗教性质”，这给我们提供了两点信息。第一点是“佛典中宗教色彩固颇深厚”。但上面说到，除了其宗教性以外，还有其他性质，比如哲学性质，此即第二点：“所含哲学成分，亦复不少。”

盖宗教本以创教者之哲学思想为基本，犹太、基督等教，均有哲理，惟佛教则更为高深耳，仁者见仁，智者见智，视读者之立场。

佛教经典之所以会有哲学成分，这是因为佛教与其他宗教一样，都有一个深层的哲学基础。真正的宗教不能只是一味地狂热，一味地狂热不是宗教，而是邪教。任何宗教的创教者都有一套系统的教理作为该宗教的理论支撑，于是宗教就“以创教者之哲学思想为基本”。犹太教、基督教、伊斯兰教、道教莫不如此，“均有哲理”，都有一套哲学思想作为其基本。“惟佛教则更为高深耳”，只不过佛教的这套哲理、佛教“创教者之哲学思想”与其他几大宗教相比，更为高深。这是举世公认的，看看佛教的经籍之多、义理之深就可以知道。在这方面，尤以唯识宗为甚。关于这套高深的哲理，不同人可以有不同的看法，所谓“仁者见之谓之仁，智者见之谓之智”。这要“视读者之立场”如何，要看读者是站在什么立场来看。具体到佛教经典来说，如果以一种宗教的眼光来看，佛教徒会“一字一句，皆视为神圣不可侵犯”，而孔教徒则会要么“不读佛教之书”，投诸水火而后快，要么虽“读佛家之书而好之”，但“以涉佛为讳”。之所以会出现这两种截然相反的态度，就是因为他们的宗教立场不同。如果摆脱宗教立场，而以一种哲学的眼光来看佛教典籍，可能就不会有以上水火不容的局面出现。

> 惜二千年来，为教界所限，未有以哲学家之方法，分析推求，直言其所疑，而试为补正者。有之，则自熊十力先生之《新唯识论》始。

可惜的是，佛教东传两千年来，人们都“为教界所限”，都站在宗教的立场，要么站在佛教的立场，要么站在非佛教比如孔教的立场，来看待佛教经论。而没有站在哲学的立场，以一种哲学家而不是宗教家的眼光和方法，来分析佛教经论和佛学思想的概念名相，推求其哲学真谛。哲学与宗教的一个最大不同就是，哲学是说理，是开放性的，讲究讨论商量，因此宽容置疑；宗教是信仰，是封闭性的，没有讨价还价的余地，更不容置疑。如果佛学是哲学，就应该包容置疑。如果是以一个哲学家的身份出场，摆脱教界所限，首先应该“直言其所疑”，然后“试为补正之”。但是两千年来，还没有一个这样的人。如果说有的话，那么熊十力的《新唯识论》可算一个。蔡元培在此所下的这个断言是一句不得了的话，他将《新唯识论》放置在两千年佛教哲学发展史中一个极高的地位。可惜蔡元培的这篇序文在《新唯识论》初版时没有附上，否则以蔡元培在学界的地位和影响，那些佛教界的学者看了这几句话，不知会有什么感受。

蔡元培他们那个时代的情况又是如何呢？

> 现今学者，对于佛教经论之工作，则又有两种新趋势：

1931年前后，学者们在佛教经论方面所做的工作有两种新趋势。

> 其一，北平钢和泰、陈寅恪诸氏，求得藏文、梵文或加利文之佛经，以与中土各译本相对校，胪举异同，说明其故；他日整理内典之业，必由此发轫；然今日所着手者，尚属初步功夫，于微言大义，尚未发生问题也。

第一种趋势以北平的钢和泰、陈寅恪等人为代表。“北平”就是北京。北京在北洋军阀时代被称为“京都”。1928年国民革命军北伐胜利后，改“京都”为“北平”，其先后成为河北省直辖市和国民政府直辖市。1937年“卢沟桥事变”后，日军占领北平，改其名为“北京”。1945年日本投降后，北京复名“北平”。1949年北平和平解放，当年9月21日，北平改名为“北京”。20年间，四次改名，北京城也挺可怜的。当时的北平与现在的北京一样，也是中国的文化教育中心，各个领域的很多学术权威都聚居于此。在佛教文献学方面，钢和泰（Alexander von Stael-Holstein，1877-1937年）是当时的一面旗帜。“钢和泰”这个名字是德文Stael-Holstein的意译（Stael即钢）与音译（Holstein）的混合。钢和泰是俄属爱沙尼亚德国人、俄国的男爵，精通梵语、藏文。1917年钢和泰来华查找数据，但由于俄国十月革命，回不去了，就在北京大学教授梵文佛典和印度宗教史。钢和泰在华20年，与中国学界的许多泰斗诸如胡适、梁启超、丁文江、吴宓、王云五、赵元任、陈寅恪等人过从甚密，对中国近代学术尤其是中国的梵文佛教文献学做出了卓越的贡献。陈寅恪（1890-1969年）据说能通20余种语言。他与钢和泰在德国留学是同门，钢和泰在华期间，他们又是亲密的朋友。1926-1936年间，陈寅恪几乎每周都会按时参加钢和泰的“家庭研读班”（privatissimum），研读切磋梵文佛典，由此还成就了中国近代学术史上的一段佳话。1929年6月到1930年12月，蔡元培第二次出任北京大学校长，他对这个研读班相当关注。在这个研读班上，这些学者将一些佛经的藏文、梵文、巴利文（蔡元培这里使用的“加利文”应是“巴利文”（pàli）之误）本与汉译本相互对校，比较异同。[①]这是一种比较文献学的工夫，也是重新整理佛教经典的基础工作。佛教素重内外，所以佛教徒将自己的经论典籍称为“内典”，而将佛教以外的著作典籍称为“外典”，与此相应的还有“内学”与“外学”“内道”与“外道”“内教”与“外教”等对称。当然，钢、陈他们当时所做的工作还处于起步阶段，对于在这种文献工作中所带出来的关于佛经义理方面的问题，还没有照顾到。

其二，欧阳竟无先生之内学院，专以提倡相宗为主，相宗者，由论理

①关于钢和泰与陈寅恪的学术交往，可参见王启龙、邓小咏：《钢和泰学术评传》（北京：北京大学出版社，2009年，第112—119页）以及王启龙：《钢和泰学术年谱简编》（北京：中华书局，2008年）的相关内容。

学、心理学以求最后之结论，与欧洲中古时代之经院哲学相类似；内学院诸君，尚在整理阐扬之期，未敢参批评态度也。

第二种趋势以南京支那内学院的欧阳竟无为代表。在民国佛学尤其是唯识学复兴与研究方面，内学院和欧阳竟无有着举足轻重的地位和影响。支那内学院的前身是金陵刻经处佛学研究部。金陵刻经处是晚清佛学家杨文会（仁山，1837–1911年）居士于同治五年（1866年）在南京劝募创办的以经营佛经编校、刻印、流通为业的场所。杨文会去世后，欧阳竟无接手，并于1914年成立佛学研究部。在此基础上，他于1922年7月成立支那内学院，延揽培育了一大批著名学者。熊十力就是在梁漱溟的引介下，于1920年秋至1922年秋，在欧阳竟无门下专攻唯识学。欧阳竟无（1871–1943年）早年崇慕程朱理学及陆王心学，后来由于各种人生际遇，改信佛教唯识学。1917年中秋，欧阳竟无提出了佛教唯识学分为法相、唯识二宗的独创性论断。法相与唯识的区别，以前是没有人讨论过的，或者说民国以前学者认为两者是没有区别的，但欧阳竟无认为两者是不同的。这种不同可以从很多方面来说，比如从缘起、缘生来说，法相学依缘起义建立，唯识学依缘生义建立。缘起义是说一切法都是有条件的，都是因缘而起；缘生义是说一切缘起法都以心（识）为其体性，都是心识变现出来的。缘生义是建立在缘起义上的，所以唯识学是从法相学出来的，或者说法相义广，唯识义狭。当然，很多人还是认为两者没有区别，比如太虚法师，他甚至还写过一本书——《法相唯识学》，从书名就可以看出，在他那里法相与唯识是没有区别的。欧阳竟无虽然对两者进行了区分，但以法相宗统摄唯识宗，所以蔡元培在这里说他“专以提倡相宗为主”。法相宗在论述本门学说时，采用了论理学、心理学等方法。“论理学”是逻辑学的旧称，佛教的逻辑学亦即因明学。要通唯识学，必通因明学。所以熊十力在写成《新唯识论》前，就写成了《因明大疏删注》（1926年）。在这里，蔡元培提到经院哲学。学习过西方哲学史的人都知道，经院哲学（scholasticism）通过烦琐的逻辑分析来论证其宗教信仰。在这一点上，法相宗与经院哲学有些类似。当然，欧阳竟无他们在这些方面仍然处于初步阶段，“尚在整理阐扬之期”，他们当时的重头工作还是文献整理，所以对于理论上的创发，仍然是“未敢参批评态度”。

当此之时，完全脱离宗教家窠臼，而以哲学家之立场提出新见解者，实为熊十力先生之《新唯识论》。

这个时候，熊十力以一个哲学家的身份出场了。哲学家治佛学是以一种哲学的路数。哲学的路数既不同于钢和泰、陈寅恪他们那种文献学的路数，也不同于欧阳竟无他们那种经院哲学的路数。哲学家是以哲学问题切入。当然，哲学的路数并不是不要文献材料，只不过文献材料是论证哲学问题之资粮，是要为其解决哲学问题服务的。熊十力后来也写过《佛家名相通释》（1936年），但贯穿《通释》的是其《新唯识论》思想。在《通释》的“撰述大意”中，熊十力就表达了这一层意思：“印度佛学亡绝已久，今欲求佛学之真，必于中国……今之学子，言佛学亦轻其所固有，而必以梵语为足征。不悟佛学自是佛学，梵语自是梵语……通梵语者虽能诵梵本佛书，要于学理不必能通。学者诚有志佛学，当以中国译籍为本……舍此不图，而欲以博习梵语为能，则业梵语可也，毋言佛学。虽然，吾非谓读中国佛书者，不当博攻梵语。但须于中国书中，精求义解。学有其基，则梵文颇堪较。（近人治内籍者，亦多注意藏文。藏地固中国之一部分，其文字亦中国文字之别枝也，诚当研习。然晚世藏学，乃显、密杂揉，非印度大乘真面目。无着之学，盛传于玄奘；龙树之学，宏敷于罗什。故性相二宗之真，尽在中国，非求之奘、什二师译籍不可。）”①熊十力在这里提到梵文、藏文与研究佛学的关系，这显然不是无的放矢，而是有很强的针对性的。其所针对的，就是上面提到的两种佛学研究的文献学路数。

前面交待了熊十力写作《新唯识论》的历史与时代背景，下面就开始交代其写作的原因、经过与基本内容。先说其写作原因。

---

①熊十力：《佛家名相通释》，见熊十力：《熊十力全集》第二卷，武汉：湖北教育出版社，2001年，第347-349页。

熊先生寝馈于宋明诸儒之学说甚深，而不以涉佛为讳，研求唯识论甚久，颇以其对于本体论尚未有透彻之说明，乃发愿着论以补充之。

“寝馈”，寝是睡觉，馈是吃饭。寝馈就是吃饭睡觉，无时无刻，全身心地投入进去。熊十力在人生中有三次苦读时期，即1908年的黄冈时期、1913年的德安时期与1920-1922年的内学院时期。在第一次苦读时期，熊十力读书的重点是宋明儒学尤其是宋明诸儒的易学。后来，熊十力对宋明诸儒，尤其是周濂溪、张横渠、王阳明、王船山等，尊信有加。1913年，熊十力曾说：“濂溪、横渠、船山，实三代后圣人也。”[①]“三代”即夏、商、周三个朝代。根据韩愈以及宋明理学家的说法，儒家的道统或圣人的谱系是尧、舜、禹、汤、文、武、周公、孔子、孟子，而这些圣人都在三代，三代以后再无圣人。但熊十力却说周、张、王是“三代后圣人”，足见这三人在熊十力心目中的地位之高。熊十力晚年崇慕孔子、阳明、船山，还把他们的画像悬挂在房间里。[②]这些言行足见熊十力“寝馈于宋明诸儒之学说甚深”。冯友兰在《怀念熊十力先生》一文的开头说：“熊十力先生一生治学所走的道路，就是宋明道学家们所走的道路。大多数道学家的传中往往都有这几句话：泛滥于佛老者数十年，返求于六经，而后得之。”[③]熊十力的治学路数一如宋明诸儒，但他并不像宋明诸儒那样以涉佛为讳，这是照应上面第一段中非佛教徒的第二种态度的。他不但不以涉佛为讳，反而大摇大摆地进入当时佛学研究的重镇支那内学院拜师研佛，而且一学就是两年，后来又到中国最高学府北京大学教授佛学。所以说他“研求唯识论甚久”。但熊十力钻研佛学，并不满足于文献上的整理与了解，而是要通过研究佛学来解决心中的哲学问题。在研求佛教唯识学的过程中，他感觉唯识学“对于本体论尚未有透彻之说明”，对于本体论方面的说明不够透

①熊十力：《翊经录绪言》，《熊十力全集》第八卷，武汉：湖北教育出版社，2001年，第23页。

②郭齐勇：《熊十力哲学研究》，北京：人民出版社，2011年，第17页。

③冯友兰：《怀念熊十力先生》，《三松堂全集》第十三卷，郑州：河南人民出版社，2001年，第497页。

彻。在哪些方面的说明不够透彻呢？熊十力在书中都有交待。于是，他又“发愿著论以补充之”，起誓决心著书来弥补旧唯识学的这一不足。这是熊十力造本论的原因。

近岁多病，稍间则构思削稿如常，历十年之久，始写定《境论》一卷，其精进如此。

这里简单交待了熊十力写作本书的经过。熊十力《新唯识论》文言文本（1932年）之前还有三本以唯识学命名的著作，即1921年到1923年的《唯识学概论》、1926年的《唯识学概论》和1930年的《唯识学》。第一本唯识学著作可以说是完全忠实于传统的唯识思想；在第二本唯识学著作中，熊十力就开始了对传统唯识学的批判；第三本唯识学著作与第二本的区别是增加了儒家思想，并以之作为批判传统唯识学的理论武器。1926年，熊十力除了写成《唯识学概论》，还出版了《因明大疏删注》。这两本书让熊十力耗尽精力，由于运思过度，元气大伤，身体大坏，从此染上了神经衰弱、胃下垂等疾病。于是从1927年开始，他不得不离去教职，辗转到南京、杭州等地疗养。他一边养病，一边思考创作《新唯识论》，所以说他“稍间则构思削稿如常”。在后面绪言中，熊十力说：“《境论》文字，前半成于北都，后半则养屙杭州西湖时所作。”“前半”即《明宗》到《成色下》，这部分在北京已经完成，文言文本是在其基础上进行修改，所以是“削稿”；“后半”是指《明心》上下，这部分是在杭州才重新思考写成的，所以是“构思”。1932年，熊十力终于将标志其哲学体系成熟的《新唯识论》文言文的《境论》部分写成并出版。从1921年到1932年，历时十余年，此间的甘苦，非他人所能理解。

接着交代《新唯识论》一书的基本内容：

熊先生认哲学（即玄学）以本体论为中心，而又认本体与现象决不能分作两截，当为一而二、二而一之关照。

这句话说的是熊十力的本体论。在那个年代，哲学又被称为玄学，亦即形而上学。熊十力认为哲学的中心问题是本体论。与本体相对的概念是现象，本体与现象的关系，以中国传统的哲学概念来说就是“体用”。当时哲学界认为西方哲学的最大问题是主客二分，本体与现象截然分作两截。而熊十力认为本体与现象是一而二、二而一的关系，决不能像西方一些哲学那样，将两者裂为两片。这就是他的体用不二思想。这种体用不二的思想，在儒、释、道三家经典中都能找到对应的思想，这就是：

> 《易》之兼变易与不易二义也，庄子之《齐物论》也，华严之一多相容、三世一时也，皆不能以超现象之本体说明之，于是立转变不息之宇宙观，而拈出翕、辟二字，以写照相对与绝对之一致。

《周易》之易有三义：变易、简易、不易。①这里说了其中的两义：变易与不易。变易就是变，不易就是不变。所以易兼变与不变，变与不变是一个东西的两个方面。《齐物论》是《庄子》一书中哲学意味很浓的名篇。其主要思想是说千变万化的物象内部有其齐一性，从这种内在的齐一性来看，万物并无差别。蔡元培在这里之所以提到《齐物论》，除熊十力深受庄子思想影响外，还与章太炎有关。1910年，章太炎曾援引唯识宗的教理，写了《齐物论释》一书。章太炎自诩此书为“千六百年未有等匹”②，这本书在当时的影响力也的确很大。熊十力早年的佛学思想深受章太炎影响，在其第一部著作《心书》（1918年）中所谈到的佛学知识“大都是依傍章太炎的学说”③。甚至可以说，章太炎对早年熊十力影响之深，“在近代人中当推第一”④。我们有理由推测，章太炎《齐物论释》以佛解道的思路在一定程度上也影响到了熊十力。

①郑玄曾有《易赞》《易论》，其中说：“易一名而含三义：易简，一也；变易，二也；不易，三也。”（王弼注、孔颖达疏：《周易正义》卷首第一《论“易”之三名》，北京：北京大学出版社，2000年，第5页）相关讨论，亦可参见皮锡瑞：《经学通论》一《论变易、不易皆易之大义》，北京：中华书局，1954年；钱钟书：《管锥编》（一）“论易之三名”条，北京：三联书店，2007年。

②章太炎：《与龚未生书》，《章太炎政论选集》，北京：中华书局，1977年，第702页。

①巨赞：《评熊十力所著书》，见熊十力：《熊十力全集》附卷（上），武汉：湖北教育出版社，2001年，第338页。

②景海峰：《熊十力哲学研究》，北京：北京大学出版社，2010年，第57页注④。

“一多兼容”是华严宗十玄门之一，是说一与多的关系，一中有多，多中有一。“三世一时”之“三世”即过去、现在、未来，三世一时是说过去、现在与未来并非截然相分，而是有其内在的连续性的，从这种内在的连续性来说，三世无别，一个时间点即相容三世。所以佛教有“刹那三世”的说法，一刹那间，已含三世。华严宗的思想对熊十力的影响也很大。熊十力整个哲学的性格处处显示出一种华严宗的痕迹，以至于太虚法师称其为“新贤首学”[①]。《华严经》有“贤首品”。“贤首”本是对比丘（和尚）的尊称，意思是贤者、尊者。华严宗三祖（其实是创始人）法藏（643–712年）曾被武则天赐为“贤首”，所以史称“贤首国师”，华严宗又被称为“贤首宗”。太虚说熊十力新唯识论是“新贤首学”，可见两者之间的关系。《周易》的变易与不易、庄子的齐物论、华严宗的一多相容与三世一时有一个共同的思想，就是不承认有超越现象之外的本体，或者说“皆不能以超现象之本体说明之”。那如何来说明之呢？熊十力解决这个问题的办法就是建立“转变不息的宇宙观”。转变不息又是通过什么来说明的呢？是通过翕、辟两种势能来写照描述相对与绝对、一与多、现象与本体之内的那种一致性。这里的“写照”是动词，意为如实描绘、真实描写。

> 夫翕、辟二字，《易传》所以说坤卦广生之义，本分配于动静两方；而严幼陵氏于《天演论》中，附议斯宾塞尔之天演界说，始举以形容循环之动状，所谓翕以合质、辟以出力、质力杂糅、相剂为变是也。

这是介绍翕、辟两个字的字源及已有的哲学解释。这两个字最初源于《周易·系辞上》：“夫坤，其静也翕，其动也辟，是以广生焉。”坤卦以生物为性，其静时敛藏，其动时广布，翕、辟分别与静、动相配。“严幼陵”应该是“严又陵”，也就是近代大翻译家严复（1854–1921）。他最为著名的译作是

③释太虚：《略评新唯识论》，见熊十力：《熊十力全集》附卷（上），武汉：湖北教育出版社，2001年，第32页。

《天演论》。“天演”即严复对“进化”（evolution）一词的意译。“界说”即界定说明，也就是定义。在《天演论》这部译作中，严复曾介绍英国社会达尔文主义者斯宾塞（Herbert Spencer，1820-1903）关于进化的定义：“天演者，翕以聚质，辟以散力。方其用事也，物由纯而之杂，由流而之凝，由浑而之画，质力杂糅，相剂为变者也。”[①]蔡元培在这里所说的“翕以合质、辟以出力、质力杂糅、相剂为变”，即来源于此。但根据严复的介绍，斯宾塞“翕以合质、辟以出力、质力杂糅、相剂为变”的进化定义只是在“形容循环之动状”，只是在说明自然事物循环生成的运动相状。在熊十力看来，这种翕辟观是非常浅层次的。所以当有人说熊十力的翕辟论与此相合时，熊十力坚定地认为：“根本不相合”，并指出严复此说本于《易传》，而“此云翕辟是就物质能力之动静而言……其与拙论之翕辟义全不同”。[②]但也不可否认，以《天演论》在当时知识界的影响，熊十力不可能不了解严复对于翕辟思想的介绍。蔡元培在这里之所以提到这一点，可能也就是看到了这一点。

> 熊先生以《易》之阴阳、《太极图说》之动静，均易使人有对待之观，故特以翕、辟写照之。

其实，翕辟二字本来与《周易》的阴阳思想、周濂溪《太极图说》的动静思想大致相近，而且熊十力的翕辟思想也的确源于这些思想资源。但熊十力为什么不用阴阳、动静这些广为人知的既有概念，而偏要选择两个生僻的词呢？因为熊十力感到阴阳、动静等概念“均易使人有对待之观，故特以翕、辟写照之”。“对待”是什么意思？阴阳、动静为什么“易使人有对待之观”呢？我们知道，人类心理有这样一种现象：对于身边熟悉的东西，我们很容易就可以看到其差异，而对于陌生的东西，却往往分辨不清。比如，我们这些对黑人不太熟悉的中国人，看到非洲人，总感觉千人一面，分别对待的感觉就很弱；而

①赫胥黎：《天演论》导言二“广义”，严复译，北京：商务印书馆，1981年，第6页。
②熊十力：《明心篇·答友人》，《熊十力全集》第七卷，武汉：湖北教育出版社，2001年，第315页。

对于非洲人自己来说，他们对彼此的差异是很敏感的，因为他们对自己太熟悉了。阴阳、动静这些概念也是如此，它们已经日用化、世俗化，已经成为我们日常生活中的一个极其常用、极其熟悉的概念，而且在世俗日用中，阴阳、动静常用来表示相反对待的观念，其中所蕴含的相反相成思想反而蔽而不彰。翕、辟两个概念相对生僻一些，不易使人轻易滑向相反对待一边去，所以人们乍看到翕、辟两字，不会产生阴阳、动静那种对待之感。可以说，熊十力在这里使用了一种“语言刺激”或“概念刺激”的方式，即通过平时不常用、不熟悉的语言概念来刺激读者习以为常的思维神经，以引起注意。翕、辟是《新唯识论》的核心概念，熊十力自己曾说《新唯识论》“实以翕辟概念为之枢纽，若于翕辟义一有误会，即全书便不可通，直可谓为毫无价值之书”[①]。我们读过全书以后，就会发现，蔡元培虽寥寥数语，但已经非常准确地把握到了《新唯识论》一书的基本内容与思想主旨。

下面又具体交代了熊十力此书对旧唯识论的一些细节上的改动。

> 熊先生于新立本体论而外，对于唯识论中各种可认否认之德目，亦多为增减数目，更定次序。

建立自己的本体论，这是从根本上颠覆旧唯识论。除此之外，熊十力还对旧唯识论的名相细节做了手术。任何人读唯识学著作，都会有一个最直观的感受，那就是名相极其烦琐。熊十力每每以此为苦，并心生厌恶。于是熊十力根据自己的哲学需要，在《新唯识论》中，尤其是在最后的《明心下》对旧唯识学的名相德目打乱合并，重新排序，以朗眉目。

> 诸所说明，皆字字加以斟酌，愿读者虚衷体会，勿以轻心掉之，庶不负熊先生力疾著书之宏愿焉。

当然，熊十力的这些合并排序并非随意为之，而是经过字斟句酌，然后为

①熊十力：《十力论学语辑略·答某君》，《熊十力全集》第二卷，武汉：湖北教育出版社，2001年，第262页。

之，而且对每一德目的增减、次序的更定都说明了原因。所以我们读者在读这些内容时，也要虚心体会其用意，不能掉以轻心，忽焉滑过，也只有以虚心的态度来读此书，才能不辜负熊十力抱病勉力著成此书的最初宏愿。

（本文得到福建省高等学校新世纪优秀人才支持计划资助）

当现代儿童遇上《弟子规》

孙海燕

进入21世纪，传统文化一热再热，许多具体问题也随之而来。比如，孩子究竟该不该学习蒙学读物《弟子规》，这已成为让很多家长十分头疼的事情。与此相关，社会上围绕《弟子规》的争论也一直不绝于耳，各路人马的观点几乎是冰火两重天。

当代净土宗一代名僧净空法师宣称："没有《弟子规》，你的一生努力最后都等于零。"他和弟子陈大惠、蔡礼旭等人，结合着佛教的因果报应，多次宣讲此书，感化了大批民众。复旦大学的钱文忠教授，则把《弟子规》一路讲上了央视的《百家讲坛》。他锦心绣口，循循善诱，征服了广大孩子家长的心。不少学院派学者，也肯定《弟子规》在当下国民教育中的突出意义，如当代著名儒者郭齐勇先生，就认为《弟子规》中的许多规范，是尊重他人而又自尊的体现，可以构成现代社会公德的基础。在民间积极弘扬儒学的赵法生先生，不仅肯定《弟子规》的教育效果，而且从学理上论证《弟子规》与儒家的根本精神无违，强调说："家教传统的中断和数代人的礼义缺失，才是《弟子规》走红的时代动因。"

然而，另一派人则把《弟子规》打入了十八层地狱。中山大学八十多岁的老教授袁伟时，对《弟子规》便深恶痛绝，认定此书会摧残孩子的心灵，当听说中山大学要求入学新生学《弟子规》时，连称"这是大笑话"。一些弘扬国学的名人，对少儿背诵《弟子规》也深表异议。如龚鹏程先生就认为，《弟子规》算不上什么儒学经典，在蒙学读物中也是最差的，即使要背诵，也轮不到它，《三字经》《千字文》就好得多。刘梦溪先生的意见与龚先生略同，认为该书对孩子的束缚过多，内容上粗浅，不足为训。

2015年以来，围绕《弟子规》的争议突然加剧。事情源于一对父母不满孩子学校强制要求背诵《弟子规》，从而给当地教育局写信，对该学校提出抗议。他们声称此书是“精神雾霾”，“一股传统专制社会的腐臭扑面而来”。该信结尾还附上了首都师范大学兼职教师、全国百佳幼儿园园长王立华女士的一篇题为“我们为什么反对幼儿读《弟子规》”的文章。该文认为：“《弟子规》整体上来讲，是封建糟粕多于精华”；“是封建统治阶级为了培养奴才和顺民的教科书，不适合现当代社会。当今的中国更需要民主意识、独立精神、自由精神和科学精神”。

在后来的争论中，较有代表性的学者是邵建和杨早。邵建的看法是：“《弟子规》并非无瑕，但基本说来，是一本好书”；此书向孩童“提出一些待人接物的规范”，是“君子养成之基”，“读一读，真不坏”。而杨早则针锋相对，认为“想帮助我们的孩子成为一个追求自由、崇尚独立的公民，而不是愚忠愚孝的臣民”，就要远离《弟子规》。他同意《弟子规》是“精神雾霾”的看法，声称：“反正打死我，我也不想让儿子吸收这种‘孩童长成的必要的精神资源’（邵建语）。”

在此论争中，支持读《弟子规》的学者似乎并不占优势。但那些反对的观点，也实在有太多的似是而非之处。窃以为《弟子规》虽远不能与《论语》《礼记》等儒家经典相提并论，但作为后者的辅助，此书通俗易懂，向儿童提出一些为人待物的具体规范，“虽不中亦不远”，“其恶不如是之甚也”，自有“三百千千”等其他蒙学读物不能替代之处，对纠正中国当今儿童教育中存在的知识与规范严重失衡等问题，仍有其不可或缺的补救价值。

首先，《弟子规》不过是旧时家长或师长用来教导子女、学生学习一些做人道理和礼仪规范的书籍之一。关于书中的道理和规则，是否需要改进、如何改进，这都可以商榷，但我们不能上纲上线，一口咬定它是封建统治者培养奴隶和顺民的教科书。今天的小学生守则，也要求孩子要这样勿那样，难道也是在培养奴隶和顺民吗？至于有人认为此书是“父母本位”而非“孩子本位”，故压抑儿童的人性而罪莫大焉。其实，《弟子规》的施教对象，主要是未成年的孩子（有人说大人更应该学，那是另一回事）。由于孩子的生活经验严重不足，是非感还没有形成，这时候维护家长的权威地位，甚至向孩子做一些“知其然不知其所以然”的价值及行为灌输仍是必要的。——大家试想，此阶段的孩子与家长发生分歧，是不是绝大多数情况下家长是对的？父母要求孩子讲礼仪、不碰电线、不玩火、不打架，难道就会造成子女“逆来顺受”的性格吗？依我看，很多家庭的现实情况是，孩子我行我素的多，逆来顺受者少。一些道理，我们自以为孩子长大了自然会懂，但习与性成，道理虽然懂了但脾气业已养成，如不是在现实中碰了壁吃了大亏，或一路有良师益友时时提醒，改变起来又谈何容易！老实说，对一个蒙学阶段的孩子，你鼓励他要追求什么人格独立、自由幸福，甚至要有批判精神等等，带来的问题恐怕更多。《弟子规》中“路遇长，疾趋揖，长无言，退恭立……长者立，幼勿坐；长者坐，命乃坐”之类，即使有流弊，也不会妨害到孩子一生的成就。总之，在教育孩子问题上，我看毋宁抱着“宁拙勿巧，宁低勿高”的态度，宁可让孩子“迂腐”一点，也不要以追求“自由幸福”为理由，任其自以为是，甚至无法无天。

很多家长让孩子学《弟子规》，正是为了让自己的孩子在人生旅途中能够抵制诱惑，少走弯路，不走邪路，做一个有规矩、有才德的君子（当然，学《论语》等国学经典的目的更是如此）。这固然是在尽自己的教育责任，但终究仍是为了给孩子指一条更长远的幸福之路。一些人反对孩子学《弟子规》，往往有一种义正词严的理由，比如“请不要给你的孩子那么多道德绑架，孩子是独立的人，有独立的思想和人格，有追求幸福和自由的权利”之类的话。难道让孩子学《弟子规》的家长，在德行和智力上都不如孩子，故而误把儿女推进火坑，葬送了他们一生的幸福吗？或者，这些为人父母者竟抱有自私自利之心，担心儿女不给自己养老送终，于是立意要把儿女从小培养成自己的奴仆吗？我的看法是，尽管《弟子规》的少量教条存在一定问题，需要师长适当点拨，但绝大部分条目仍是儒家一些做人做事的道理，可算是立足于中国文化传统的修养之道。其中个别教条，如“彼说长，此说短，不关己，莫闲管……斗闹场，绝勿近，邪僻事，绝勿问”之类，确有某种明哲保身的意味，在一定程度上偏离了儒家“直道而行”的救世精神，但这类话语极少，而且在《弟子规》中出现是可以原谅的，因为未成年人对复杂的社会现象尚缺乏明辨是非的判断力，也缺乏见义勇为的实际能力。而诸如“杀身成仁”“舍生取义”“当仁不让”等要求，固然代表着更高的儒家精神，但作为规矩过早地灌输给孩子却不宜。

遗憾的是，现代人接受了一点“自由”“人权”“独立”的观念，就不加节制地到处滥用。这些观念在政治生活中的价值自然不容否定，但一用到儿童教育中就可能漏洞百出。你说子女对父母“须顺承”不对，难道你要教孩子“要反抗”吗？你觉得“挞无怨”不对，难道你要孩子怨恨、报复父母吗？须知“自由”从来不是无条件的，孩子人格的独立，也是在后来成长中逐步实现的。未成年孩子听从父母师长的话，怎么就有损独立人格了？我想，蒙学阶段的孩子即使盲从父母师长，其好处也会远远大于坏处。

作家汪曾祺有一篇很出名的散文，叫《多年父子成兄弟》，为我们描述了一种亲近、平等、温馨的父子关系。应该承认，这种父子关系，较社会上实际存在的一般父子关系确实是令人称羡的。篇尾中“我觉得一个现代化的、充满人情味的家庭，首先必须做到‘没大没小’。父母叫人敬畏，儿女‘笔管条直’，最没有意思”这两句话，尤其能撼动人心。这篇文章因入选中学语文课本而影响颇大，遂成为一些父母反对孩子学《弟子规》的理由。对此，我们仍要指出，汪先生成长的时代虽然已是民国，其家庭也已不是那种传统的旧式家庭，但当时“父父子子”的传统人伦道德，在总体上仍然起着稳定社会人心的作用。当年主张“全盘西化”，一生在提倡自由、民主的胡适之先生，不仍然是“旧道德的楷模”吗？在那个时代，父子间多一些“没大没小”的“平等”元素，反倒让人觉得有一种稀缺可爱的“逸趣”。另外，所谓“多年父子成兄弟”，在理论上固然有此可能，但这种境界，毕竟要在孩子成年之后，这只能算理想的亲子关系之“成熟”，而不应是亲子教育的“起点”。且这种父子关系，只能在极特殊的家庭氛围中才能养成。比如，像汪曾祺先生这样，有一个“绝顶聪明”、多才多艺和富有生活情趣的父亲，但这不是每个孩童都能自主选择和苛求的。倘若做父母的，因为向往他所刻画的“多年父子成兄弟”的人伦境界，一开始就教育孩子要“没大没小”，那么其教育的效果，恐怕多是“画虎不成反类犬”了。

有人或许说，西方儿童不学《弟子规》，也不像中国人这般强调顺从父母，长大后也没见得就比中国人素质低。殊不知，这正是赵法生先生所说传统文化被打倒，“家教传统的中断和数代人的礼义缺失”带来的恶果。试想，如果传统的家训，如《颜氏家训》《朱子治家格言》之类家教精神都还洋溢在家庭教化中，今之父母又何必非要学这种根本算不上国学经典的《弟子规》呢！中国文化的宗教性弱，故需要发挥儒家的道德教化，使一个人自小从道德人伦中培养敬畏之心，筑起伦理道德的底线，此正所谓“以伦理代宗教”者也。比如“孝道”这一伦理，在外国甚至完全可以没有，而在中国则不行，因为外国另有一套文化和制度来弥补代替它。仔细品味《弟子规》中“勿谄富”“色不媚”之类的话，也并非一概无视人格独立。至于书中要孩子“谨慎”“守信”“友爱”“亲仁”“好学”，哪一项不具有正面价值，怎么一律都成“封建糟粕”了呢?

现在有类反对《弟子规》的人，在社会上特别有影响。这类人多是学术中人，具有各种“头衔”，对儒学本身也并无偏见，故常常以“行家”的身份向大众发话。他们潜意识里有种“斯文在兹”的傲慢，以致眼高于顶，最看不上《弟子规》这类“低等”的蒙学著作，乃至斥之为“垃圾食品”，自己也提出一些看似高明实则不通的意见。譬如有学者主张孩子应直接从《中庸》开蒙，因为《中庸》是儒家的最高心法，孩子一旦掌握了其中的大本达道，还学习《弟子规》这类“劳什子”做什么？更有人主张孩子学国学，应直接从《周易》《尚书》等“五经”读起，而且越早越好，并拿出“取法乎上，仅得其中；取法乎中，仅得其下”（《易经》）之类的道理予以辩护。对这些见解，我期期以为不可。当然，如果趁着小孩子记忆力好，让他们多背诵些传统经典，以此作为今后成长中逐步开发的人生宝藏，我是举双手赞成的。但如以此作为反对孩子学《弟子规》的理由，则实在过于偏颇。这些专家教授的家庭条件，往往要好于一般社会大众的。换句话说，即使持此类观点的学者，自身在教育孩子方面取得了这样那样的“成功”，其主张的学习方法也不具有普适性，结果可能是“贼夫人之子”。关心乡村儒学建设的颜炳罡教授指出：“儒家的价值观念、生活方式在民众中的代代传承与其说是靠义理论说，不如说是靠世代相传的行为模仿，而系统的理论论说与《三字经》《弟子规》《朱子家训》等启蒙读物相比，在民众中的影响以及在塑造国民性方面可谓相形见绌。”我对此看法心有戚戚。有时甚至想，我们的某些学者，口口声声要弘扬国学，写了不少无人问津的专业文章，并以此崖岸自高，实际上他们对促进国家社会发展的贡献，或许反不如那些老老实实在社会基层弘扬《弟子规》的教育工作者。

有道是“上不自《中庸》门入，下不自方便门出”，好的童蒙教育绝不宜从《中庸》这类儒家“奥义书”入门。这不是道理上不可能，而是事实上不可能。相比于“四书五经”，《弟子规》恰恰是孩子养成良好习惯，培养德性之基的方便之门。至于文中一些道理有局限，与对未成年人的要求有差距，这也是没办法的事，需要孩子在成长中不断地下学上达。比如，在家庭教育中，家长为了劝孩子努力学习，不也经常以考好的大学，找好的工作，挣更多的钱，买更多的糖果和玩具为“诱饵”吗？这种学习理由，当然是浅近自私的，但糖果和玩具对孩子而言，确实比“家国天下”的大道理更有吸引力。孩子在成长中，自然会不断超越这一思想层阶。这中间不见得一定会发生什么价值冲突。

譬如孩子后来成为一名学者，他能因为小时候学了《弟子规》中的条条框框，而不接受陈寅恪先生所说的“独立之精神，自由之思想”，以致在学术研究中缺乏自主性和创造力吗？我看是断然不会的。而他在《弟子规》中学到的做人道理，却可能使他无形中受益终身。

儿童教育本身是一项十分复杂的人格工程，你发掘了这种潜能，就可能无意间埋没了另一种潜能。因此选一本完美无缺的教材几乎是不可能的，最终只能是兼顾社会发展的要求和大多数孩子的成长规律。有学者觉得《弟子规》的一些教条不高明，有流弊，那么他自己倘能撰写出一部没有流弊，并得到全民欢迎的高水平童蒙教材，我们当然乐观其成。问题是，即便有了这样的教材，孩子的家庭教育和启蒙老师仍然十分重要。家庭教育的选择余地不大，而理想的启蒙老师，不仅应该是“经师”，更应该是“人师”，只有后者才谈得上因材施教和人格感召。不然，再好的教材都会有流弊，又岂独以《弟子规》为然？

我们固然应该强调《弟子规》在现代社会中的“对治”意义，但也大可不必将其高捧为“国学经典”，吹得神乎其神。因为凡事“过誉”之后就容易被“黑”。老实说，近年来《弟子规》之所以受到较大的质疑，也跟一些提倡者的过度美化有关。很多民间的私塾教育机构，几乎言必称《弟子规》，将其夸大为学习国学的无上宝典。我看净空法师讲解的《弟子规》，对其中过多的因果报应内容也不以为然。这类说教，对不信佛教的人而言，恐怕只会引起反感。一些企业主引导员工学习《弟子规》，其根本目的也不在弘扬国学，不过是片面地强调文中某些“听话”的内容，以适应企业管理的需要罢了。由于目前“国学”已成为热门，社会上也不乏打着“国学”的幌子在招摇撞骗的人，连“李白、杜甫、白居易都是学着《弟子规》长大的”一类话都能说得出来。这本来是宣讲者的无知可笑，但同样会引起反对者的冷嘲热讽，以致有人认为《弟子规》的流行是有什么邪恶势力在推动，它的传播完全是一场“骗局”。

让人遗憾的是，一些学者反对《弟子规》的理由，委实让人觉得不可理喻。比如，有人对古人就开始“唯学历论”，认为《三字经》的作者王应麟是进士，《弟子规》的作者李毓秀是秀才，所以后者就差得多，不该学。有人振振有词地质问：倘若《弟子规》的内容真是如此重要，那么为什么孔子不写，孟子也不写？更有人对《弟子规》的文字做出一些低水平的批评。比如看到文中“弟子规，圣人训”一句，他就会断喝一声：“你李毓秀不过是一介秀才，怎么能自称为圣人呢！”这真是欲加之罪何患无辞。我想李秀才即使再狂妄，总还不至于自称圣人。这“圣人训”一句，明明是引起下文“首孝悌，次谨信。泛爱众，而亲仁。有余力，则学文”等孔子之言的。以上几句是《弟子规》的《总叙》，后文都分别围绕这几句话展开。到了后面的一些具体规范，如“晨必盥，兼漱口，便溺回，辄净手”之类，当然不可能句句都从孔子那里找资源，而是从后世“洒扫应对”等童蒙要求中作一些提炼总结。这也是《弟子规》能够较《论语》《礼记》等儒家经典更适合童蒙的原因。至于有人宣称《弟子规》几乎句句是病句，自己在短短千余字的《弟子规》中找到了二百多处语病，这真是“语不惊人死不休”！《弟子规》的语言虽算不上优美（此蒙学读物本不以文采见长），个别文句确属不佳，但总体上还不至于如此不堪。

有人看了《弟子规》，气愤地说，这些规矩连父母都做不到，又何必难为小孩子？父母当然要守规矩，当然要给孩子做表率，甚至更应该加强自身修养，身教重于言教嘛！但问题是，这毕竟是《弟子规》，不是《父母规》呀！还有人会提一些表面看来很尖锐，实际上却逻辑不通的问题，比如《弟子规》要求孩子孝敬父母，但父母是人渣怎么办？要求尊敬老师，但老师是禽兽怎么办？要求乐于助人，难道该帮助杀人犯杀人？这类人把每一种普遍性道德都下放到一个特定场景中加以反对。你说人有病应该去看医生，他就说遇到庸医怎么办？总之有法子质疑你。如果此逻辑能够成立，任何道德规范都将变得不堪一击，没有存在的必要了。

那么，《弟子规》是否就没问题了呢？当然有问题，但问题毕竟是程度上的，而不是本质上的。譬如，少量教条对孩子过于严格，如果引导不当，的确可能存在压抑孩子创造力的问题；又譬如，文中个别规矩，如确实不适合当今社会，讲解时要加以分辨；另外，文字上也算不上十分优美，等等。我本人固然不赞成那种采取极端方式强推《弟子规》的做法，因为这样容易引起人的反感而适得其反，但总体上却是赞成孩子学习它的。《论语》《孟子》都可以批评，《弟子规》当然更可以批评，但我们今天的整体教育状况，有更值得反思挞伐之处，还远不到大张旗鼓、吹毛求疵地批判《弟子规》的时候。传统学问的真髓在于学以致用而非纸上谈兵，如仅仅把《弟子规》当作儿歌，或只是识字的入门，固然不会有什么流弊，但这也违背了家长们让孩子学国学的初衷，买椟还珠了。

2017年年初，国家出台了《关于实施中华优秀传统文化传承发展工程的意见》，凡是对中国传统文化不存偏见的人们，都备感振奋与鼓舞，认为此举必将进一步推动中华文化的全面复兴。相关部门更有将《弟子规》编为正式童蒙教材的趋向。

书院叙

鲍鹏山

天地之间，自有人类，即需教育。荀子曰："力不若牛，走不若马，而牛马为用，何也？曰：人能群，彼不能群也。"（《荀子·王制》）人既能群并赖于群而卓然立于品类之间，则需以下二物：一曰制度，二曰道德。此二者，又端赖教育。故古圣先贤，群分天下黎庶，爱人亲民，莫不兴教以化人。自三代以来，夏曰校，殷曰序，周曰庠，学则三代共之，皆所以明人伦。学者，学大也，唯大是学，故曰大学。大学则贱民学而为大人；校者，校正也，惟正是校，则小人正而为君子。人不受教，则无人道。饱食、暖衣、逸居而无教，则近于禽兽。孔子告冉子曰："富之而后教之。"孟子诫宣王曰："置产而谨孝悌。"古圣先贤，岂是视民如牛马，唯牧刍是求；乃是敬人为神明，必尧舜而待！

人或有疑曰：今日教育，为培养人民为公民，非教化细民为君子也。是乃不知一物而二名：伦理学之君子，即政治学之公民。且君子之德义超越公民：君子定是最佳之公民，公民或非公正之君子。但无有君子人格之教育，则无公民人格之养成。一国公民，若无君子之风仪，一国之俗，何来文明之懿范？

孔子曰："有教无类。"（《论语·卫灵公》）此则从教育之始，言人皆有受教育之权利；从教育之终，又申教育授人以同等之能力。故现代政治之平权，正有赖于古代教育之无类：人无出身之别，而有受教之异。此古今一理，东西同情者也。东学西学，都是教学；生育养育，皆需教育。西人有宗教，我圣则有文教。东学西学，道术未裂；南海北海，心理攸同！

中国文教，书院为其典范。书院其来久矣。孔子设教东鲁，弦歌杏坛，与七十子之徒，振衣沂水之滨，信步舞雩之台，倡仁者爱人，诫君子不器。六艺之学，小而有礼乐射御书数，大而为诗书易礼春秋，下学上达，不忧不惧。学而优则仕，仕而优则学，往来聚散，一任机缘兴致；出处穷通，尽付天命人事。用舍行藏，修己安人。志于道，据于德，依于仁，游于艺，诚一代风流，千载楷模！此等教育，不离形而能上；如是学堂，颇豫乐而有教，令人想而欲前往，叹而不能至。故庄子虚构杏林，不过诗意孔席；孟子自称私淑，只是恨不得豫。但孟子庄周，墨翟荀况，无不设席收徒，私学相授，此洙泗余沫，天地不能绝灭也。

殆暴秦焚书坑儒，绝学不文，逆天悖命，一旦自绝。

秦灭而斯文兴，汉兴而道统继，惠帝废挟书禁令，武帝立五经博士。于是乡里有鸿儒经师，庙堂有硕学大德，民间私授，朝廷蒲轮，经师口传，弟子手书，今文经学，沐秦火而重生；华夏文教，历暴慢而再续。

嗣后魏晋六朝，五胡乱华，士族大家，于国家倾覆之际，教育齐家，家族护教，以家学传承国学，用家风加持民风，虽辗转颠沛，坟宅毁弃，桑竹朽株，但文明不失，文籍不弃。

至于唐，书院悄然兴起，士族之家族教育，渐次开放，置家学于乡间，视童子为子弟，与人为善，成人之美，孔子之私学，竟于兹重现。

殆及宋元明清，书院极盛，书声琅琅，已成华夏文化之教绪；讲会会讲，实乃高等研究之道场。

殆至晚清，国势风雨飘摇，人心图旧谋新，开西式学堂，育科学人才，已成必然。于是新学校立，古书院废。立新学校，固是顺天委运；废古书院，岂非数典忘祖？一国之学术，一族之教化，亿兆民之命，古圣贤之学，一旦绝灭，可不痛哉！

愚以为传统书院，不仅符合中国文化之特质，更为中国文化之最佳载体。

观夫典章，庄重肃穆；察其教学，自由活泼。圣贤推接，内容高尚；师生往还，形式优美。语孟学庸，正其根本；老庄荀韩，大其观瞻。更兼琴棋书画，优游于艺；诗酒禅茶，寄兴在物。兴观群怨，生命因之发越；仁义礼智，德性据此充实。吾华夏之气质，在书院发育，吾民族之精神，在书院养成。吾人之耆老，在书院传其智慧，吾民之子弟，在书院畜其情怀。更兼熏陶地方，人心知其向慕；辐辏庙堂，民族得以凝聚。悦近来远，大国文明昌盛；继往开来，吾族其命维新！

余概述书院之特点，在以下数端：

一曰自主之教育；

二曰自发之志愿；

三曰自由之精神；

四曰自在之状态；

五曰自尊之态度；

六曰自动之研究；

七曰自治之规矩；

八曰自力之经费。

以上数端，乃教育不可或缺之真精神、真生命，亦是民族思想智慧之策源，岂可浪掷！

有鉴于此，方今大江南北长城内外之学人，多有复兴书院之愿望，更有开办书院之壮举，各类书院，风起云涌；朋友而来，赢粮景从。或课儿童而瞻远，或训成人以矫今。此皆君子之志业而华夏之万年也。噫！微斯人，吾谁与归？！

致杜维明教授书

邓新文

杜先生慈鉴：

末学是杭州师范大学的邓新文。昨日万松书院，阳光明媚，松风清泠，获聆先生之演讲，深感荣幸。先生从全球文化背景看儒家之批判精神，末学颇受启发。然未洽于心者亦不敢自欺而苟从。虽向先生提问时已略述己见，然意犹未尽，不无遗憾。今承先生之命给先生写信，故不揣冒昧，顺以约略申之。

批判精神，末学窃以为，乃西方知识分子的精神之一，其人性基础是性恶论，其社会基础是阶级对立，其实践诉求是权力制衡。儒家虽不无批评言论，但冠以“批判精神”，末学心有未安。“仁者爱人”，“和为贵”，种种教义，与19世纪以来西方知识分子以批判为职志的所谓批判精神大异其趣！果真要说儒家有批判精神，则不能不承认这种批判主要是向内的而不是向外的。这种自我批判的精神，末学窃以为即孔子所谓“自讼”的精神。“君子求诸己，小人求诸人。”（《论语·卫灵公》）“见贤思齐焉，见不贤而内自省也。”（《论语·里仁》）“有诸己而后求诸人，无诸己而后非诸人。”（《大学》）“行有不得，反求诸己。”（《孟子·离娄上》），凡此等等，莫不彰显儒家“为学为己”的特色。儒家宗旨，不出“仁义”二字。仁义面前，一视同仁。“君子之于天下也，无适也，无莫也，义之与比。”（《论语·里仁》）宋太祖尝问赵普云：“天下何者最大？”普曰：“惟道理最大。”“士无恒产而有恒心。”纯正儒家立身行世、立言行事，既不代表统治阶级，也不代表被统治阶级，而只代表天理良心。若将儒家的批判精神，执定为针对强势人群，则未免有失儒家中正之道。新文化运动以来，一浪高过一浪的激进主义浪潮，莫不高举“革命”的大旗，莫不以批判精神相鼓舞，直至“文化大革命”而登峰造极。“文革”过后，末学对所谓批判精神已经深表怀疑。时至今日，弥漫于中国的愤青情绪，让末学深感忧患。孔子主张“义以为上”，义当批判则批判，义当歌颂则歌颂，“时止则止，时行则行，动静不失其时，其道光明”（《周易·下经·艮》）。儒家不以批判为职志，但依仁义以行事。儒者非不批判也，但不为批判而批判。当其秉义而批判时，而仁在其中，非以泄愤攻击为能事。

关于“三纲”，末学昨日发言时因担心占用时间太多，未及阐明。今补述管见如下：第一，三纲能不能被现代人所接受是一回事，三纲有没有道理是另一回事。理是理，势是势，不能混为一谈。不能因为三纲观念与民主、自由、平等之观念相冲突，就断然认定它不合理。有著名学者谓儒学失其政治、经济诸制度保障而沦落为“游魂”，就精神之有赖于载体而言，末学窃以为不无真知灼见。而游魂之所以不散，必有其不散之理存焉。第二，三纲之理何在？在《周易》阴阳之道。阴静阳动，故纲举目张；阳主阴从，故立三纲。三纲虽非直接出自六经，却可衍生于六经。《系辞传》开宗明义：“天尊地卑，乾坤定矣；卑高以陈，贵贱位矣；动静有常，刚柔断矣。”末学以为，儒家文化，礼乐而已：礼主别异，乐主和同；礼讲差等，乐讲平等；阴阳和合，不一不异。故马一浮先生倡言：“礼是大序，乐是大和，合序与和，即是至美”！执礼废乐，流为法家；执乐废礼，流为玄学。在中国，则三纲废而天理灭，“于是有悖逆诈伪之心，有淫佚作乱之事。是故强者胁弱，众者暴寡，知者诈愚，勇者苦怯，疾病不养，老幼孤寡不得其所，此大乱之道也。是故先王制礼乐，人为之节”。（《礼记·乐记》）第三，时人对于三纲之误解有三。一是忽视了纲目的辩证统一。三纲之纲，当在纲目关系中论之。纲者，网之主绳也；目者，网之细目也。二者皆一网不可或缺之要素，从其体之统一而言，则纲目平等，缺一不可；从其用之分殊而言，则纲主目从，纲举目张。在“网”之体中，纲与目皆当泯其自性，方能成其网之用。若各自独立，则网体破灭，不复成其网用。《系辞传》所谓“一阴一阳之谓道”的两个“一”字最堪玩味。阴阳皆一之阴、一之阳。阴阳虽分，而一在其中矣。无一之阴阳，非道也。今人之所以否定三纲，根本原因即在失“一”。但见分殊，不见理一；但见用异，不见体一。是故万千烦恼，不过失道之报。慧能大师所谓“迷则每相诤，悟则恒相资”者是也。二是误解三纲主权利而言，不知三纲主义务而言。君为臣纲，父为子纲，夫为妻纲，皆主道德而言，非主权利而言。即君德之实、君道之正为一国之纲，而臣德之实、臣道之正为一国之目；父子、夫妻之道德，亦复如是。三是误以“他律”“责人”解三纲，不知三纲皆“自律”“责已”之道。君为臣纲，谓君当以担一国之纲的道德责任自律，非谓以君权而作威作福也；父为子纲，夫为妻纲，亦复如是。须知三纲皆以位格而言，非以具体之人而言。如君位对于臣位而言为纲，乃天理之自然、人伦之当然；但某君某父某夫能不能德称其位，则当就事论事，未可遽然徇名自居。君不君，父不父，夫不夫，则三纲不纲矣，岂可徒以虚名而责人从己哉？总而言之，三纲之义大矣哉！今人惑于西洋民主、自由、平等之浅义，难解吾华夏仁义礼乐之深旨，情有可原，事至平常。“人同此心，心同此理。”“人能弘道，非道弘人。”末学坚信，只要人类历史还在演进，中华文化必将大放光彩于全球！先生长期致力于儒家价值之研究与传播，功在当今，利在千秋。末学谨于书信之末，特向先生致以崇高的敬意！

此致

顺颂冬祺！

末学邓新文顿首

2011–12–26

新书荐读

编委会

由编委推荐的2017年年度新出有价值的图书28种，大体分为学术专著、文献整理与文化普及等三大类。

曾海军：《诸子时代的秩序追寻》，巴蜀书社

曾海军，四川大学哲学系副教授。

该书所收15篇论文，主要是作者在本科课堂上讲授先秦诸子哲学过程中的思考和研究成果。在现代学人的眼中，诸子百家之间的纷争是哲学思想繁荣的表现，但作者更愿意视之为诸子于晚周乱世中寻求恢复天下秩序的思想表达。秩序是作者思考诸子时代思想纷争的关键点，之所以称这一时期为“晚周”而非“先秦”，就是希望以周王朝或唐虞三代这样的理想秩序时期为参照，由此更能彰显出对于秩序的关切度。当然，这已经是站在儒家的价值立场上了。该书的全部研究论文也都并不隐讳这一立场，希望没有影响到其中的说理论证。

张祥龙：《家与孝：从中西间视野看》，生活·读书·新知三联书店

张祥龙，中山大学哲学系（珠海）讲座教授。

该书是在作者近年来有关“家与孝”的著述中，既与西方哲学和文化有关，又有中西比较之趣的文章的结集。作者对西方晚近海德格尔等关于家的思

想做了系统阐述，通过中西比较，揭示出中国传统哲理的最为独特之处，不仅在于家道，更在于其对“家”的理解是一种直接可经验的亲子一体的方式。作者认为，对孝现象和孝意识的体会，是理解家和人类独特性的一个关键，也是认识儒家及其未来的一个要害之处。

韩星：《走进孔子——孔子思想的体系、命运与价值》，福建教育出版社

韩星，中国人民大学国学院教授。

该书以同情、理解之态度，以崇敬、仰慕之心情，以希贤、希圣之志趣，带领读者走进孔子的思想世界、精神境界。全书围绕孔子的思想学说与人格境界及其历史命运与各种争议，长时段、大跨度地展示了孔学的内涵、精髓与价值，注重以孔子的思想与人格来应对当今中国与世界的现实问题，是集学术性与思想性、历史性与现实性、专业性与通俗性为一体的著作。该书对于弘扬中华优秀传统文化，推动儒家传统的现代转换，建设中华民族共有的精神家园，促进世界多元文明的交流融合都有很好的参考价值。

陈少明：《仁义之间——陈少明学术论集》，孔学堂书局

陈少明，中山大学哲学系教授。

陈少明教授的儒学研究，素以博雅允当、论说深透而富有哲学史方法论意义见长，《仁义之间》一书再次集中呈现了这一特点。该书包括14篇文章，分为“经典文化”“哲学问题”“道德心理”和“历史观念”四个版块，分别对以《论语》为中心的思想史、儒家哲学的重构、儒家对于道德心理经验的探讨、儒家的历史观念等四个方面展开了深入论述，是对儒家思想文化世界的深度犁耕。

陈赟：《中庸的思想》（修订版），浙江大学出版社

陈赟，华东师范大学中国现代思想文化研究所副所长、哲学系教授。

该书通过上下通达这一角度考察《中庸》的思想，体现了独特的视域。一般认为，相对于基督教背景下的两个世界，中国的思维似乎侧重于打通二者的界域。上下之间、天地之际的沟通何以可能、如何实现？这是一个需要深入思考的问题。作者从分析《中庸》入手，提供了一种富有新意的解释框架。

郭齐勇：《现当代新儒学思潮研究》，人民出版社

郭齐勇，武汉大学国学院院长、哲学学院教授。

该书从第一手资料出发，全面、系统地对现当代新儒学思潮的时代背景、发展过程、内在理路、学术内涵、主要论域与问题意识作了深入探讨，着重对梁漱溟、熊十力、马一浮、钱穆、张君劢、冯友兰、贺麟、方东美、唐君毅、牟宗三、徐复观、杜维明、成中英、刘述先等代表人物的主要学术思想做个案与比较研究。该书创造性地讨论了儒学的宗教性与超越性，本体论与道德形上学，政治哲学与自由主义、社群主义的对话，儒家价值的现代意蕴及创造转化，儒学与各文明的对话，全球伦理、环境伦理和“文化中国”，现代新儒学的易学观，与宋明理学的关系等议题，并探讨了中国现代化过程中的终极信念、族群认同与伦理共识的重建问题，肯定国族意识与中国精神，强调中国文化对现代性之负面的批判与超越。该书兼顾宏观把握与微观分析，既是对现当代新儒学思潮的回溯性研究，也是对儒学未来发展的前瞻性探讨，是一部逻辑清晰、内容厚重、历史感强、具有理论创新的论著。

刘梦溪：《学术与传统》，北京时代华文书局

刘梦溪，中国艺术研究院中国文化研究所所长，国家文史馆官员。

《学术与传统》是刘梦溪先生近三十年的学术论文精要选编，围绕学术与传统的题旨，分上、中、下三卷，内容则厘为六分卷，共百万言。第一卷为研究王国维、陈寅恪的专题文章。第二卷是关于中国现代学术思想的通论及马一浮、钱锺书、熊十力、张舜徽等现代学者的个案研究。第三卷专论传统文化与

国学，是著者近年特别关注的课题。第四卷系古典文学和文化史的思想与人物研究。第五卷以阐释“六经”价值伦理的《敬义论》《立诚篇》《论和同》等为领题，钩沉中国文化“与人和同”的《易》理哲思，以及对传统的反思与前瞻。第六卷为序跋之属，从中可窥见著者为学的心路历程。全书呈现出20多年来作者由现代学术研究上溯到儒家六艺之学的心路历程，包含对中国现代学术最重要问题的研究，具有创见性和启发性，是一部具有重大意义和价值的著作。

[美] 安乐哲、贾晋华编：《李泽厚与儒学哲学》，上海人民出版社

安乐哲，北京大学哲学系人文讲席教授，孔子研究院特聘儒学大家。

该书是一部论述“李泽厚与儒学哲学”的国际学术论文集，包括15篇论文。全书从李泽厚与儒学现代化、李泽厚与儒学哲学的重新阐发、李泽厚的美学理论与儒学的关系三个角度，对李泽厚哲学思想进行了深度解读，揭示了李泽厚如何创造性地研究、吸收和重新阐发儒学思想传统，并将其与西方哲学话语相融合，从而发展出其深刻的哲学洞见和原创理论的思想过程。该书的作者多为国外知名的儒学专家，他们在书中展现的新颖的学术视角与问题意识，足资国内儒学研究者借镜。

姚中秋：《孝经大义》，中国文联出版社2017年版。

姚中秋，山东大学儒学高等研究院教授。

该书疏通《孝经》大义，以推明圣人立孝为教之大义。其间与西方神教、哲学相对照，以见圣人之教之易简而广大，无所不通，欲知人类普适的教化之道，其唯孝之教欤？书中敬录《孝经》全文，夹注难读字音及白话试译，以供参考。该书本乎历代注疏，逐章、分节疏解经义。书后摘录经传论孝篇章，俾便参读。北宋画家李公麟绘有《孝经图》卷，至为珍贵，依次插入各章之前。书末附近世画家陈少梅之《二十四孝图》。

曾亦、郭晓东：《春秋公羊学史》，华东师范大学出版社

曾亦，同济大学哲学系教授；郭晓东，复旦大学哲学学院教授。

该书是公羊学研究的通史性原创著作，全面勾勒了两千多年来春秋公羊学的思想发展和传承史。全书约100万字，上自先秦，下至清末民初，对《公羊传》两千多年的学术发展，作了非常系统的梳理。可以说，此书对目前经学及《春秋》学的研究，有着极重要的意义。该书虽属通论性著作，但涉及许多重要人物和著作的研究，如何休、徐彦、刘逢禄、孔广森、戴望、苏与等人物，还有《公羊传》《春秋繁露》《春秋公羊释例》等著作，其专门性的研究，目前尚属填补空白的工作。此书在许多内容方面都具有突破性。

张志伟、韩东晖、干春松：《政治哲学史》（全七卷），中国人民大学出版社

张志伟，中国人民大学哲学院教授；韩东晖，中国人民大学哲学院教授；干春松，北京大学儒学研究院副院长、教授。

该套书立足国际政治哲学研究的前沿，在吸收借鉴国内外新研究成果的基础上，集中整合国内马克思主义哲学、中国哲学和西方哲学等各学科中相关的重要学术力量，通过对马克思主义经典作家的政治哲学思想以及中西政治哲学的深入研究，编写出七卷本的政治哲学史。该书包括张文喜、臧峰宇著《马克思主义政治哲学史》（一卷），刘玮、韩东晖、周濂分别主编的《西方政治哲学史》（三卷），梁涛、彭永捷、干春松分别主编的《中国政治哲学史》（三卷）。该套书为该学科在中国的发展做出了全面、系统的奠基工作，从哲学的高度，整理归纳古今中外的政治哲学对重大问题的思考，进而激发出哲学对于当代社会的积极作用。

杨朝明：《〈孔子家语〉综合研究》，齐鲁书社

杨朝明，中国孔子研究院院长、研究员。

最近三四十年来，地下简帛文献的问世，引发了学界对《孔子家语》真伪、文献价值及其他相关问题的重新思考。杨朝明先生久居孔子故里，长期研究孔子儒学，一直致力于对《孔子家语》相关问题的反思和探研，发表了一系列学术论文。该书收入论文22篇，附录书评、综述五篇，辑成《〈孔子家语〉综合研究》一书，堪称作者近20年来《家语》研究的耕耘纪要。作者在研究中展现出的多重视角及方法，具有重要的方法论意义，必可启发后学，从而推动《孔子家语》的深入研究。

宁镇疆：《〈孔子家语〉新证》，中西书局

宁镇疆，上海大学历史系教授。

该书是宁镇疆教授近年来致力于《孔子家语》研究的一部总结之作。全书共分出土文献及新材料编、传本及版本编、流传及学术史编、经学及理论编、诸书“互见”编等五个部分，对《孔子家语》这部文献进行了详尽的多角度研究。该书结构严谨、布局合理，从众多角度新颖、分析方法多样的个案研究，上升到综论性质的总结概括，所提出的研究方法论具有指导性的意义。

李锐：《同文与族本——新出简帛与古书形成研究》，中西书局

李锐，北京师范大学历史学院副教授。

该书是关于古书成书问题的研究专著，是有关中国古书形成问题的论文合集。作者致力于从新出土文献入手，通过个案研究、校勘比对，探讨钞本时代古书形成的种种可能现象。该书联系新出简帛和传世文献，通过对各种文献的比对与分析，讨论古书的形成问题，通过对《庄子》《文子》等古籍和篇章的专题分析，以见古书形成的一些问题，又罗列前人各种研究观点，条分缕析地做出了理性的评价，从而不断完善古书形成的研究理论。

郭沂：《孔子集语校注（附补录）》（全三册），中华书局

郭沂，曲阜师范大学孔子文化研究院教授，韩国首尔大学终身教授。

《孔子集语》由清代学者孙星衍辑，之后王仁俊、李滋然对孙书各有补充，分别撰有《孔子集语补遗》《孔子集语补遗商正》。三书所辑，是除《论语》《孔子家语》外，研究儒家学说特别是孔子思想的直接原始史料，具有很高的史料价值。《孔子集语校注（附补录）》在慎选版本的基础上，吸收历代重要研究成果，对以上三书进行校勘，择要注释相关字词、事典等。全书主要由孔子集语17卷正文、补遗12种、附录2种组成。17卷正文以孙星衍所辑为主干，每卷之末附王氏补遗、李氏商正，并列“新补”一条，以补三家所缺。补遗12种包括马王堆帛书、郭店竹书、上博简、定州汉简、阜阳汉简等出土文献以及《左传》《史记》《孝经》等传世文献。附录分为“书名篇卷索引”和“校勘所据主要书目”。

郭沂编撰：《子曰全集》，中华书局

郭沂，曲阜师范大学孔子文化研究院教授，韩国首尔大学终身教授。

该书是一部有关孔子言行记录的文献总集，相关内容采自春秋至明代的约230种典籍。全书根据文献性质和可靠程度分为12卷，即论语精义、孝经古今、孔子家语、孔丛家学、儒书存录、三传纪实、孔门承训、马迁立传、史海钩沉、传注杂引、诸子载言、两汉谶纬等。其中，第1至第5卷为《论语》类文献，即专门记录孔子言行的文献。历史上记载孔子言行的专书有三部，一是《论语》，二是《孝经》，三是《孔子家语》，列为前3卷。《孔丛子》记录了孔子以及子思、子上、子高、子顺、子鱼等孔氏先祖的言行，属于孔氏家学，列为第4卷。保存在其他典籍中的《论语》类文献，列为第5卷。第6卷收录《春秋》三传中的有关记载，第7卷收录儒家子书中的有关记载，第8卷收录《史记》中的《孔子世家》和《仲尼弟子列传》两篇文献，第9卷收录历代史

书中的有关记载，第10卷收录历代传注中的有关记载，第11卷收录历代子书中的有关记载，第12卷收录谶纬书中的有关记载。

孔广森撰，张诒三点校：《经学卮言（外三种）》，中华书局

张诒三，曲阜师范大学文学院教授。

本书是清代学者孔广森所撰写的四部经学著作的合集，包括《经学卮言》6卷、《礼学卮言》6卷、《诗声类》12卷、《诗声分例》1卷。其中，《经学卮言》是孔氏研读《周易》《尚书》《诗经》《尔雅》《论语》《孟子》《左传》等经籍的学术札记；《礼学卮言》是孔氏研读《周礼》《仪礼》《礼记》的学术札记；《诗声类》《诗声分例》是孔氏厘定《毛诗》音韵方面的学术札记。此次整理，所用底本为《顨轩孔氏所著书》本，校本有《皇清经解》本、《指海丛书》本等。

张培华编：《中国典籍日本注释丛书·论语卷》，上海古籍出版社

张培华，日本国文学研究资料馆博士研究员。

海外论语学成果的价值日益受到国内学者的重视，而本套《中国典籍日本注释丛书·论语卷》丛书正好为国内学者提供了重要的论语学文献资料。本丛书汇聚了日本江户时代重要的《论语》注释成果，包括松平赖宽的《论语征集览》（三册）、山本日下《论语私考》、三野象麓《论语象义》、山本乐所《论语补解》、田中履堂《论语讲义并辨正》等。其中《论语征集览》汇集了日本著名学者伊藤仁斋的《论语古义》与荻生徂徕的《论语征》及何晏集解、朱子集注，具有极高的价值。

石立善、周斌主编：《日本先秦两汉诸子研究文献汇编》（5辑，共30册），上海社会科学院出版社

石立善，上海师范大学教授。

在江户时代，日本汉学家开始了对中国典籍的独自研究与注释，对于儒家、道家、法家、名家、兵家、医家、杂家等先秦两汉诸子之书，皆有富有学术价值的深入研究，著作多达数百种，颇值得参考。日本的诸子学校注与研究著作，在版本流传上因其多见到中土已经失传的珍异抄本，故在文字校勘上多可以补中土版本的不足。由于日本学者精研汉学，对于文字训诂与义理阐述也能提出自己的观点，常可以匡正中土学者的不逮。本汇编从江户到近代为止的汉文著作中精选善本，单页原大影印，汇编为丛书。这批文献都是第一次在中国出版，可为学术界提供日本汉学的珍贵学术文献及借鉴，推动域外汉籍研究及先秦两汉诸子领域的研究。

韩星：《中国文化通论》（修订版），北京师范大学出版社

韩星，中国人民大学国学院教授。

本书在对中国文化进行全面深入研究的基础上，把中国文化看成一个有机的整体，把握其自身的内在特质，摆脱在西方话语霸权下“中国文化史”学科建设采取的“中话西说”形态和以中国传统文化附会西方文化的问题、架构、语言的思维，并在长期的教学实践中不断修订、完善，旨在提供一个了解中国文化悠久历史和丰厚遗产的简明读本。

干春松：《中华文化简明读本》，中国社会科学出版社

干春松，北京大学儒学研究院副院长、教授，孔子研究院特聘教授。

该书以中西文明互鉴为大背景，从中华文明的起源、演变，历史上的制度、思想、价值，以及艺术与审美等方面，简明又系统地阐释了中华文化的主要内容。从器物文化、制度文化、思想文化等多角度进行阐发，并吸收当前学术界的主流观点，成为本书的鲜明特征。该书是我们理解中国的历史发展、文明特征、智慧形态的门径，对于弘扬中国精神、增强文化自信具有重要意义。

杨朝明主编：《图说中国儒学史》（全三卷），济南出版社

杨朝明，中国孔子研究院院长、研究员。

儒家文化是中国传统文化的主干，随着中国传统文化复兴热潮的到来，越来越多的人希望了解中国儒学的发展历程。可是先有的中国儒学史著作，不仅学术性较强，而且篇幅也越来越长，不太适合一般读者阅读。本书借助精美的图片，以生动活泼的形式来展现中国儒学形成、发展、演变的历史，让读者轻松地看图读书，从中学习和了解儒学的内涵以及与社会发展的关系。

林安梧：《儒道佛三家思想与二十一世纪人类文明》，山东人民出版社

林安梧，台湾慈济大学宗教与人文研究所教授兼所长，山东大学易学与中国古代哲学研究中心特聘教授。

该书为“儒道佛三家思想与21世纪人类文明”系列讲座的成果，主要包括林安梧教授为山东大学师生讲授的十讲课程和附录两部分内容。第一讲为总论，第二讲是对儒道佛三家思想的基本概述，第三至第八讲分别陈述儒道佛三家思想的基本义理，第九讲论证儒道佛三家思想融通的可能性及其在现代化之后的可能贡献，第十讲作为系列讲座的结论，反思“文明的冲突”，强调东西方文明对话的可能性。

彭林：《儒家礼乐文明讲座》，广西师范大学出版社

彭林，清华大学历史系教授。

该书是由作者在清华大学开设的全校性选修课讲义集成，蕴含着作者历经五轮讲课所汇聚的精华，也是迄今为止全国为数不多的讲授中华传统礼仪课程的重要参考书。该书系统地介绍了儒家礼乐文明的来龙去脉及中华礼学的学理、主要典籍、人生礼仪（冠、婚、射、丧等），并对中西礼仪进行了比较，旨在帮助学生正确认识传统礼仪，做到内外双修，提高自身人文素质。

杨朝明、宋立林主编：《中华传统八德诠解丛书》（全八册），中国方正出版社

杨朝明，中国孔子研究院院长、研究员；宋立林，曲阜师范大学中华礼乐研究所所长、副教授。

这是一套以阐释中华传统八德为主要内容的通俗理论读物，分为《孝德诠解》（周海生）、《悌德诠解》（魏衍华）、《忠德诠解》（刘厚琴）、《信德诠解》（刘厚琴）、《礼德诠解》（宋立林）、《义德诠解》（崔海鹰）、《廉德诠解》（宋立林、王晶）、《耻德诠解》（陈金海）共八册。本书分别阐释了德目的起源、含义和本质，论述了该德目与个人修养、社会和谐和国家治理的关系。该书深入浅出、通俗易懂，配有大量的历史故事和现实事例，读者可以在比较轻松的阅读体验中，吸取中华优秀传统文化的营养，增强“孝悌忠信礼义廉耻”的荣辱观念。

子安宣邦：《孔子的学问：日本人如何读〈论语〉》，生活·读书·新知三联书店

子安宣邦，日本大阪大学名誉教授。

对于希望了解日本思想现状的中国读者而言，本书是一个窗口：在今天的日本，《论语》仍有着巨大的影响力；而近代日本的《论语》解读也一定程度上折射出了近代日本的思想、社会与政治特征。作者在书中梳理了近代日本解读《论语》的代表人物：诸桥辙次、伊藤仁斋、荻生徂徕等，并兼及朱熹、李泽厚等中国学者的解读。该书并非是对这些解读的完整呈现，而是记录了学者解决孔子曾经面对的问题所做的努力。从中可见：日本人是如何解读《论语》的；他们如何面对一些常问常新的问题，如什么是“学”“仁”“道”“信”“天”“政”“礼”。子安宣邦的解读方法同样可以启示：再次思考《论语》中的“学”“仁”“道”“信”“天”“政”“礼”等核心问题，对于当今中国有

着现实意义。

杨海文：《我善养吾浩然之气——孟子的世界》（修订版），齐鲁书社

杨海文，中山大学《学报》编辑部编审，孟子研究院特聘教授。

该书是在《浩然正气——孟子》的基础上修订而成。孟子研究不仅需要重视哲学—观念史进路，而且要重视历史—思想史进路。我们不独需要通过孟子思想研究以凸显“文以载道”的信念依托，还应该经由孟学史研讨去还原“道在史中”的心路历程。作者以晓畅易懂的语言，力倡与古代经典之间的合作式阅读、同谋式阅读，探寻古典的智慧，从根本上为我们今天所面临的问题找到合理的答案。

[美]迈克尔·普鸣、克里斯蒂娜·格罗斯-洛：《哈佛中国哲学课：哈佛大学正三观的公共选修课》，胡洋译，中信出版集团

迈克尔·普鸣（Michael Puett），哈佛大学东亚语言与文化系中国历史方向教授、宗教研究委员会主席；克里斯蒂娜·格罗斯-洛（Christine Gross-Loh），作家、自由撰稿人，哈佛大学东亚历史专业博士。

这是一本看似“心灵鸡汤”的授课实录的通俗著作，出版商刻意去找世界名校火爆课堂的噱头，反不如老老实实地将书名直译为“‘道’：思考万物之新途”来得中肯和坦荡。但是，我们不必纠结于该书是考证否足够精详、义理是否高深，不必想当然地嗤笑其失之于“浅陋”。这堂课雄踞哈佛公共选修课三强以致不得不在剧院开设的盛况，以及授课者别开生面地、接地气地讲好中国哲学故事的本事，的确值得中国学人探究。古代中国智慧在现代美国受欢迎，在现代中国更应受欢迎；其之所以还不够受欢迎，是因为我们还不太懂得彼此的现代状况，也就只能数典忘祖、隔膜先人了。美国也好，中国也好，最大的现代状况，当属实用主义。与颇受欢迎且在中国激起从高层到民间关注的《公正：该如何做是好？》如出一辙，这本书太符合现代人的胃口了。秉承一

种儒者“有种”的淑世济世担当，无论当代政治哲学，抑或古典中国学问，如何能够将如此“有料”的好东西讲得“有趣”？吾人共思之。

许石林：《清风明月旧襟怀》，鹭江出版社

许石林，深圳市文艺评论家协会副主席，中国传媒大学客座教授。

作者以睿智机敏的视角，游刃于历史人物掌故之中，上到帝王，下至文官武将、黎民百姓，皆不在话下；小到个人慎独功夫，大到社会建制，提笔即成；钩沉绵密得当，语言敦厚诙谐，有《世说新语》的韵味。作者善从一字生发故事，勾连今昔，重新演绎旧事典故，令人耳目一新。字里纸外，皆成妙谈。

后 记

宋立林

十几年前，在我读研究生的时候，某次台湾辅仁大学丁原植教授来孔子文化学院讲学，曾半开玩笑地对台下听讲的学子们说："真羡慕你们！你们多么幸福啊，每天都可以步行去看看孔庙。"俗话说："身在福中不知福。"听了这话，大多数人都当成笑话，心想："曲阜这穷乡僻壤，待在这里有啥幸福可言？"然而于我，却是一大触动。确实，曲阜之现实境况与其应有的文化地位相差万里，不免令关心她的人失望。2016年某日，我在孔子研究院听台湾佛光大学李纪祥师在儒学研究高端人才聘任仪式上致辞。当他说到"凡是孔颜所在就是圣域"的时候，我忽然热泪盈眶！那一刻，李老师那柔柔和和的台湾腔仿佛有万钧之力，直触心灵！的确，我们得以立身夫子"生于斯，长于斯"的这片圣域之中，读书思考，切磋问学，是哪辈子修来的福分啊！后来郭齐勇师、胡治洪师兄等诸多前辈都时常勉励不佞："要坚守在这片圣域！"我深以为然："回虽不敏，请事斯语矣。"

愚钝如我，竟能从事学问事业，只能归之于造化。虽然初中时我在日记中偷偷所列的梦想中就有"历史学家"这样高大上的名词，似乎很能照应圣人"十有五而志于学"的话头，也曾经有过报考清华思想所硕士、博士而三次落榜的经历，似乎有志于学问，但归根结底我是一个胸无大志的凡夫俗子。因为难掩内心那种"悠悠林下，不思进取"的文人脾性，所以曾自取斋号"无足观斋"，借顾亭林"一自命为文人，便无足观矣"之意自况兼自嘲。平生服膺陈寅恪先生"独立之精神，自由之思想"，最讨厌"数目字管理"。然而据黄仁宇先生的说法，现代化的特征在于此（数目字管理），而现代化又是人类的进步，所以不期然而然的，在我身上便散发出对现代生活的某种抗拒和反思。“性喜庄禅而皈依孔孟”如不佞，古今、中西、学者文人、入世出世、进取隐逸、穷达、忧乐，凡此种种，一团矛盾，时常纠结于胸，萦绕于心，难得化解。欲求化解之道，看来还是得依靠“博学、审问、慎思、明辨、笃行”，兼“以文会友，以友辅仁”。读书之际，每每有“得见此人与之游，死不恨矣”之慨。按理说，穷乡僻壤，此如梦幻，颇不易得。所幸曲阜竟得天下人爱护，时有林所仰望之师友往来盘桓于此，而林亦承蒙不弃，居然得与那些名师宿儒、时贤俊彦交游、切磋。此三生之幸，若非托夫子庇荫，焉得？故每有编书编刊之念。十余年来，曾创办并主持内刊《孔子文化》，编辑《孔子文化研究辑刊》《孔子学刊》及《新礼乐》等，不仅有感于前贤之努力，亦欲以此与学界沟通，旧雨新知，如切如磋，如琢如磨，同声相应，同气相求，其乐何如！

多年以前，业师杨朝明先生即有汇编《洙泗》之议，然因机缘未到，故未克措手，计划一再延宕。2016年不佞侥幸入选首届山东省泰山学者青年专家，得“山东省泰山学者专项经费”资助，机缘凑泊，夙愿得偿。经与海内诸位同道商议，敦聘郭齐勇师、杨朝明师二位恩师为顾问，诸位同道好友组成编委会，发布征稿函，有师友赐稿，亦有同仁荐稿，深感欣慰，展读之下，获益良多。略加分别部类，汇成一编，奉呈学界，以供切磋。

戊戌岁杪于瘦竹轩灯下